W0268964

Regina B. und Rolf B. Baumeister (Hrsg.)

Word Software Training

─── **Anwender-Software** ───────────────────

Multiplan Software Training
herausgegeben von Regina B. und Rolf B. Baumeister

Word Software Training
herausgegeben von Regina B. und Rolf B. Baumeister

Chart Software Training
herausgegeben von Regina B. und Rolf B. Baumeister

Project Software Training
herausgegeben von Regina B. und Rolf B. Baumeister

dBASE III — Eine anwenderorientierte Einführung
von Robert A. Byers

Aufbau und Struktur einer Datenbank mit dBASE II
von Ron Freshman

dBASE II im praktischen Einsatz
von Alan Freedman

dBASE II — Kommerzielle Arbeitshilfen mit dBASE II
von Robert J. Schadewald und Bill Dickey

─── **Vieweg** ───────────────────

Regina B. und Rolf B. Baumeister (Hrsg.)

Word Software Training

Bearbeitet von Sabine Dombrowski

Springer Fachmedien Wiesbaden GmbH

Das in diesem Buch enthaltene Programm-Material ist mit keiner Verpflichtung oder Garantie irgendeiner Art verbunden. Der Autor übernimmt infolgedessen keine Verantwortung und wird keine daraus folgende oder sonstige Haftung übernehmen, die auf irgendeine Art aus der Benutzung dieses Programm-Materials oder Teilen davon entsteht.

1986

Umschlaggestaltung: Ludwig Markgraf, Wiesbaden
Satz: Vieweg, Braunschweig

ISBN 978-3-663-01991-6   ISBN 978-3-663-01990-9 (eBook)
DOI 10.1007/978-3-663-01990-9

Inhalt

Einleitung

Struktureller Aufbau des Lehrbuches

Das Buch über das Software-Paket Word ist in 15 Kapitel aufgeteilt. Jedes Kapitel beschreibt einen Befehl und dessen Unterbefehle. Die Kapitel sind jeweils in Abschnitte unterteilt.

Innerhalb eines Abschnittes ist das Auszuführende numeriert, dazwischen sind Anmerkungen gemacht worden, die nicht ausgeführt werden müssen, die jedoch nützliche Tips enthalten.

Nach einem abgeschlossenen Kapitel folgt eine Übung, die sich jeweils auf die im Kapitel erlernten Befehle bezieht. Die Lösungen zu den einzelnen Übungen können Sie im Anhang A finden.

Im Anhang B befindet sich ein Kapitel zum Arbeiten mit der MOUSE, außerdem eine Beschreibung zur Verbindung zwischen Word und Multiplan.

Zusätzlich existiert eine Vorgangsliste, in der Bearbeitungshilfen in alphabetischer Ordnung angegeben sind. Sie können diese Liste zu Rate ziehen, wenn Sie die ersten selbständigen Word-Dateien erstellen.

Dieses Buch bezieht sich auf Word Version 2.0, kann aber genauso auf alle anderen Versionen bezogen werden.

Laden des Anwenderprogrammes Word

Wenn Sie einen PC (Personal Computer) mit zwei Laufwerken haben, legen Sie die Betriebssystemdiskette in das Laufwerk A ein. Wenn das Betriebssystem im Arbeitsspeicher geladen ist, erscheint auf dem Bildschirm die Meldung A>.

Sollte diese Meldung nicht erscheinen, sondern zuerst eine Abfrage nach dem Datum, so geben Sie das Datum auf die vom System gewünschte Art ein, und betätigen Sie die **RETURN**-Taste. Nach Bestätigen des Datums erscheint eine Abfrage nach der Uhrzeit; geben Sie die Uhrzeit ein, und betätigen Sie wiederum die **RETURN**-Taste. Sie können beide Abfragen auch nur durch Drücken der **RETURN**-Taste beantworten, ohne neue Angaben zu machen.

Wenn die Anzeige A> auf dem Bildschirm erscheint, entnehmen Sie die Betriebssystemdiskette und legen die Programmdiskette Word in das Laufwerk A ein. Legen Sie eine formatierte Diskette, auf der Ihre Daten gespeichert werden sollen, in das Laufwerk B ein.

Geben Sie den Namen Ihres Anwenderprogrammes direkt hinter der Bildschirmanzeige ein, d. h. in diesem Fall A>*word*, und betätigen Sie die **RE-TURN**-Taste.

Mit diesem Befehl laden Sie Ihr Anwenderprogramm in den Arbeitsspeicher. Eine Festplatte (engl. hard disk, auch kurz HDU) brauchen Sie nur einzuschalten und aus dem Menü das entsprechende Anwenderprogramm auszuwählen. Vorausgesetzt ist natürlich, daß sowohl das Anwenderprogramm als auch das Betriebssystem auf Ihrer Festplatte installiert worden sind (siehe **Installation des Programmes Word auf Ihrer Festplatte**).
Sollte beim Einschalten der Festplatte kein Menü erscheinen (andere Form der Installation), sondern die Anzeige C>, geben Sie ebenfalls den Namen *word* zum Laden von Word ein und bestätigen durch Drücken der **RETURN**-Taste.

Installation des Programmes Word auf Ihrer Festplatte
Wenn Sie eine HDU (Hard Disk Unit = Festplatte) besitzen, also einen Computer mit einer Festplatte, müssen Sie das Programm Word auf dieser Festplatte installieren, um es zu starten und damit arbeiten zu können. Dazu müssen Sie ein Unterverzeichnis (engl. subdirectory) erstellen.
Wenn Sie den Computer einschalten, erscheint auf dem Bildschirm die Anzeige C>. Direkt nach dieser Anzeige geben Sie ein, daß Sie ein Unterverzeichnis einrichten möchten und bestätigen die Eingabe durch Betätigen der **RETURN**-Taste:

        C>*md word*   <**RETURN**>

In diesem Fall ist *word* der Name des Unterverzeichnisses.

Anschließend verzweigen Sie in dieses Unterverzeichnis mit dem Befehl:

        C> *cd word*   <**RETURN**>

Mit dem Befehl

        C>*a:*   <**RETURN**>

schalten Sie auf das Laufwerk A um.

Legen Sie die Word-Programmdiskette in das Laufwerk ein. Anschließend geben Sie den folgenden Befehl ein, um das Programm zu installieren:

        A>*install*   <**RETURN**>

Die folgende Routine erklärt sich praktisch von selbst; Sie müssen den Anweisungen folgen.

Nach Beendigung dieser Routine erscheint die Anzeige

        A>

auf dem Bildschirm. Sie müssen nun auf die Festplatte umschalten. Geben Sie dazu ein:

        A>*c:*   <**RETURN**>

2

Um nun das Programm Word zu laden, müssen Sie zuerst in das Unterverzeichnis mit dem Namen Word verzweigen. Geben Sie folgendes ein:

C>*cd word*   <**RETURN**>

Um Word zu laden, geben Sie ein:

C>*word*   <**RETURN**>

Wenn Sie aus dem Unterverzeichnis Word in das Stammverzeichnis gelangen möchten, geben Sie ein:

C>*cd*   <**RETURN**>

Den Backslash (\) erhalten Sie durch gleichzeitiges Drücken der Tasten <**ALT**> <**CTRL**> \. (Der Backslash liegt auf der Taste mit den Zeichen ‚<' und ‚>'.)

Formatieren einer leeren Diskette

Sie werden zum Arbeiten mit Word einmal die Word-Programmdiskette und zum anderen eine Diskette, auf der Ihre Daten abgespeichert werden können (Datendiskette), benötigen.
Die leere Diskette, die später in das Laufwerk B eingelegt wird, muß, bevor man Daten auf ihr abspeichern kann, formatiert werden.
Das Formatieren geht folgendermaßen vor sich:

— schalten Sie Ihr Gerät ein;
— legen Sie die Diskette mit dem Betriebssystem in das Laufwerk A ein;
— legen Sie die leere Diskette in das Laufwerk B ein;
— wenn Sie auf dem Bildschirm die Anzeige A> sehen, ist Ihr Betriebssystem geladen, und Sie können den Befehl zum Formatieren eingeben;
— schreiben Sie hinter die Anzeige A>*format b:* und drücken Sie die **RETURN**-Taste;
— danach folgt eine Abfrage, daß Sie die Diskette in Laufwerk B einlegen und eine beliebige Taste zur Durchführung des Befehls betätigen sollen; sollen;
— es erscheint auf dem Bildschirm die Anzeige, daß das System die Diskette formatiert;
— außerdem teilt Ihnen das System mit, wann die Formatierung beendet ist;
— die Abfrage, ob Sie eine neue Diskette formatieren wollen oder nicht, bestätigen Sie beliebig; mit *J*, wenn Sie weitere Disketten formatieren wollen, und mit *N*, wenn Sie keine mehr formatieren wollen.

**Kopieren eines Druckertreibers von der Zusatzdiskette auf die Word-
Programmdiskette**
Zum Arbeiten mit Word müssen Sie mindestens einen Druckertreiber auf
Ihre Word-Programmdiskette speichern.
Dazu müssen Sie sich zuerst ansehen, welchen Druckertreiber Sie benötigen.
Gehen Sie folgendermaßen vor:

— schalten Sie ihr Gerät ein;
— legen Sie die Diskette mit dem Betriebssystem in das Laufwerk A ein;
— legen Sie die Zusatz-Diskette in das Laufwerk B ein;
— wenn Sie auf dem Bildschirm die Anzeige A> sehen, ist Ihr Betriebssystem geladen, und Sie können den Befehl zum Auflisten der Druckertreiber eingeben;
— schreiben Sie hinter die Anzeige A>*dir b: *.dbs* (dbs ist der Anhang für
  die Druckertreiber), und drücken Sie die **RETURN**-Taste;
— danach werden alle Druckertreiber aufgelistet, die sich auf der Diskette
  im Laufwerk B befinden;
— nach der Liste sehen Sie auf dem Bildschirm erneut die Anzeige A>;
— suchen Sie sich den zu Ihrem Drucker passenden Druckertreiber aus (in
  unserem Fall ist es EPSONFX.DBS);
— nehmen Sie die Betriebssystemdiskette auf dem Laufwerk A;
— legen Sie die Word-Programmdiskette in das Laufwerk A;
— um einen Druckertreiber auf die Word-Programmdiskette zu kopieren, geben Sie folgenden Befehl ein hinter der Anzeige *A>copy b:epsonfx.dbs a:;*
— bestätigen Sie den Befehl durch Drücken der **RETURN**-Taste;
— der Kopiervorgang ist beendet, wenn auf dem Bildschirm die Anzeige A>
  erscheint.

Sie können Word außer mit *word* auf noch vier andere Arten laden:

word Dateiname	lädt Word und gleichzeitig die angege-bene Datei in den Arbeitsspeichern
word/L	lädt Word und gleichzeitig die zuletzt im Ausschnitt Nummer 1 bearbeitete Datei
word/C	lädt Word mit Farbdarstellung an-stelle von Grafik (kleinere Schrift, bei Schwarz-Weiß-Bildschirm verschiedene Schattierungen)
word/H	lädt Word mit der erweiterten Spalten- und Zeilendarstellung, wenn die Her-cules Graphics Card installiert wurde (90 mal 43)

Bildschirmaufbau des Anwenderprogramms Word
Nach dem Laden von Word zeigt sich der Bildschirm wie folgt:

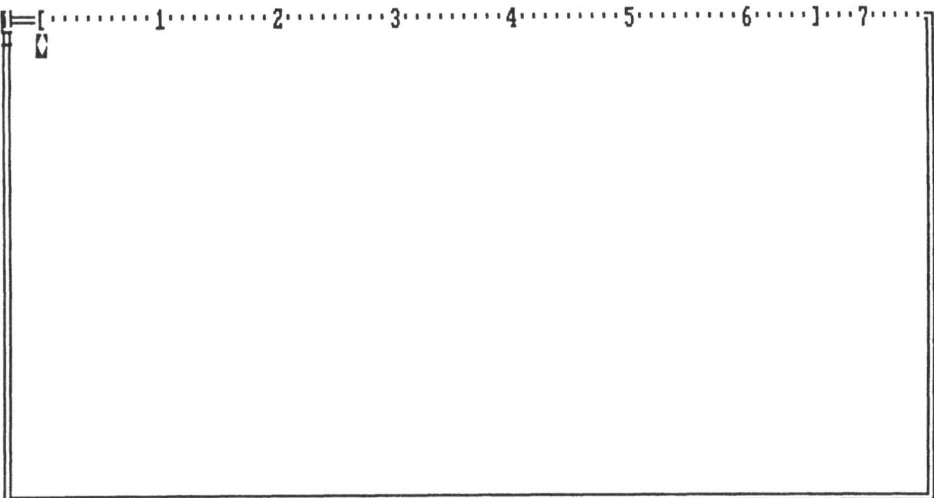

Auf dem Bildschirm steht ein Rahmen. Innerhalb dieses Rahmens können
Sie Text eingeben und bearbeiten. Der obere Rand des Rahmens ist das
Zeilenlineal, das Ihnen vor allem beim Setzen von Tab-Stops oder beim Ein-
rücken eine große Hilfe sein wird.
Je nach Version haben Sie nach dem Laden von Word nicht dieses Zeilen-
lineal auf dem Bildschirm, sondern eine durchgehende Doppellinie wie bei
den drei Rändern des Rahmens.
In der oberen linken Ecke des Bildschirms bzw. des Rahmens steht die mar-
kierte Zahl 1 — markiert heißt eine schwarze Zahl auf weißem Hintergrund.
Diese Zahl ist die Nummer des entsprechenden Ausschnittes.
Unter der Zahl auf dem linken Rahmenrand steht ein kleiner waagerechter
Strich, der anzeigt, an welcher Position in Ihrer Textdatei Sie sich mit dem
Cursor befinden.
Rechts neben der 1 im Zeilenlineal befinden sich die eckigen Klammern ([)
und (]). Diese Klammern kennzeichnen den standardmäßig festgelegten lin-
ken und rechten Rand eines Textes.
Das Zeichen in dem Rahmen (◇) ist die Schreibmarke, die immer am Ende
Ihres Textes steht. Sie können Ihren Cursor nicht unter die Schreibmarke

positionieren. Diese Schreibmarke ist in diesem Fall schwarz auf weißem Grund, weil der Cursor auf ihr positioniert ist.

Unterhalb des Rahmens befindet sich das Befehlsmenü. Es ist während des gesamten Arbeitsvorgangs sichtbar und kann ständig angewählt werden. Man wählt einen Befehl an, indem man die **ESC**-Taste drückt und dann entweder den Anfangsbuchstaben des Befehls eingibt oder so lange die **Leertaste** betätigt, bis der gewünschte Befehl aufleuchtet, den man dann bestätigt.

Unter den zwei Zeilen des Befehlsmenüs befindet sich eine Zeile für Fehlermeldungen und Anweisungen, was Sie in der jeweiligen Position tun können.

In der unteren linken Ecke befindet sich die Anzeige für die aktuelle Cursor-Position, d. h. hier wird die Seite (und der Bereich, wenn es mindestens zwei sind) angezeigt, auf der Sie den Cursor positioniert haben.

Rechts neben der Cursor-Position stehen zwei Klammern. Diese Klammern stehen stellvertretend für den Papierkorb. Der Papierkorb ist ein Zwischenspeicher, der in den ersten Kapiteln näher beschrieben wird.

Bei älteren Versionen gibt die Prozentangabe in der Mitte des unteren Bildschirmrandes an, wieviel Speicherplatz im Arbeitsspeicher noch für die Eingabe zur Verfügung steht.

Zur Tastatur

Sie werden feststellen, daß die Anweisungen in diesem Buch sich nach der IBM-Tastatur richten. Sollte es vorkommen, daß eine Anweisung zur Tastaturbenutzung nicht mit Ihrer Tastatur übereinstimmt, können Sie jederzeit die Hilfsfunktion (die ein durch das Programm vorgegebener Ratgeber ist) und daraus den Unterbefehl **Tastatur** aufrufen.

Die Bezeichnungen der einzelnen Tasten entnehmen Sie bitte dem nächsten Bild:

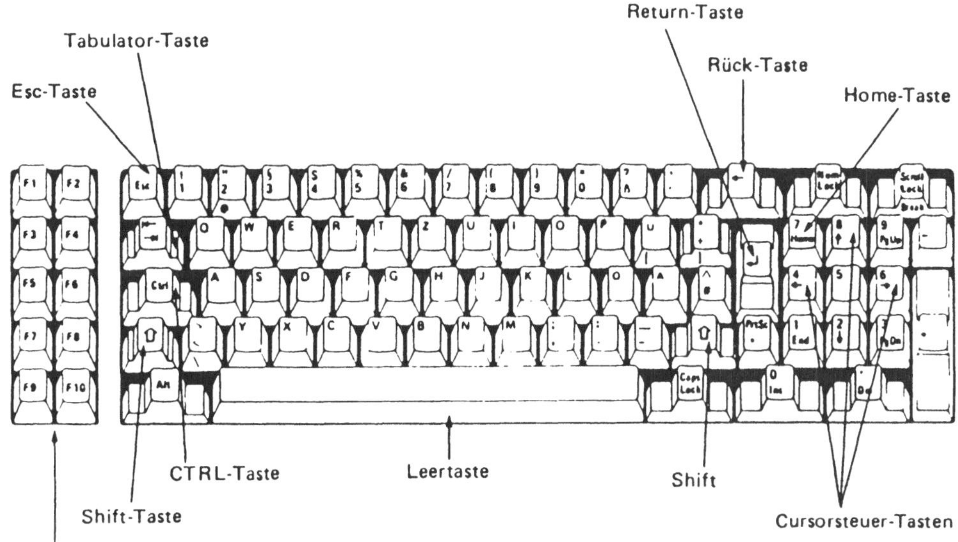

Der Befehl Hilfe

Wenn Sie die Tasten <**ESC**> **H** drücken, um den Befehl **Hilfe** aufzurufen, erscheint folgende Bildschirmanzeige:

EINLEITUNG

Ihr elektronischer Ratgeber begrüßt Sie!
Sie haben drei Möglichkeiten, ihn aufzurufen:
1. Im Hauptbefehlsmenü drücken Sie die Taste "H", wenn Sie allgemeine Hinweise
   benötigen.
2. Für gezielte Informationen zu einer bestimmten Funktion drücken Sie die
   Kombination A-Taste und "?".
3. Oder Sie markieren mit dem Mauszeiger das Fragezeichen in der Statuszeile
   und drücken den linken Mausknopf. Sie erhalten dann ebenfalls gezielt Hilfe
   zur Ausführung eines bestimmten Befehls.
Wenn Sie sich informiert haben, brauchen Sie lediglich die Taste RETURN zu
drücken, um wieder in Ihren ursprünglichen Text zurückzukehren!
Für die Wahl eines bestimmten Informationskomplexes (z.B. Tastatur) genügt es,
wenn Sie den entsprechenden Anfangsbuchstaben eingeben oder mit dem Mauszeiger
darauf deuten und den linken Mausknopf drücken.
Im Hilfe-Text können Sie anschließend durch die Eingabe eines der Befehle
"Nächste-Seite" oder "Vorhergehende-Seite" oder durch Drücken einer der Tasten
"SEITE NACH OBEN" und "- NACH UNTEN" wie in einem Buch blättern.

HILFE: Wiederaufnahme Nächste-Seite Vorhergehende-Seite Erläuterung Befehle
       Dokumentbearbeitung Tastatur Maus Auswahl
Wählen Sie bitte eine Option oder geben Sie deren Anfangsbuchstaben ein!
Seite 1 ()   Microsoft Word:

Angaben vor Beginn des ersten Kapitels
Bevor Sie mit Word beginnen, wäre es günstig, wenn Sie Ihre Version auf den gleichen Stand wie unsere bringen, damit Sie von denselben Voraussetzungen ausgehen wie wir in unserem Word-Buch und es keine Verwicklungen oder Mißverständnisse gibt.

Zu den Angaben, die übereinstimmen sollten, zählen folgende:

— das Zeilenlineal sollte angewählt sein;

— der Einfügemodus sollte angewählt sein;

— die Bildschirmsteuerzeichen sollten teilweise sichtbar sein.

Um zu prüfen, ob diese Angaben auf Ihrer Diskette angegeben sind, gehen Sie folgendermaßen vor:

— drücken Sie einmal die **ESC**-Taste;

— drücken Sie einmal die **Leertaste;**

— drücken Sie einmal die **RETURN**-Taste;

— drücken Sie dreimal die **Leertaste;**

— drücken Sie einmal die **RETURN**-Taste;

— wenn in dem Befehlsmenü **Zeilenlineal: (Nein)** angegeben ist, drücken Sie dreimal die **Tabulator**-Taste, einmal die **Leertaste,** einmal die **RETURN**-Taste und anschließend die **ESC**-Taste;

— wenn in dem Befehlsmenü **Zeilenlineal: (Ja)** angegeben ist, drücken Sie einmal die **ESC**-Taste;

— drücken Sie einmal die **Rücktaste** ⬅ ;

— drücken Sie einmal die **RETURN**-Taste;

— wenn in dem Befehlsmenü **sichtbar: (Nein)** angegeben ist, drücken Sie einmal die **Leertaste,** damit **sichtbar: (Teilweise)** ausgewählt ist und einmal die **RETURN**-Taste;

— wenn in dem Befehlsmenü **sichtbar: (Teilweise)** angegeben ist, drücken Sie einmal die **RETURN**-Taste;

— wenn in dem Befehlsbemü **sichtbar: (Alle)** angegeben ist, drücken Sie einmal die **Rücktaste,** damit **sichtbar: (Teilweise)** ausgewählt ist und einmal die **RETURN**-Taste;

— wenn Sie eine ältere Word-Version besitzen, können Sie im Befehlsmenü **sichtbar:** nur zwischen Ja und Nein wählen;

— drücken Sie viermal die **Tabulator**-Taste, einmal *J* und einmal die **RE-TURN**-Taste;

— drücken Sie (bei der alten Version) einmal die **ESC**-Taste, einmal die **Rücktaste** und einmal die **RETURN**-Taste;

— wenn in dem Befehlsmenü **Überschreiben: (Ja)** angegeben ist, drücken Sie zweimal die **Tabulator**-Taste, einmal die **Leertaste** und dreimal die **Tabulator**-Taste;
— wenn in dem Befehlsmenü **Überschreiben: (Nein)** angegeben ist, drücken Sie keine Taste.

1 Der Einstieg

In diesem Kapitel erstellen Sie einen kurzen Text in Word. Außerdem lernen Sie, Texte zu markieren, Dateien auf Diskette zu speichern und wieder in den Arbeitsspeicher zu laden.

1.1 Das Word-Lernziel:
Erstellen eines Textes

Aufgabe:
Erstellen Sie einen Text, den Sie später auf Diskette abspeichern und wieder laden können.

Ausführung
1. Schreiben Sie den folgenden Text (Sollten Sie sich verschreiben, lassen Sie den Fehler noch stehen, Sie können ihn später korrigieren. Beachten Sie hierzu auch die ,,Anmerkung zu Bildschirmsteuerzeichen'' auf der folgenden Seite.):

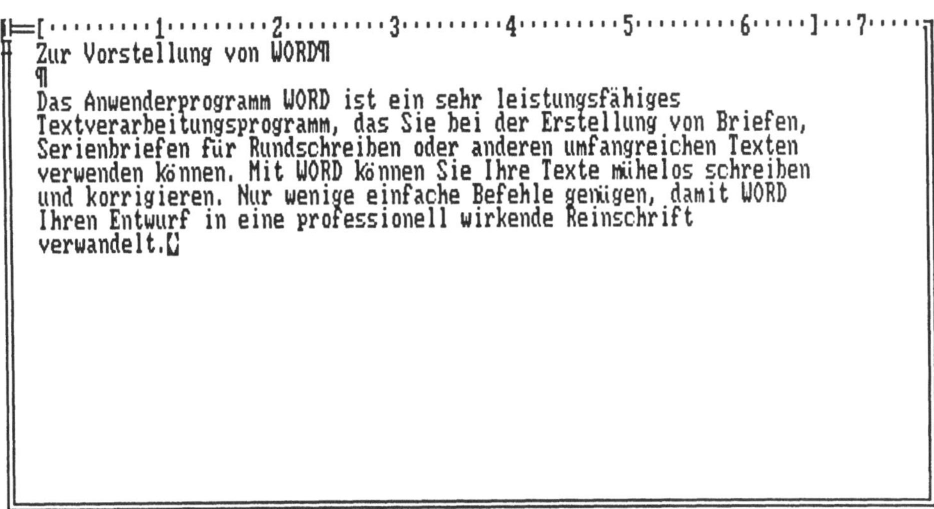

Anmerkung zu Bildschirmsteuerzeichen:

In der Regel erfolgt der Zeilenumbruch automatisch, wenn die Randbegrenzung (eckige Klammer im Zeilenlineal) erreicht ist. Wollen Sie vor Erreichen der Randbegrenzung eine neue Zeile beginnen, müssen Sie die **RETURN**-Taste drücken. Das Zeilenende auf dem Bildschirm wird durch die Absatzendemarke (¶) dargestellt.

Steuerzeichen wie die Absatzendemarke und die Schreibmarke werden nicht mit ausgedruckt.

1.2 Das Word-Lernziel:
   Anwendung des Cursorsteuertastenblocks und Korrigieren der Schreibfehler mit der Rücktaste

Aufgabe:
Sollten Sie sich verschrieben haben, müssen Sie den Cursor mit Hilfe der Cursorsteuertasten entsprechend positionieren, um den Fehler mit der **Rücktaste** zu korrigieren. Diese Taste befindet sich direkt oberhalb der **RETURN**-Taste und zeigt einen Pfeil nach links.
Der Cursorsteuertastenblock ist folgendermaßen belegt:

Taste	Bewegung
←	vorheriger Buchstabe
→	nächster Buchstabe
↑	vorherige Zeile
↓	nächste Zeile
HOME	Anfang der aktuellen Zeile
END	Ende der aktuellen Zeile
Tastenkombination **CTRL HOME**	Bildschirmanfang
Tastenkombination **CTRL END**	Bildschirmende
PG UP	einen Bildschirminhalt nach oben blättern
PG DN	einen Bildschirminhalt nach unten blättern
Tastenkombination **CTRL PG UP**	Sprung an den Dateianfang
Tastenkombination **CTRL PG DN**	Sprung an das Dateiende
SCROLL LOCK	zeilenweises Rollen des Bildschirms

Ausführung
1. Wenn Sie einen Buchstaben vergessen haben, fahren Sie mit dem Cursor auf das Zeichen, vor dem Sie den Buchstaben einfügen möchten. Dort geben Sie dann den fehlenden Buchstaben ein.
2. Haben Sie einen falschen Buchstaben eingesetzt, positionieren Sie den Cursor hinter den zu löschenden Buchstaben, und betätigen Sie die **Rücktaste**. Mit Hilfe dieser Taste löschen Sie jeweils das vor dem Cursor stehende Zeichen.

1.3 Das Word-Lernziel:
Anwählen des Laufwerks

Aufgabe:
Der Text, den Sie gerade geschrieben haben, befindet sich bisher nur im
Arbeitsspeicher. Sie müssen ihn aber, um später wieder auf diesen Text
zugreifen zu können, auf Ihre Datendiskette abspeichern, auf der er als Datei
erhalten bleibt.
Ihr Anwenderprogramm befindet sich in Laufwerk A. Ihre Datendiskette
in Laufwerk B. Um Ihre Daten auf der Datendiskette zu speichern, müssen
Sie das Laufwerk B anwählen.

Ausführung:
1. Um in das Befehlsmenü zu gelangen, müssen Sie die **ESC**-Taste drücken.

Sollten Sie einmal aus Versehen die **ESC**-Taste gedrückt haben und in die
Textebene zurückkehren wollen, drücken Sie die **Leertaste,** bis der Befehl
Text in der Befehlszeile markiert ist. Diesen Befehl müßten Sie dann durch
Drücken der **RETURN**-Taste bestätigen.

2. Zum Auswählen eines Befehls drücken Sie nach Betätigen der **ESC**-Taste
    die **Leertaste,** bis der Befehl **Übertragen** markiert ist.
3. Bestätigen Sie diesen Befehl mit der **RETURN**-Taste.
4. Drücken Sie die **Leertaste,** bis der Befehl **Optionen** markiert ist.
5. Bestätigen Sie mit der **RETURN**-Taste.
6. Überschreiben Sie die vorhandene Eintragung mit *B*:
7. Bestätigen Sie mit der **RETURN**-Taste.

Da das Laufwerk B jetzt aktiv ist, können Sie Ihren Text speichern.
Sehen Sie sich hierzu Abschnitt 1.4 an.

1.4 Das Word-Lernziel:
Speichern von Dateien

Aufgabe:

Um Ihren Text auf Diskette zu speichern, müssen Sie einen Dateinamen vergeben. Beachten Sie die Anmerkung zur Dateinamenverwaltung in diesem Abschnitt.

Ausführung:

1. Drücken Sie die **ESC**-Taste, um ins Befehlsmenü zu gelangen.
2. Drücken Sie die **Leertaste,** bis der Befehl **Übertragen** markiert ist.
3. Bestätigen Sie mit der **RETURN**-Taste.
4. Drücken Sie die **Leertaste,** bis der Befehl **Speichern** markiert ist.
5. Bestätigen Sie mit der **RETURN**-Taste.
6. Geben Sie den Dateinamen ein: *1001*

```
╒═[········1·········2·········3·········4·········5·········6·····]···7·····╕
╟ Zur Vorstellung von WORD¶
║ ¶
║ Das Anwenderprogramm WORD ist ein sehr leistungsfähiges
║ Textverarbeitungsprogramm, das Sie bei der Erstellung von Briefen,
║ Serienbriefen für Rundschreiben oder anderen umfangreichen Texten
║ verwenden können. Mit WORD können Sie Ihre Texte mühelos schreiben
║ und korrigieren. Nur wenige einfache Befehle genügen, damit WORD
║ Ihren Entwurf in eine professionell wirkende Reinschrift
║ verwandelt.▯
║
║
║
║
║
║
║
╘═══════════════════════════════════════════════════════════════════════════╛
ÜBERTRAGEN SPEICHERN Dateiname: 1001▮          Formatiert:(Ja)Nein

Geben Sie bitte den Dateinamen ein!
Seite 1  ()                                    Microsoft Word:
```

7. Bestätigen Sie mit der **RETURN**-Taste.

Jetzt wird Ihr Text auf der Datendiskette unter dem Namen 1001 gespeichert.

14

Anmerkung zur Dateiverwaltung

Der Dateiname ist frei wählbar. Er darf 8 Zeichen lang sein. Die 8 Zeichen können eine Kombination aus Zahlen und Buchstaben sein. Geben Sie keine Leerzeichen, Schrägstriche und Punkte bei der Vergabe von Dateinamen ein. Das Programm unterscheidet nicht zwischen Groß- und Kleinbuchstaben. Wenn Sie einen Dateinamen mit Kleinbuchstaben vergeben, ändert das System sie automatisch in Großbuchstaben um.
Nach dem Abspeichern wird dem Dateinamen automatisch die Dateinamenergänzung .TXT beigefügt. .TXT weist die Datei als Textdatei aus.

1.5 Das Word-Lernziel:
Löschen des Bildschirms und Laden von Dateien

Aufgabe:

Nun könnten Sie Ihren Text weiter bearbeiten oder einen anderen erstellen.
Bevor Sie einen neuen Text eingeben können, müssen Sie Ihren Bildschirm
löschen.

Ausführung:

1. Drücken Sie die **ESC**-Taste.
2. Betätigen Sie die **Leertaste,** bis der Befehl **Übertragen** markiert ist.
3. Bestätigen Sie mit der **RETURN**-Taste.
4. Betätigen Sie die **Leertaste,** bis der Befehl **Bildschirmlöschen** markiert ist.
5. Bestätigen Sie mit der **RETURN**-Taste.
6. Betätigen Sie die **Leertaste,** bis der Befehl **Gesamt** markiert ist, weil Sie den gesamten Text auf dem Bildschirm, das heißt den Inhalt insgesamt des Arbeitsspeichers löschen wollen.

```
╔═[·········1·········2·········3·········4·········5·········6·····]···7·····╗
║ Zur Vorstellung von WORD¶
║ ¶
║ Das Anwenderprogramm WORD ist ein sehr leistungsfähiges
║ Textverarbeitungsprogramm, das Sie bei der Erstellung von Briefen,
║ Serienbriefen für Rundschreiben oder anderen umfangreichen Texten
║ verwenden können. Mit WORD können Sie Ihre Texte mühelos schreiben
║ und korrigieren. Nur wenige einfache Befehle genügen, damit WORD
║ Ihren Entwurf in eine professionell wirkende Reinschrift
║ verwandelt.□
```

```
ÜBERTRAGEN BILDSCHIRMLöSCHEN: Ausschnitt Gesamt

Wählen Sie bitte eine Option oder geben Sie deren Anfangsbuchstaben ein!
Seite 1 ()                              ?              Microsoft Word: 1001.TXT
```

7. Bestätigen Sie mit der **RETURN**-Taste.

Der Text ist jetzt nicht mehr im Arbeitsspeicher (und damit auch nicht mehr
auf dem Bildschirm), befindet sich aber auf Ihrer Datendiskette. Mit dem
Befehl wurde der gesamte Arbeitsspeicher gelöscht.

Um Ihren Text nun weiter bearbeiten zu können, müssen Sie ihn wieder in
den Arbeitsspeicher laden.

  8. Drücken Sie die **ESC**-Taste.
  9. Betätigen Sie die **Leertaste**, bis der Befehl **Übertragen** markiert ist.
10. Bestätigen Sie mit der **RETURN**-Taste.
11. Bestätigen Sie den Befehl **Laden** mit der **RETURN**-Taste.
12. Geben Sie den Dateinamen *1001* ein.

```
⊨[· · · · · · · · ·1· · · · · · · · ·2· · · · · · · · ·3· · · ·  · · · ·4· · · · · · · · · ·5· · · · · · · · · ·6· · · · ·]· · ·7· · · ·⌐
 ⎮ ▯



















ÜBERTRAGEN LADEN Dateiname: 1001█              Schreibschutz: Ja(Nein)

Geben Sie bitte einen Dateinamen ein oder wählen Sie einen!
Seite 1  ()                          ?          Microsoft Word:
```

13. Bestätigen Sie mit der **RETURN**-Taste.

Der Text wird nun wieder in den Arbeitsspeicher geladen und erscheint auf
dem Bildschirm.
Es ist angebracht, nach jedem Wechsel der Datendiskette den Bildschirm
(gesamt) zu löschen, um die Aufforderung zum Zugriff auf die ausgewechselte
Datendiskette zu vermeiden.

1.6 Das Word-Lernziel:
Markieren von Textstellen

Aufgabe:
Zur Bearbeitung von Textstellen ist es unbedingt erforderlich, sie vorher zu markieren.
Wenn Sie nur ein einzelnes Zeichen markieren wollen, gilt der Cursor als Markierung. Ebenso ist die Markierung nichts anderes als ein erweiterter Cursor.

Ausführung:
Als erstes üben Sie die Markierung:

1. Positionieren Sie den Cursor auf das R des Wortes ‚Rundschreiben'.
2. Drücken Sie die Taste <**F7**>, um das Wort links vom Cursor (für) zu markieren.
3. Drücken Sie die Taste <**F8**>, um das Wort rechts vom Cursor (Rundschreiben) zu markieren.
4. Wenn Sie erneut die Taste <**F8**> drücken, wird das Wort rechts der Markierung, in diesem Fall das Wort ‚oder' markiert, die Markierung für das Wort ‚Rundschreiben' wird aber aufgehoben.
   Sie können also mit diesen Tasten den Cursor schneller durch den Text bewegen.

Wollen Sie jetzt aber mehrere Wörter gleichzeitig markieren, müssen Sie die Erweiterungstaste <**F6**> drücken. In der letzten Bildschirmzeile erscheint die Anzeige ‚ER', Sie befinden sich also im Erweiterungsmodus. Das erneute Drücken von <**F6**> schaltet den Erweiterungsmodus aus.

5. Positionieren Sie den Cursor wieder auf das ‚R' des Wortes ‚Rundschreiben', betätigen Sie die Taste <**F6**> und drücken Sie zweimal die Taste <**F8**>; damit haben Sie die Wörter ‚Rundschreiben' und ‚oder' markiert (siehe Bildschirmausdruck auf der folgenden Seite).

```
┌═[·········1·········2·········3·········4·········5·········6·····]···7·····┐
│ Zur Vorstellung von WORD¶
│ ¶
│ Das Anwenderprogramm WORD ist ein sehr leistungsfähiges
│ Textverarbeitungsprogramm, das Sie bei der Erstellung von Briefen,
│ Serienbriefen für Rundschreiben oder anderen umfangreichen Texten
│ verwenden können. Mit WORD können Sie Ihre Texte mühelos schreiben
│ und korrigieren. Nur wenige einfache Befehle genügen, damit WORD
│ Ihren Entwurf in eine professionell wirkende Reinschrift
│ verwandelt.♦
│
│
│
│
└───────────────────────────────────────────────────────────────────────────┘
BEFEHL: Text Ausschnitt Bibliothek Druck Einfügen Format Gehezu Hilfe Kopie
        Löschen Muster Quitt Rückgängig Suchen übertragen Wechseln Zusätze
Bearbeiten Sie bitte Ihren Text oder unterbrechen Sie zum Hauptbefehlsmenü!
Seite 1  ()                           ?          ER Microsoft Word: 1001.TXT
```

6. Sie können einmal mit den Tasten <F8> oder <F7> weitere Markierungen vornehmen, oder Sie können eine der Cursorsteuertasten zum Erweitern der Markierung benutzen.

7. Um die Markierung aufzuheben, müssen Sie zuerst die Erweiterung ausschalten (durch erneutes Drücken der **F6**-Taste). Wenn Sie dann eine beliebige Cursorsteuertaste betätigen, hebt sich die Markierung auf. Die neue Cursorposition markiert nun ein einzelnes Zeichen.

Versuchen Sie anhand der folgenden Liste ganz gezielt, das Markieren zu üben.

Markieren:	Bezeichnen:
Erweiterung	<F6>
Wort links	<F7>
vorheriger Satz	<SHIFT> <F7>
Wort rechts	<F8>
Nächster Satz	<SHIFT> <F8>
Satz	<F9>
Zeile	<SHIFT> <F9>
Absatz	<F10>
gesamter Text	<SHIFT> <F10>

1.7 Das Word-Lernziel:
Löschen, Einfügen und Austauschen von Textstellen mit Hilfe des
Papierkorbs

Aufgabe:

Löschen Sie Text in den Papierkorb, und fügen Sie ihn (an gleicher oder
anderer Stelle) wieder ein.

Ausführung:

1. Markieren Sie das Wort ‚anderen' in der dritten Zeile des Absatzes.
2. Löschen Sie das Wort mit Hilfe der **DEL**-Taste in den Papierkorb.

Der Papierkorb ist ein Zwischenspeicher für einzelne Zeichen, Wörter,
Sätze, Absätze oder ganze Textteile. Der Papierkorb befindet sich in der
letzten Bildschirmzeile: ( )

3. Nachdem Sie die **DEL**-Taste gedrückt haben, erscheint das Wort unten
   im Papierkorb und ist aus dem Text herausgelöscht (siehe folgenden
   Bildschirmausdruck).

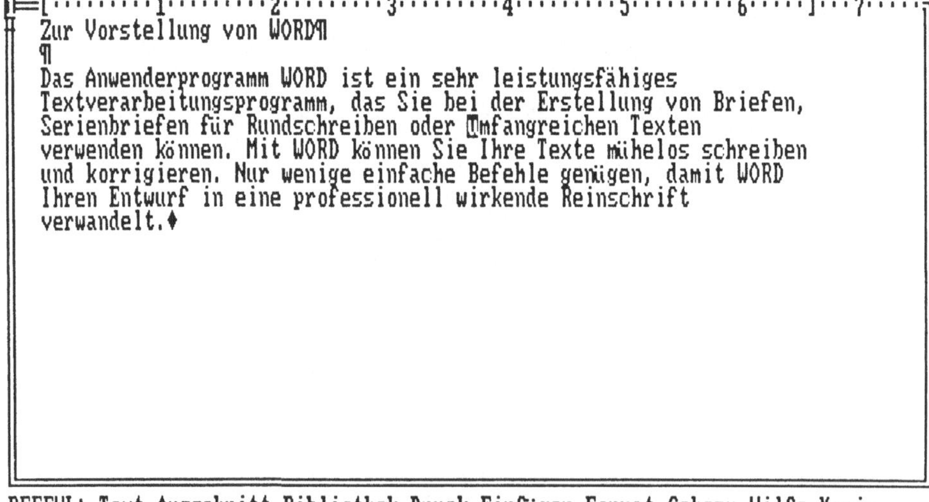

Der Punkt im Papierkorb kennzeichnet einen gelöschten Leerschritt. (Eine Tabulation wird später durch einen Pfeil dargestellt, ein geschützter Leerschritt durch kein Zeichen.)
Den Inhalt des Papierkorbes können Sie jetzt so oft Sie wollen und an beliebigen Stellen in den laufenden Text einfügen.

4. Betätigen Sie die **INS**-Taste, um den Text wieder einzufügen.

Wenn Sie ein Wort vollständig aus Ihrem Text löschen möchten, also nicht in den Papierkorb, können Sie die Tastenkombination <**SHIFT**> <**DEL**> verwenden.

5. Markieren Sie das Wort ‚Das' vor ‚Anwenderprogramm', halten Sie die **SHIFT**-Taste gedrückt, und betätigen Sie gleichzeitig die **DEL**-Taste.

Wenn Sie ein Wort gegen ein anderes austauschen möchten, gehen Sie folgendermaßen vor:

6. Markieren Sie das Wort ‚Anwenderprogramm', drücken Sie die **DEL**-Taste, um das Wort in den Papierkorb zu bringen.

Wie Sie sehen, ist das Wort, das vorher im Papierkorb war, ersetzt worden.

7. Markieren Sie das Wort ‚Textverarbeitungsprogramm', und drücken Sie die Tastenkombination <**SHIFT**> <**INS**>.

Das Wort ‚Textverarbeitungsprogramm' ist durch das Wort ‚Anwenderprogramm' (aus dem Papierkorb) ersetzt worden.

Anmerkung zum Papierkorb:
Wie gesagt, ist der Papierkorb ein Zwischenspeicher, in dem Sie mit Hilfe der Taste <**DEL**> kurzzeitig Texte aufbewahren können.
Haben Sie einen Text in den Papierkorb gebracht, können Sie ihn mit Hilfe der **INS**-Taste beliebig oft an beliebigen Positionen im Text einfügen; wogegen Sie den mit der **SHIFT INS**-Tastenkombination markierten Texte durch den Inhalt des Papierkorbes ersetzen.
Der Text im Papierkorb bleibt nur so lange erhalten, bis erneut die **DEL**-Taste betätigt oder bis der ganze Bildschirm gelöscht wird.
Wenn ein Text im Papierkorb erhalten bleiben soll, Sie aber weitere Textstellen löschen möchten, müssen Sie dies mit der **SHIFT DEL**-Tastenkombination tun. Hierdurch wird der markierte Text gelöscht, der Text im Papierkorb wird nicht ersetzt.

8. Speichern Sie den Text erneut unter 1001 ab. Wählen Sie dazu folgende
   Befehlsfolge:
   — **ESC**-Taste
   — drücken Sie die **Leertaste**, bis der Befehl **Übertragen** markiert ist
   — bestätigen Sie mit der **RETURN**-Taste
   — drücken Sie die **Leertaste**, bis der Befehl **Speichern** markiert ist
   — bestätigen Sie mit der **RETURN**-Taste
   — bestätigen Sie den Dateinamen ‚1001' mit der **RETURN**-Taste

9. Löschen Sie nun den Bildschirm mit:
   — **ESC**-Taste
   — drücken Sie die **Leertaste**, bis der Befehl **Übertragen** markiert ist
   — bestätigen Sie mit der **RETURN**-Taste
   — drücken Sie die **Leertaste**, bis der Befehl **Bildschirmlöschen** markiert ist
   — bestätigen Sie mit der **RETURN**-Taste
   — drücken Sie die **Leertaste**, bis der Befehl **Gesamt** markiert ist
   — bestätigen Sie mit der **RETURN**-Taste

1.8 Übung I

Erstellen Sie folgenden Text:

```
╔═[········1·········2·········3·········4·········5·········6·····]···7·····╗
║ Sehr geehrte Damen und Herren,¶
║ ¶
║ wir erlauben uns heute, Sie zu unserer letzten Ausstellung in
║ diesem Jahr einzuladen. Sie findet¶
║ ¶
║ am 12. November 1984¶
║ ¶
║ im Hotel Vier Jahreszeiten statt.¶
║ ¶
║ Wir würden uns freuen, Sie am Montag auch in diesem Jahr wieder um
║ 20 Uhr begrüßen zu dürfen.¶
║ ¶
║ Mit freundlichen Grüßen◊
║
╚══════════════════════════════════════════════════════════════════════════╝
BEFEHL: Text Ausschnitt Bibliothek Druck Einfügen Format Gehezu Hilfe Kopie
        Löschen Muster Quitt Rückgängig Suchen übertragen Wechseln Zusätze
Bearbeiten Sie bitte Ihren Text oder unterbrechen Sie zum Hauptbefehlsmenü!
Seite 1  ()                        ?                 Microsoft Word:
```

Ändern Sie den Text so ab, daß er dem im folgenden Bildschirmausdruck
widergegebenen entspricht; speichern Sie ihn unter dem Dateinamen 10011
ab, und löschen Sie den Bildschirm (den gesamten Arbeitsspeicher):

```
╔═[········1·········2·········3·········4·········5·········6·····]···7·····╗
║ Sehr geehrte Damen und Herren,¶
║ ¶
║ wir erlauben uns, Sie zu unserer letzten Ausstellung in diesem
║ Jahr einzuladen. Sie findet¶
║ ¶
║         am Montag, dem 12. November 1984, um 20 Uhr ¶
║ ¶
║ im Hotel "Vier Jahreszeiten" statt.¶
║ ¶
║ Wir würden uns freuen, Sie auch in diesem Jahr wieder begrüßen zu
║ dürfen.¶
║ ¶
║ Mit freundlichen Grüßen◊
║
╚══════════════════════════════════════════════════════════════════════════╝
BEFEHL: Text Ausschnitt Bibliothek Druck Einfügen Format Gehezu Hilfe Kopie
        Löschen Muster Quitt Rückgängig Suchen übertragen Wechseln Zusätze
325 Zeichen sind in diesem Text abgespeichert! (359424 Byte frei)
Seite 1  (um·20·Uhr·)              ?                 Microsoft Word: 10011.TXT
```

Sollten Sie mit den Änderungen nicht zurechtkommen, sehen Sie sich
Lösung I im ANHANG A an.

2 Format Zeichen

Sie lernen die Befehlsfolge **Format Zeichen** kennen, mit der Sie Texte hervorheben, die Schriftart bestimmen und den Schriftgrad festlegen können.

2.1 Das Word-Lernziel:
Eingabe eines Textes und Abkürzung der Befehlsauswahl

Aufgabe:
Schreiben Sie den folgenden Text, und speichern Sie ihn mit Hilfe der verkürzten Befehlsauswahl ab.

Ausführung:
1. Schreiben Sie:

Sehr geehrte Damen und Herren,

mit Ihrer Liefermahnung fordern Sie die Lieferung der Rechenmaschinen bis 15.06.85.

Wir bedauern sehr, daß wir diesen Termin nicht einhalten können, da ein großer Teil unserer Lagerbestände durch ein Feuer beschädigt wurde.

Sie erhalten in den nächsten Tagen 3 Rechenmaschinen. Die fehlenden 8 Rechenmaschinen werden wir unverzüglich nach Erhalt der nächsten Werkslieferung folgen lassen.

Seien Sie versichert, daß wir uns um schnelle Lieferung bemühen.

Mit freundlichen Grüßen.

2. Speichern Sie den Text unter dem Dateinamen 1002 ab.
   Benutzen Sie dazu die Befehlsfolge:

   — **ESC**-Taste;

   — drücken Sie die **Leertaste**, bis der Befehl **Übertragen** markiert ist;

   — bestätigen Sie mit der **RETURN**-Taste;

— drücken Sie die **Leertaste**, bis der Befehl **Speichern** markiert ist;

— bestätigen Sie mit der **RETURN**-Taste;

— geben Sie den Dateinamen ein: *1002*;

— bestätigen Sie mit der **RETURN**-Taste.

Abkürzung der Befehlsauswahl

Sie können einmal den obenangegebenen langen Weg zur Befehlsauswahl nehmen oder Sie können die folgende Abkürzung wählen:

— drücken Sie die **ESC**-Taste;

— drücken Sie die Taste **Ü** für **Übertragen**;

— drücken Sie die Taste **S** für **Speichern**;

— geben Sie den Dateinamen ein: *1002*;

— bestätigen Sie mit <**RETURN**>;

Sie können diese Art der Befehlsauswahl — also das Eingeben des Anfangsbuchstabens des auszuwählenden Befehls — auch zum Aufrufen aller anderen Befehle anwenden.

Bei der Befehlsauswahl haben Sie also mehrere Möglichkeiten: Wenn Sie in einem Unterbefehlsmenü sind, so gelangen Sie zum nächsten Punkt durch Drücken der **Tabulator**-Taste, zu einem vorigen Punkt durch Drücken von **Shift**- und der **Tabulator**-Taste.

Innerhalb dieser Befehlsmenüebene gelangen Sie von einer möglichen Antwort zur nächsten durch Drücken der **Leertaste**, von einer möglichen Antwort zur vorigen durch Drücken der **Rücktaste**, oder Sie wählen die Antwort aus, indem Sie das erste Zeichen (den ersten Buchstaben) der jeweiligen Antwort drücken.

2.2 Das Word-Lernziel:
Markieren von Textstellen und Hervorheben im Fettdruck

Aufgabe:
Markieren Sie nun die unten angegebenen Textstellen, und formatieren Sie
sie im Fettdruck.

Ausführung:
1. Markieren Sie das Wort ‚Liefermahnung' im ersten Absatz.
2. Drücken Sie die **ESC**-Taste.
3. Wählen Sie die Befehlsfolge:

   – **F** für **Format;**

   – **Z** für **Zeichen;**

   – drücken Sie einmal die **Leertaste,** damit **Fett: (Ja)** ausgewählt wird.

4. Bestätigen Sie den Befehl mit der **RETURN**-Taste.

Anmerkung zur Bildschirmanzeige
Je höher die Auflösung Ihres Bildschirms ist, desto besser ist die Darstellungs-
möglichkeit der Formatierungen.
5. Markieren Sie die Wörter ‚in den nächsten Tagen'.
6. Wählen Sie die Befehlsfolge:

   – **<ESC>;**

   – **F** für **Format;**

   – **Z** für **Zeichen;**

   – **Fett: (Ja).**   (siehe Bildschirmausdruck Seite 27 oben)

7. Bestätigen Sie die Befehlsfolge mit der **RETURN**-Taste.
8. Markieren Sie den gesamten zweiten Absatz: ‚Wir bedauern sehr ...
   beschädigt wurde.', und wiederholen Sie den Vorgang zur Fett-Forma-
   tierung.
9. Versuchen Sie jetzt, auch das Datum ‚15.06.85' im ersten Absatz (mit
   Hilfe der Erweiterung) und die Zahl ‚3' fettgedruckt darzustellen.
10. Speichern Sie die Datei unter dem Namen 1003 ab.

```
==[·········1·········2·········3·········4·········5·········6·····]···7·····
Sehr geehrte Damen und Herren,¶
¶
mit Ihrer Liefermahnung fordern Sie die Lieferung der
Rechenmaschinen bis 15.06.85.¶
¶
Wir bedauern sehr, daß wir diesen Termin nicht einhalten können,
da ein großer Teil unserer Lagerbestände durch ein Feuer
beschädigt wurde.¶
¶
Sie erhalten in den nächsten Tagen 3 Rechenmaschinen. Die
fehlenden 8 Rechenmaschinen werden wir unverzüglich nach Erhalt
der nächsten Werkslieferung folgen lassen.¶
¶
Seien Sie versichert, daß wir uns um schnelle Lieferung bemühen.¶
¶
Mit freundlichen Grüßen◆

FORMAT ZEICHEN Fett: Ja Nein        Kursiv: Ja(Nein) Unterstrichen: Ja(Nein)
 Durchgestrichen: Ja(Nein)    Großbuchstaben: Ja(Nein)   Kapitälchen: Ja(Nein)
 Doppelt unterstrichen: Ja(Nein)      Position:(Normal)Hochgestellt Tiefgestellt
 Schriftart: Courier           Schriftgrad: 12
Wählen Sie bitte eine Option!
Seite 1  ()                              ER Microsoft Word: 1002.TXT
```

Kurzform für den Fettdruck

Für die Hervorhebung von Textstellen gibt es Kurzformen, die die Eingabe erleichtern. Im Falle des Fettdrucks kann die folgende Tastenkombination benutzt werden:

Markieren, dann formatieren mit der Kurzform:
— die **Alt**-Taste gedrückt halten,
— **x** als erstes Zeichen des Tastenschlüssels eingeben;
— die **Alt**-Taste loslassen;
— **f** als zweites Zeichen des Tastenschlüssels eingeben.

Je nach Programmversion können Sie auch das **x** als erstes Zeichen des Tastenschlüssels auslassen.

Es würde also die Tastenkombination <Alt> **f** genügen; aber nur so lange, bis Sie eine Druckformatvorlage erstellt haben. Von dem Zeitpunkt an müssen Sie auch mit dieser Programmversion das **x** drücken.

Diese Anmerkung gilt für alle vom Programm festgelegten Formatierungen (Zeichen- und Absatzformatierungen).

Anmerkung zum Direktformatieren einzelner Zeichen

Wenn Sie ein einzelnes Zeichen mit der Kurzform formatieren wollen, müssen Sie die Tastenkombination zweimal eingeben.

Dies ist eine Vorsichtsmaßnahme, daß Sie nicht aus Versehen ein Zeichen formatieren, weil Sie anstelle der **SHIFT**-Taste die **ALT**-Taste drücken.

Diese Anmerkung gilt für alle Zeichenformatierungen!

2.3 Das Word-Lernziel:
Aufheben der Zeichenformatierungen

Genau wie beim Formatieren gibt es auch hier eine lange und eine kurze
Form.

Aufgabe:
Heben Sie nun die Formatierung des Fettdrucks auf, so daß Ihr Text wieder
unformatiert auf dem Bildschirm erscheint. Verwenden Sie hierzu die Kurzform, die Direktformatierung.

Ausführung:
1. Markieren Sie das Wort ‚Liefermahnung‘ im ersten Absatz.
2. Drücken Sie die **ESC**-Taste.
3. Wählen Sie die Befehlsfolge:

   — **F** für **Format;**

   — **Z** für **Zeichen;**

   — Drücken Sie einmal die **Leertaste**, damit **Fett: (Nein)** ausgewählt wird.
4. Bestätigen Sie mit der **RETURN**-Taste.

Kurzform zum Aufheben der Zeichenformatierung

5. Markieren Sie die Wörter ‚in den nächsten Tagen‘.
6. Wählen Sie die Befehlsfolge für die Kurzform:

   — halten Sie die **Alt**-Taste gedrückt;

   — drücken Sie einmal die **x**-Taste;

   — lassen Sie beide Tasten los;

   — sehen Sie sich die Anweisung unter dem Befehlsmenü an (Geben Sie
   bitte das zweite Zeichen des Tastenschlüssels ein!);

   — Betätigen Sie die **Leertaste.**

Heben Sie nun die Formatierung (Fettschrift) für den gesamten Text auf.

7. Markieren Sie mit <**SHIFT**> <**F10**> den gesamten Text.
8. Geben Sie die Befehlsfolge zum Aufheben der Formatierung ein: <**Alt**>
   x Leertaste.

Sie haben damit die gesamte Zeichenformatierung, also den gesamten restlichen Fettdruck aufgehoben.
Sollten Sie mehrere Zeichenformatierungen eingegeben haben und nur eine
bestimmte löschen wollen, markieren Sie den gesamten Text und heben nur
diese eine Formatierung auf, indem Sie die lange Form der Formatierung
(<ESC> **F Z** ...: (Nein)) verwenden. Alle anderen Formatierungen bleiben
dabei bestehen. Mit der Kurzform <Alt> **x Leertaste** sind sonst *alle* Formatierungen aufgehoben.

Der Befehl Rückgängig
Sie können den zuletzt eingegebenen Befehl immer wieder rückgängig
machen; das gilt nicht nur für den Fettdruck, sondern auch für alle anderen
Eingaben.

9.   Drücken Sie die **ESC**-Taste und die Taste **R** für **Rückgängig**.

In diesem Fall haben Sie das Aufheben des Fettdrucks rückgängig gemacht.

Anmerkung
Wenn Sie einen Text schreiben, und Sie möchten an einer Stelle die folgen-
den Eingaben fett schreiben, so können Sie vor Schreiben des Textes die
Formatierung festlegen. Um danach wieder „normal" weiterzuschreiben,
also ohne Formatierung, drücken Sie die **Leertaste** und geben den folgenden
Text ein.

Diese Anmerkung gilt für alle Formatierungen!

2.4 Das Word-Lernziel:
Laden eines Textes, Markieren von Textstellen und Hervorheben in
Kursivschrift

Aufgabe:
Laden Sie den Text der Datei 1002 in den Arbeitsspeicher, markieren Sie die
angegebenen Textstellen und formatieren Sie diese in Kursivschrift.

Ausführung:
1. Laden Sie nun — wie in Kapitel 1 Abschnitt 1.5 (8. bis 13.) beschrieben —
   den Text mit dem Dateinamen 1002 in den Arbeitsspeicher.

Da Sie im vorigen Abschnitt einen gespeicherten Text nochmals verändert,
danach aber nicht wieder abgespeichert haben, erscheint in der vorletzten
Zeile des Bildschirms die Anzeige:

   ,Bestätigen Sie mit J den Verlust Ihrer Daten!'

Da der Text schon formatiert auf Diskette gespeichert ist, können Sie den
Verlust der Daten bestätigen.

2. Drücken Sie also **j**, und der Text 1002 wird nun geladen.
3. Markieren Sie das Wort ,Liefermahnung' im ersten Absatz.
4. Drücken Sie die **ESC**-Taste.
5. Wählen Sie die Befehlsfolge:

   - **F** für **Format;**

   - **Z** für **Zeichen;**

   - drücken Sie einmal die **Tabulator**-Taste, damit Sie sich im Befehlsfeld
     Kursiv befinden;

   - drücken Sie einmal die **Leertaste**, damit **Kursiv: (Ja)** ausgewählt wird.

6. Bestätigen Sie den Befehl mit der **RETURN**-Taste.
7. Markieren Sie die Wörter ,in den nächsten Tagen'.
8. Wählen Sie die Befehlsfolge:

   - **<ESC>**;

   - **F** für **Format;**

   - **Z** für **Zeichen;**

   - **Tabulator**-Taste bis auf **Kursiv;**

   - **Kursiv: (Ja)**.

Anmerkung zur Befehlsauswahl

Sollten Sie die **Tabulator**-Taste zu oft betätigt haben und ein Feld zu weit sein, kommen Sie durch Drücken der Tasten <SHIFT> <Tabulator> in das vorherige Feld zurück.

9. Bestätigen Sie die Befehlsfolge mit der **RETURN**-Taste.

10. Markieren Sie den gesamten zweiten Absatz: ‚Wir bedauern sehr ... beschädigt wurde.', und wiederholen Sie den Vorgang zur Kursiv-Formatierung wie oben beschrieben.

11. Versuchen Sie jetzt, auch das Datum ‚15.06.85' (mit Hilfe der Erweiterung) und die Zahl ‚3' kursiv darzustellen.

12. Speichern Sie die Datei unter dem Namen 1004 ab.

Kurzform für die Kursivschrift

Auch für die Hervorhebung von Textstellen in Kursivschrift gibt es eine Kurzform zur Erleichterung der Eingabe, nämlich folgende Tastenkombination:

Markieren, dann formatieren mit der Kurzform:
— die **Alt**-Taste gedrückt halten;
— **x** als erstes Zeichen des Tastenschlüssels eingeben;

— die **Alt**-Taste loslassen;
— **i** als zweites Zeichen des Tastenschlüssels eingeben.

Wie in Abschnitt 2.2 erwähnt, genügt auch hier in anderen Programmversionen die Tastenkombination <**Alt**> **i**, nach Erstellen einer Druckformatvorlage müssen Sie aber auch bei diesen Versionen das **x** als erstes Zeichen des Tastenschlüssels eingeben.

Wenn Sie ein einzelnes Zeichen mit der Kurzform formatieren möchten, müssen Sie — wie ebenfalls in Abschnitt 2.2 vermerkt — diese Tastenkombination zweimal eingeben, da es sich um eine Zeichenformatierung handelt.

13. Markieren Sie nun wieder den gesamten Text, heben Sie die Formatierung auf (siehe Abschnitt 2.3 — Aufheben Zeichenformatierungen).

14. Formatieren Sie nun dieselben Textstellen mit der Kurzform für Kursivschrift, die Sie vorhin mit der langen Form formatiert haben.

Anmerkung zur Direktformatierung einzelner Zeichen

Wenn Sie ein einzelnes Zeichen, in diesem Fall die ‚3', mit der Kurzform direkt formatieren möchten, und Sie markieren dieses Zeichen nicht als Wort, sondern positionieren nur den Cursor auf dieses Zeichen, so müssen Sie die Kurzform zweimal eingeben, in diesem Fall also drücken:

<**Alt**> **x i** <**Alt**> **x i**

Da Sie den Text mit der Kursivschrift schon auf Diskette gespeichert haben, brauchen Sie ihn nun nicht nochmals abzuspeichern.

2.5 Das Word-Lernziel:

Laden eines Textes, Markieren von Textstellen und Hervorheben durch Unterstreichung

Aufgabe:

Laden Sie den Text 1002 in den Arbeitsspeicher, markieren Sie die angegebenen Textstellen und unterstreichen Sie diese.

Ausführung:

1. Laden Sie Text 1002 in den Arbeitsspeicher.
2. Markieren Sie das Wort ‚Liefermahnung' im ersten Absatz.
3. Drücken Sie die **ESC**-Taste.
4. Wählen Sie die Befehlsfolge:

    - **F** für **Format**;

    - **Z** für **Zeichen**;

    - drücken Sie zweimal die **Tabulator**-Taste, damit Sie sich im Befehlsfeld **Unterstrichen** befinden;

    - drücken Sie einmal die **Leertaste**, damit **Unterstrichen: (Ja)** ausgewählt wird.

5. Bestätigen Sie den Befehl mit der **RETURN**-Taste.
6. Markieren Sie die Wörter ‚in den nächsten Tagen'.
7. Wählen Sie die Befehlsfolge:

    - <**ESC**>;

    - **F** für **Format**;

    - **Z** für **Zeichen**;

    - **Tabulator**-Taste bis auf **Unterstrichen**;

    - **Unterstrichen: (Ja)**.

8. Bestätigen Sie die Befehlsfolge mit der **RETURN**-Taste.
9. Markieren Sie den gesamten zweiten Absatz: ‚Wir bedauern sehr ... beschädigt wurde.', und wiederholen Sie den Vorgang zum Unterstreichen wie beschrieben.
10. Versuchen Sie jetzt, auch das Datum ‚15.06.85' (mit Hilfe der Erweiterung) und die Zahl ‚3' zu unterstreichen.
11. Speichern Sie die Datei unter dem Namen 1005 ab.

Kurzform für die Unterstreichung

Auch für das Unterstreichen von Textstellen gibt es eine Kurzform zur Erleichterung der Eingabe, nämlich folgende Tastenkombination:

Markieren, dann formatieren mit der Kurzform:

— die **Alt**-Taste gedrückt halten;
— **x** als erstes Zeichen des Tastenschlüssels eingeben;

— die **Alt**-Taste loslassen;
— **u** als zweites Zeichen des Tastenschlüssels eingeben.

Wie in Abschnitt 2.2 gesagt, genügt auch bei dieser Zeichenformatierung in manchen Programmversionen die Tastenkombination <**Alt**> **u**, nach Erstellen einer Druckformatvorlage müssen Sie aber auch bei diesen Versionen das **x** als erstes Zeichen des Tastenschlüssels eingeben.

Wenn Sie ein einzelnes Zeichen mit der Kurzform unterstreichen möchten, müssen Sie — wie in Abschnitt 2.2 vermerkt — diese Tastenkombination zweimal eingeben, da es sich um eine Zeichenformatierung handelt.

12. Markieren Sie nun wieder den gesamten Text, heben Sie die Formatierung auf (siehe Abschnitt 2.3 — Aufheben der Zeichenformatierungen).

14. Unterstreichen Sie nun dieselben Textstellen mit der Kurzform, die Sie vorhin mit der langen Form formatiert haben.

Da Sie den Text mit der Unterstreichung schon auf Diskette gespeichert haben, brauchen Sie ihn nun nicht noch einmal abzuspeichern.

2.6 Das Word-Lernziel:
Laden eines Textes, Markieren von Textstellen und Durchstreichen

Aufgabe:
Laden Sie den Text 1002 in den Arbeitsspeicher, markieren Sie die unten-
angegebenen Textstellen und streichen Sie diese durch.

Ausführung:
1. Laden Sie Text 1002 in den Arbeitsspeicher.
2. Markieren Sie das Wort ‚Liefermahnung' im ersten Absatz.
3. Drücken Sie die **ESC**-Taste.
4. Wählen Sie die Befehlsfolge:

   - **F** für **Format;**

   - **Z** für **Zeichen;**

   - drücken Sie dreimal die **Tabulator**-Taste, damit Sie sich im Befehlsfeld
     Durchgestrichen befinden;

   - drücken Sie einmal die **Leertaste,** damit **Durchgestrichen: (Ja)** ausge-
     wählt wird.
5. Bestätigen Sie den Befehl mit der **RETURN**-Taste.
6. Markieren Sie die Wörter ‚in den nächsten Tagen'.
7. Wählen Sie die Befehlsfolge:

   - <**ESC**>;

   - **F** für **Format;**

   - **Z** für **Zeichen;**

   - **Tabulator**-Taste bis auf **Durchgestrichen;**

   - **Durchgestrichen: (Ja).**
8. Bestätigen Sie die Befehlsfolge mit der **RETURN**-Taste.
9. Markieren Sie den gesamten zweiten Absatz: ‚Wir bedauern sehr ... beschädigt wurde.', und wiederholen Sie den Vorgang zum Durchstreichen
   wie oben beschrieben.
10. Versuchen Sie jetzt, auch das Datum ‚15.06.85' (mit Hilfe der Erweite-
    rung) und die Zahl ‚3' durchzustreichen.
11. Speichern Sie die Datei unter dem Namen 1006 ab.

Kurzform für das Durchstreichen

Auch für das Durchstreichen von Textstellen gibt es eine Kurzform zur Erleichterung der Eingabe, nämlich folgende Tastenkombination:

Markieren, dann formatieren mit der Kurzform:

- die **Alt**-Taste gedrückt halten;
- **x** als erstes Zeichen des Tastenschlüssels eingeben;
- die **Alt**-Taste loslassen;
- **s** als zweites Zeichen des Tastenschlüssels eingeben.

Auch beim Durchstreichen gelten die in den vorigen Abschnitten erwähnten Anmerkungen, da es sich beim Durchstreichen ebenfalls um eine Zeichenformatierung handelt.

12. Heben Sie nun erneut die Formatierung auf, und streichen Sie dieselben Textstellen mit der Kurzform durch, die Sie vorhin mit der langen Form formatiert haben.

Anmerkung zum Durchstreichen

Im Gegensatz zu den anderen Formatierungen ist es beim Durchstreichen vielleicht nicht für jeden sofort ersichtlich, wofür man diese Formatierung verwenden kann. Als ein Beispiel von vielen soll uns das folgende dienen:

Wird an eine Druckerei ein Text weitergegeben, sind in ihm zwei Informationen enthalten: zum einen der zu verarbeitende Text und zum anderen spezielle Informationen, wie der Text zu erstellen ist. Damit der Druckerei die Informationen zum richtigen Zeitpunkt am richtigen Platz zur Verfügung stehen, schreibt man sie an die entsprechenden Stellen in die Texte und streicht sie durch, damit der Drucker weiß, daß dieser Textabschnitt nicht gedruckt werden soll, sondern für ihn eine zu beachtende Information enthält.

2.7 Das Word-Lernziel:
Markieren von Textstellen und Hervorheben durch Großbuchstaben

Aufgabe:
Laden Sie den Text 1002 in den Arbeitsspeicher, markieren Sie die unten-
angegebenen Textstellen und schreiben Sie diese in Großbuchstaben.

Ausführung:
1. Laden Sie Text 1002 in den Arbeitsspeicher.
2. Markieren Sie das Wort ‚Liefermahnung' im ersten Absatz.
3. Drücken Sie die **ESC**-Taste.
4. Wählen Sie die Befehlsfolge:

   — **F** für **Format;**

   — **Z** für **Zeichen;**

   — drücken Sie viermal die **Tabulator**-Taste, damit Sie sich im Befehlsfeld **Großbuchstaben** befinden;

   — drücken Sie einmal die **Leertaste,** damit **Großbuchstaben: (Ja)** ausgewählt wird.
5. Bestätigen Sie den Befehl mit der **RETURN**-Taste.
6. Markieren Sie die Wörter ‚in den nächsten Tagen.'
7. Wählen Sie die Befehlsfolge:

   — <**ESC**>;

   — **F** für **Format;**

   — **Z** für **Zeichen;**

   — **Tabulator**-Taste bis auf **Großbuchstaben;**

   — **Großbuchstaben: (Ja).**
8. Bestätigen Sie die Befehlsfolge mit der **RETURN**-Taste.
9. Markieren Sie den gesamten zweiten Absatz: ‚Wir bedauern sehr ... beschädigt wurde.', und wiederholen Sie den Vorgang zum Hervorheben in
   Großbuchstaben wie oben beschrieben.
10. Versuchen Sie jetzt, auch die Grußformel ‚Mit freundlichen Grüßen' in
    Großbuchstaben zu schreiben.

Wenn Sie die Grußformel als einen Absatz markieren (<**F10**>), wird die Schreibmarke mit markiert. Aus diesem Grunde sehen Sie im Unterbefehlsmenü **Format Zeichen** keine Eintragung vorgeschlagen. Sie können aber, wie sonst auch, die **Leertaste** drücken, um die Antwort auszuwählen.

Anmerkung zu den Großbuchstaben
Für das Formatieren in Großbuchstaben gibt es keine Kurzform. Wenn Sie einen Text in Großbuchstaben schreiben möchten, können Sie auch die **CAPS LOCK**-Taste drücken und dann Ihre Eingabe in Großbuchstaben machen. Falls Sie aber später diesen Text wieder in Kleinbuchstaben haben möchten, müßten Sie in diesem Fall den Text noch einmal eingeben und die Großbuchstaben löschen.
Wenn Sie aber einen Text in Großbuchstaben formatiert haben, können Sie später die Formatierung wieder aufheben (mit <**Alt**> x **Leertaste**, da es sich um eine Zeichenformatierung handelt), und der Text erscheint in Groß- und Kleinbuchstaben, so wie Sie ihn eingegeben haben.

2.8 Das Word-Lernziel:
Markieren von Textstellen und Hervorheben durch Kapitälchen

Aufgabe:
Laden Sie den Text 1002 in den Arbeitsspeicher, markieren Sie die angegebenen Textstellen und heben Sie diese durch Kapitälchen hervor.

Ausführung:
1. Laden Sie Text 1002 in den Arbeitsspeicher.
2. Markieren Sie das Wort ‚Liefermahnung‘ im ersten Absatz.
3. Drücken Sie die **ESC**-Taste.
4. Wählen Sie die Befehlsfolge:

   — **F** für **Format;**

   — **Z** für **Zeichen;**

   — drücken Sie fünfmal die **Tabulator**-Taste, damit Sie sich im Befehlsfeld **Kapitälchen** befinden;

   — drücken Sie einmal die **Leertaste,** damit **Kapitälchen: (Ja)** ausgewählt wird.
5. Bestätigen Sie den Befehl mit der **RETURN**-Taste.
6. Markieren Sie die Wörter ‚in den nächsten Tagen‘.
7. Wählen Sie die Befehlsfolge:

   — **<ESC>;**

   — **F** für **Format;**

   — **Z** für **Zeichen;**

   — **Tabulator**-Taste bis auf **Kapitälchen;**

   — **Kapitälchen: (Ja).**
8. Bestätigen Sie die Befehlsfolge mit der **RETURN**-Taste.
9. Markieren Sie den gesamten zweiten Absatz: ‚Wir bedauern sehr ... beschädigt wurde.‘, und wiederholen Sie den Vorgang zum Hervorheben durch Kapitälchen wie oben beschrieben.
10. Versuchen Sie jetzt, auch die Grußformel ‚Mit freundlichen Grüßen‘ durch Kapitälchen hervorzuheben.
11. Speichern Sie die Datei unter dem Namen 1008 ab.

Kurzform für die Kapitälchen

Für das Hervorheben von Textstellen durch Kapitälchen gibt es wieder eine Kurzform zur Erleichterung der Eingabe, nämlich folgende Tastenkombination:

Markieren, dann formatieren mit der Kurzform:
— die **Alt**-Taste gedrückt halten:
— **x** als erstes Zeichen des Tastenschlüssels eingeben;

— die **Alt**-Taste loslassen;
— **k** als zweites Zeichen des Tastenschlüssels eingeben.

12. Heben Sie nun erneut die Formatierung auf (Hervorhebung durch Kapitälchen ist eine Zeichenformatierung), und formatieren Sie dieselben Textstellen mit der Kurzform in Kapitälchen, die Sie vorhin mit der langen Form formatiert haben.

2.9 Das Word-Lernziel:
Markieren von Textstellen und Hervorheben durch doppelte Unterstreichung

Aufgabe:
Laden Sie den Text 1002 in den Arbeitsspeicher, markieren Sie die angegebenen Textstellen und unterstreichen Sie diese doppelt.

Ausführung:
1. Laden Sie Text 1002 in den Arbeitsspeicher.
2. Markieren Sie das Wort ‚Liefermahnung' im ersten Absatz.
3. Drücken Sie die **ESC**-Taste.
4. Wählen Sie die Befehlsfolge:
   - **F** für **Format**;
   - **Z** für **Zeichen**;
   - drücken Sie sechsmal die **Tabulator**-Taste, damit Sie sich im Befehlsfeld **Doppelt unterstrichen:** befinden
   - drücken Sie einmal die **Leertaste**, damit **Doppelt unterstrichen: (Ja)** ausgewählt wird.
5. Bestätigen Sie den Befehl mit der **RETURN**-Taste.
6. Markieren Sie die Wörter ‚in den nächsten Tagen.'
7. Wählen Sie die Befehlsfolge:
   - **<ESC>**;
   - **F** für **Format**;
   - **Z** für **Zeichen**;
   - **Tabulator**-Taste bis auf **Doppelt unterstrichen**;
   - **Doppelt unterstrichen: (Ja)**.
8. Bestätigen Sie die Befehlsfolge mit der **RETURN**-Taste.
9. Markieren Sie den gesamten zweiten Absatz: ‚Wir bedauern sehr ... beschädigt wurde.', und wiederholen Sie den Vorgang zum Hervorheben durch doppelte Unterstreichung wie oben beschrieben.
10. Versuchen Sie jetzt, auch das Datum ‚15.06.85' (mit Hilfe der Erweiterung) und die Zahl ‚3' (einzelnes Zeichen!) doppelt zu unterstreichen.
11. Speichern Sie die Datei unter dem Namen 1009 ab.

Kurzform für Doppelt unterstrichen
Für das Hervorheben von Textstellen durch doppelte Unterstreichung gibt es
eine Kurzform zur Erleichterung der Eingabe, nämlich folgende Tastenkombination:

Markieren mit der Kurzform:
— die **Alt**-Taste gedrückt halten;
— **x** als erstes Zeichen des Tastenschlüssels eingeben;

— die **Alt**-Taste loslassen;
— **d** als zweites Zeichen des Tastenschlüssels eingeben.

12. Heben Sie nun erneut die Formatierung auf, und unterstreichen Sie die-
    selben Textstellen mit der Kurzform doppelt, die Sie vorhin mit der
    langen Form formatiert haben.

2.10 Das Word-Lernziel:
   Bildschirmlöschen, Erstellen eines Textes, Markieren von Textstellen
   und Hoch- und Tiefstellen

Aufgabe:
Löschen Sie den Bildschirm, schreiben Sie untenstehenden Text und stellen
Sie die einzelnen Zeichen entsprechend der Vorlage hoch bzw. tief.

Ausführung:
   1. Löschen Sie den Bildschirm vollständig mit der folgenden Befehlsfolge:

   — **<ESC>**;

   — **Ü** für **Übertragen**;

   — **B** für **Bildschirmlöschen**;

   — **G** für **Gesamt.**

   2. Geben Sie folgenden Text ein:

   m2 = 1 qm
   m3 = 1 cbm
   C6H1005 = Zellulose
   CH3COOH = Essigsäure
   CO2 = Kohlendioxyd
   C3H5(OH)3 = Glyzerin
   HNO3 = Salpetersäure

   3. Speichern Sie diesen Text unter dem Namen 1010 ab.
   4. Stellen Sie die ‚2' in der ersten Zeile hoch. Wählen Sie dazu folgende
   Befehlsfolge:

   — Markieren (der Cursor ist die kleine Markierung);

   — **<ESC>**;

   — **F** für **Format**;

   — **Z** für **Zeichen**;

   — drücken Sie dreimal **<SHIFT> Tabulator**-Taste, damit Sie sich im
   Befehlsfeld **Position** befinden;
       (Mit **<SHIFT> Tabulator**-Taste sind Sie schneller in dem gewünsch-
       ten Feld als nur mit der **Tabulator**-Taste.)

   — drücken Sie einmal die **Leertaste**, damit **Position: (Hochgestellt)** ausgewählt wird.

   5. Bestätigen Sie den Befehl mit der **RETURN**-Taste.
   6. Markieren Sie die ‚3' in der zweiten Zeile, um sie hochzustellen.

7. Wählen Sie die Befehlsfolge:

    — **<ESC>**;

    — **F** für **Format**;   — **<SHIFT> Tabulator**-Taste bis auf **Position**;

    — **Z** für **Zeichen**;   — **Position: (Hochgestellt)**.

8. Bestätigen Sie die Befehlsfolge mit der **RETURN**-Taste.

9. Stellen Sie nun die Zeichen anhand der folgenden Liste hoch bzw. tief (zum Tiefstellen drücken Sie bei **Position** zweimal die **Leertaste** oder einmal die **Rücktaste**, so daß **Position: (Tiefgestellt)** ausgewählt ist):

$$m^2 = 1\ qm$$
$$m^3 = 1\ cbm$$
$$CO_2 = Kohlendioxyd$$
$$C_6H_{10}O_5 = Zellulose$$
$$C_3H_5(OH)_3 = Glyzerin$$
$$CH_3COOH = Essigsäure$$
$$HNO_3 = Salpetersäure$$

10. Speichern Sie die Datei unter dem Namen 1010 ab.

Kurzform für Hoch- und Tiefstellen

Für das Hoch- und Tiefstellen von Textstellen gibt es eine Kurzform zur Erleichterung der Eingabe, nämlich folgende Tastenkombinationen:

Hochstellen

    Markieren, dann formatieren mit der Kurzform:

    — die **Alt**-Taste gedrückt halten;

    — **x** als erstes Zeichen des Tastenschlüssels eingeben;

    — die **Alt**-Taste loslassen;

    — **h** als zweites Zeichen des Tastenschlüssels eingeben.

Tiefstellen

    Markieren, dann formatieren mit der Kurzform:

    — die **Alt**-Taste gedrückt halten;

    — **x** als erstes Zeichen des Tastenschlüssels eingeben;

    — die **Alt**-Taste loslassen;

    — **t** als zweites Zeichen des Tastenschlüssels eingeben.

11. Heben Sie nun die Formatierung auf (Hoch- und Tiefstellen sind Zeichenformatierungen), und stellen Sie dieselben Zeichen hoch bzw. tief, die Sie vorhin mit der langen Form formatiert haben.

Anmerkung zum Hoch- und Tiefstellen

Hoch- und Tiefstellen ersetzen sich gegenseitig, d. h., wenn Sie ein Zeichen hochgestellt haben, müssen Sie die Tastenkombination zur Tiefstellung nur einmal eingeben, und das Zeichen steht tief. Es wird also nicht erst — auf einer Zwischenstufe — in die ‚Normal'-Position gebracht.

Bei einer älteren Version ist beim Formatieren mit der Kurzform das zweite Zeichen des Tastenschlüssels zum Hochstellen: ‚+' und zum Tiefstellen: ‚−'.

2.11 Das Word-Lernziel:
Laden eines Textes, Markieren von Textstellen und Auswählen der
Schriftart

Aufgabe:

Laden Sie Text 1002, und formatieren Sie ihn in den untenstehenden
Schriftarten.

Ausführung:

1. Laden Sie den Text der Datei 1002 mit der Befehlsfolge in den Arbeitsspeicher:

   — <ESC>;

   — Ü für **Übertragen**;

   — L für **Laden**;

   — Textname: 1002;

   — <RETURN>.

2. Markieren Sie den gesamten ersten Absatz: ‚mit Ihrer Liefermahnung ...
   15.06.85.'

3. Verändern Sie nun die Schriftart. Wählen Sie dazu folgende Befehlsfolge:

   — <ESC>;

   — F für **Format**;

   — Z für **Zeichen**;

   — drücken Sie zweimal <SHIFT> **Tabulator**-Taste, damit Sie sich im
     Befehlsfeld **Schriftart** befinden;

   — drücken Sie eine beliebige Cursortaste.

Word zeigt Ihnen nun auf dem Bildschirm alle Schriftarten an, die Ihnen (für
den jeweils — mit <ESC> **Druck Optionen** Cursortaste <RETURN> —
gewählten Drucker) zur Verfügung stehen. In unserem Fall sind es folgende
(siehe Bildschirmausdruck auf der folgenden Seite):

```
Pica (Modern a)                    PicaD (Modern b)
Elite (Modern c)                   EliteD (Modern d)
PS (römische Ziffern a)




FORMAT ZEICHEN Fett: Ja(Nein)          Kursiv: Ja(Nein) Unterstrichen: Ja(Nein)
  Durchgestrichen: Ja(Nein)      Großbuchstaben: Ja(Nein)   Kapitälchen: Ja(Nein)
  Doppelt unterstrichen: Ja(Nein)       Position:(Normal)Hochgestellt Tiefgestellt
  Schriftart: Pica                Schriftgrad: 12
Geben Sie bitte die Schriftartbezeichnung ein!
Seite 1  ()                              Microsoft Word: 1002.TXT
```

4. Innerhalb dieser Ihnen zur Verfügung stehenden Schriftarten wählen Sie
   mit Hilfe der Cursortasten die gewünschte aus und bestätigen diese mit
   der **RETURN**-Taste.

5. Markieren Sie nun Absatz für Absatz, und wählen Sie für die entsprechenden Absätze folgende Schriftarten aus:

   1. Absatz   Pica
   2. Absatz   PicaD
   3. Absatz   Elite
   4. Absatz   EliteD
   5. Absatz   PS (Proportionalschrift)
      (Grußformel)

   (Wenn Ihnen andere Schriftarten zur Verfügung stehen, wählen Sie unter
   diesen Schriftarten fünf aus.)

6. Speichern Sie die Datei unter dem Namen 1011 ab.

Es gibt für die Auswahl der Schriftarten keine Kurzform. Die einzige Abkürzung der Auswahl ist das Drücken der Tastenkombination <Alt> x **Leertaste** für das Aufheben der Formatierung, d. h., die Standard-Schriftart wird ausgewählt — in unserem Fall Pica.
Mit den von uns ausgewählten Schriftarten sieht der Text im Ausdruck (siehe Kapitel 4.1) folgendermaßen aus:

Sehr geehrte Damen und Herren,

mit Ihrer Liefermahnung fordern Sie die Lieferung der
Rechenmaschinen bis 15.06.85.

Wir bedauern sehr, daß wir diesen Termin nicht einhalten können,
da ein großer Teil unserer Lagerbestände durch ein Feuer
beschädigt wurde.

Sie erhalten in den nächsten Tagen 3 Rechenmaschinen. Die fehlenden 8
Rechenmaschinen werden wir unverzüglich nach Erhalt der nächsten Werkslieferung
folgen lassen.

Seien Sie versichert, daß wir uns um schnelle Lieferung bemühen.

Mit freundlichen Grüßen

2.12 Das Word-Lernziel:
Markieren von Textstellen, Auswählen des Schriftgrades und
Darstellungsform Normal/Druckbild

Aufgabe:
Laden Sie Text 1002, und formatieren Sie ihn in den gewünschten Schriftgraden.

Ausführung:
1. Laden Sie Text 1002 in den Arbeitsspeicher.
2. Markieren Sie den gesamten ersten Absatz: ‚mit Ihrer Liefermahnung ...
   15.06.85.'
3. Verändern Sie nun den Schriftgrad. Wählen Sie dazu folgende Befehlsfolge:

   — **<ESC>**;

   — **F** für **Format**;

   — **Z** für **Zeichen**;

   — drücken Sie einmal **<SHIFT>** **Tabulator**-Taste, damit Sie sich im
     Befehlsfeld **Schriftgrad** befinden;

   — drücken Sie eine beliebige Cursortaste.

Word zeigt Ihnen nun auf dem Bildschirm alle Schriftgrade an, die Ihnen für
die jeweils gewählte Schriftart zur Verfügung stehen. In unserem Falle (Pica)
sind es (siehe folgenden Bildschirmausdruck):

```
FORMAT ZEICHEN Fett: Ja(Nein)          Kursiv: Ja(Nein) Unterstrichen: Ja(Nein)
 Durchgestrichen: Ja(Nein)      Großbuchstaben: Ja(Nein)    Kapitälchen: Ja(Nein)
 Doppelt unterstrichen: Ja(Nein)       Position:(Normal)Hochgestellt Tiefgestellt
 Schriftart: Pica               Schriftgrad: 8
Geben Sie bitte einen Schriftgrad in Punkten ein oder wählen Sie einen!
Seite 1  ()                                     Microsoft Word: 1002.TXT
```

4. Innerhalb dieser Ihnen zur Verfügung stehenden Schriftgrade wählen Sie mit Hilfe der Cursortasten den gewünschten (in unserem Falle Schriftgrad 8) aus und bestätigen diesen mit der **RETURN**-Taste.

5. Markieren Sie nun Absatz für Absatz, und wählen Sie für die entsprechenden Absätze folgende Schriftgrade aus:

   1. Absatz   8
   2. Absatz   12
   3. Absatz   14
   4. Absatz   16

   (Wenn Ihnen andere Schriftgrade zur Verfügung stehen, wählen Sie unter diesen Schriftgraden vier aus.)

6. Speichern Sie die Datei unter dem Namen 1012 ab.

Es gibt für die Auswahl der Schriftgrade keine Kurzform. Die einzige Abkürzung der Auswahl ist das Drücken von <Alt> x **Leertaste** für das Aufheben der Formatierung, d. h., der Standardwert für den Schriftgrad wird ausgewählt — in unserem Fall 12.

Mit den von uns ausgewählten Schriftgraden sieht der Text folgendermaßen aus:

48

Sehr geehrte Damen und Herren,

mit Ihrer Liefermahnung fordern Sie die Lieferung der Rechenmaschinen bis 15.06.85.

Wir bedauern sehr, daß wir diesen Termin nicht einhalten können,
da ein großer Teil unserer Lagerbestände durch ein Feuer
beschädigt wurde.

Sie erhalten in den nächsten Tagen 3 Rechenmaschinen. Die
fehlenden 8 Rechenmaschinen werden wir unverzüglich nach
Erhalt der nächsten Werkslieferung folgen lassen.

Seien Sie versichert, daß wir uns
um schnelle Lieferung bemühen.

Mit freundlichen Grüßen

Anmerkung zur Darstellungsform

Wie Sie sicherlich bemerkt haben, hat sich beim Ändern des Schriftgrades
der Text auf dem Bildschirm nicht verändert. Es werden immer 60 Zeichen
pro Zeile angezeigt, auch wenn wegen eines kleineren Schriftgrades mehr
bzw. wegen eines größeren Schriftgrades weniger Zeichen in eine Zeile
passen.
Um die Bildschirmanzeige dem späteren Druck anzupassen, um also auf dem
Bildschirm die Anzahl Zeichen pro Zeile anzeigen zu lassen, die (wegen des
Schriftgrades) tatsächlich in die Zeile passen, verändern Sie die Darstellungsform.

7. Dazu wählen Sie folgende Befehlsfolge:

    — <ESC>;

    — **Z** für **Zusätze**;

    — drücken Sie einmal die **Tabulator**-Taste, damit Sie sich im Befehlsfeld
      Darstellungsform befinden;

    — drücken Sie einmal die **Leertaste**, damit **Darstellungsform: (Normal)**
      ausgewählt wird;

    — bestätigen Sie den Befehl mit <**RETURN**>.

Anmerkung zur Darstellungsform

Bei älteren Versionen ist diese Funktion umgekehrt, der Text wird bei
Druckbild mit der Zeichenanzahl auf dem Bildschirm angezeigt, die tat-
sächlich in einer Zeile ausgedruckt werden.
Wie Sie sehen, hat sich die Bildschirmanzeige verändert. Nun wird auf dem
Bildschirm die Anzahl Zeichen pro Zeile angezeigt, die tatsächlich (beim
Ausdruck) in eine Zeile passen:

```
╓═[········1········2·········3·········4··········5·········6····]···7····╖
║ Sehr geehrte Damen und Herren,¶
║ ¶
║ mit Ihrer Liefermahnung fordern Sie die Lieferung der Rechenmaschinen bis 15
║ ¶
║ Wir bedauern sehr, daß wir diesen Termin nicht einhalten können,
║ da ein großer Teil unserer Lagerbestände durch ein Feuer
║ beschädigt wurde.¶
║ ¶
║ Sie erhalten in den nächsten Tagen 3 Rechenmaschinen. Die
║ fehlenden 8 Rechenmaschinen werden wir unverzüglich nach
║ Erhalt der nächsten Werkslieferung folgen lassen.¶
║ ¶
║ Seien Sie versichert, daß wir uns
║ um schnelle Lieferung bemühen.¶
║ ¶
║ Mit freundlichen Grüßen♦
```

BEFEHL: Text Ausschnitt Bibliothek Druck Einfügen Format Gehezu Hilfe Kopie
        Löschen Muster Quitt Rückgängig Suchen übertragen Wechseln Zusätze
Microsoft Word Version 2.0   (8504081622)
Seite 1 ()   Microsoft Word: 1002.TXT

Der erste Absatz paßt in der Länge nicht mehr ganz auf den Bildschirm. Sie
können sich die fehlenden Zeichen anzeigen lassen, indem Sie entweder den
Cursor den Text entlanglaufen lassen oder indem Sie einmal die **Scroll Lock**-
Taste drücken (es erscheinen in der letzten Bildschirmzeile die Buchstaben
‚BA') und dann den Bildschirm durch Betätigen der Cursortaste nach rechts
(zurück Cursortaste nach links) in die entsprechende Richtung verschieben
können.

Wenn Sie den Cursor wieder durch den Text bewegen möchten, müssen Sie
noch einmal die **Scroll Lock**-Taste drücken, so daß die zwei Buchstaben ‚BA'
nicht mehr auf dem Bildschirm angezeigt werden.

2.13 Übung II

Erstellen Sie folgenden Text einschließlich der entsprechenden Formatierungen, und speichern Sie ihn unter 10121 auf Diskette ab:

```
⌐═[·········1·········2·········3·········4·········5·········6·····]···7·····⌐
│  Sehr geehrte Damen und Herren,¶
│  ¶
│  wir freuen uns mit Ihnen, daß Sie die Möglichkeit haben, durch
│  einen Anbau Ihre Gardinenabteilung zu vergrößern.¶
│  ¶
│  Bisher haben Sie von uns vor allem Meterware bezogen, weil die
│  Kunden aber immer mehr Fertiggardinen bevorzugen, empfehlen wir
│  Ihnen besonders FERTIGSTORES und RAFFGARDINEN.¶
│  ¶
│  Damit Sie sich über alle Einzelheiten unterrichten können - auch
│  über unser Angebot an übergardinen und Zubehör -, fügen wir einen
│  Katalog als Anlage1 bei.¶
│  ¶
│  Mit freundlichen Grüßen◻




BEFEHL: Text Ausschnitt Bibliothek Druck Einfügen Format Gehezu Hilfe Kopie
        Löschen Muster Quitt Rückgängig Suchen übertragen Wechseln Zusätze
509 Zeichen sind in diesem Text abgespeichert! (346112 Byte frei)
Seite 1  ()                                    Microsoft Word: 10121.TXT
```

Nehmen Sie aus dem vorgegebenen Text die Formatierung zum Fettdruck heraus. Anschließend löschen Sie den Bildschirm.
Sollten Sie mit den Eingaben nicht zurechtkommen, sehen Sie sich die Lösung II im ANHANG A an.

3 Format Absatz

Hier lernen Sie die Befehlsfolge **Format Absatz** kennen, mit der Sie Texte einrücken, die Ausschließung bestimmen, den Zeilenabstand und den Anfangs- und Endabstand festlegen können.

3.1 Das Word-Lernziel:
Erstellen eines Textes, Zentrieren eines Absatzes und Absatzschaltung/ Zeilenschaltung

Aufgabe:
Schreiben Sie den untenstehenden Text, speichern Sie ihn und zentrieren Sie die angegebenen Absätze.

Ausführung:
1. Schreiben Sie den folgenden Text:

Auftragsbestätigung

Wir bestätigen mit bestem Dank Ihre telefonische Bestellung von gestern. Die Sendung ging heute ab. Sie erhalten spesenfrei
35 Exemplare ,,Trainingsbuch für Stenografie,
Maschinenschreiben, deutsche Sprache''

Mit freundlichen Grüßen

2. Speichern Sie den Text unter dem Dateinamen 1013 ab.

In Kapitel 2 haben Sie die Anwendung der Zeichenformatierungen gelernt. Sie mußten, um Text hervorzuheben, alle einzeln zu formatierenden Zeichen markieren. Eine Zeichenformatierung gilt demnach jeweils für markierte Zeichen.

Eine Absatzformatierung gilt immer für einen gesamten Absatz und zwar für den Absatz, in dem sich der Cursor befindet. Wenn Sie also nur einen Absatz formatieren möchten, brauchen Sie ihn nur mit dem Cursor anzufahren, müssen ihn aber nicht ganz markieren. Markieren müssen Sie nur, wenn Sie mehrere Absätze formatieren möchten, um nicht jedem Absatz einzeln sein Format zuordnen zu müssen.

Standardmäßig schreibt Word jeden Text linksbündig. Als erstes möchten wir nun den Betreff, also das Wort ‚Auftragsbestätigung‘ zentrieren. Dieses eine Wort ist in unserem Fall gleichzeitig ein einzelner Absatz, da er mit einem **RETURN**-Zeichen abgeschlossen ist.

3. Fahren Sie mit dem Cursor an ein beliebiges Zeichen in diesem Absatz (‚Auftragsbestätigung‘).

4. Um nun das Format zu ändern, wählen Sie folgende Befehlsfolge:
   - <**ESC**>;
   - **F** für **Format**;
   - **A** für **Absatz**;
   - drücken Sie einmal die **Leertaste**, damit **Ausschließung: (Zentriert)** ausgewählt wird.

```
┌[·········1·········2·········3·········4·········5·········6·····]···7·····┐
│Auftragsbestätigung¶
│¶
│Wir bestätigen mit bestem Dank Ihre telefonische Bestellung von
│gestern. Die Sendung ging heute ab. Sie erhalten spesenfrei¶
│¶
│35 Exemplare "Trainingsbuch für Stenografie,¶
│Maschinenschreiben, deutsche Sprache"¶
│¶
│Mit freundlichen Grüßen¶
│♦
```

```
FORMAT ABSATZ Ausschließung: Links Zentriert Rechts Block
 Selbe Seite: Ja(Nein)          Nächster Absatz selbe Seite: Ja(Nein)
 Linker Einzug: 0 cm            Erste Zeile: 0 cm          Rechter Einzug: 0 cm
 Zeilenabstand: 1 zg            Anfangsabstand: 0 zg          Endeabstand: 0 zg
Wählen Sie bitte eine Option!
Seite 1  ()                                      Microsoft Word: 1013.TXT
```

5. Bestätigen Sie den Befehl mit der **RETURN**-Taste.

Als nächstes soll der letzte Absatz, die Buchbeschreibung, zentriert werden.
Da Sie die erste Zeile mit <RETURN> abgeschlossen haben, also einer Absatzschaltung, sind diese zwei Zeilen zwei Absätze. Sie müßten sie also beide markieren.
Sie können die zwei Zeilen aber in einen Absatz umändern und auch dabei das Ende der ersten Zeile selbst bestimmen.

6. Löschen Sie das **RETURN**-Zeichen hinter der ersten Zeile (mit <**DEL**>).
7. Fügen Sie stattdessen ein <**SHIFT**> <**RETURN**> ein (Zeilenschaltung).

Ihr Bildschirm sollte nun folgendermaßen aussehen:

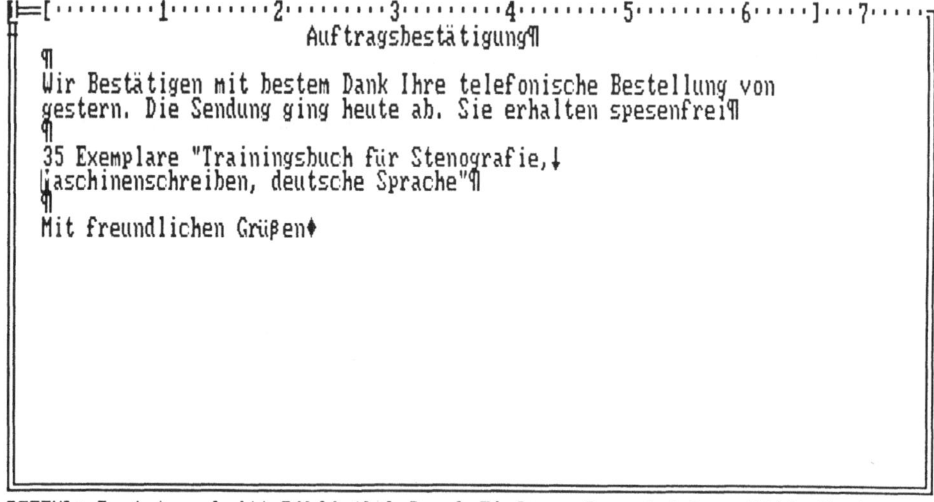

Beide Zeilen sind nun ein Absatz, und Sie brauchen zum Formatieren nur den Cursor auf ein beliebiges Zeichen in diesem Absatz zu positionieren.

8. Zentrieren Sie den Absatz wie oben beschrieben.
9. Speichern Sie die Datei erneut unter den Namen 1013 ab.

Kurzform zum Zentrieren

Auch für die Formatierung von Absätzen gibt es Kurzformen, die die Eingabe erleichtern. Im Falle des Zentrierens kann die folgende Tastenkombination benutzt werden (den Cursor in den Absatz positionieren):

Kurzform:

— die **Alt**-Taste gedrückt halten;

— **x** als erstes Zeichen des Tastenschlüssels eingeben;

— die **Alt**-Taste loslassen;

— **z** als zweites Zeichen des Tastenschlüssels eingeben.

Heben Sie nun für den gesamten Text die Formatierung auf, und zentrieren Sie dieselben Absätze mit der Kurzform, die Sie vorhin mit der langen Form formatiert haben.

Kurzform zum Linksbündigstellen

Wenn Sie nicht alle Absatzformate aufheben (siehe folgender Abschnitt), sondern den Text nur linksbündig stellen möchten, so gibt es auch hierfür eine Kurzform. Es kann folgende Tastenkombination benutzt werden (den Cursor in den Absatz positionieren):

Kurzform:

— die **Alt**-Taste gedrückt halten;

— **x** als erstes Zeichen des Tastenschlüssels eingeben;

— die **Alt**-Taste loslassen;

— **l** als zweites Zeichen des Tastenschlüssels eingeben.

Anmerkung zu den Absatzformatierungen

Auch Absatzformatierungen können Sie vor Schreiben des Textes festlegen. Wenn Sie sich mit dem Cursor auf der Schreibmarke befinden und ein vom Standardformat abweichendes Absatzformat angeben, schreibt Word automatisch eine Absatzmarke in den Text, da ein Absatzformat einen abgeschlossenen Absatz voraussetzt.
Dieses Absatzformat gilt immer nur für einen Absatz. Solange Sie sich beim Schreiben innerhalb dieses Absatzes befinden, gilt das angegebene Format. Sie können in diesem Format auch einen neuen Absatz beginnen, indem Sie die **RETURN**-Taste drücken. Dann haben Sie innerhalb des formatierten Absatzes einen neuen Absatz mit demselben Format angelegt.
Wenn Sie mehrere Absätze gleichzeitig formatieren möchten, müssen Sie sie vorher markieren.

3.2 Das Word-Lernziel:

Aufheben von Absatzformatierungen

Genau wie beim Formatieren gibt es auch hier eine lange und eine kurze
Form.

Aufgabe:

Heben Sie nun die Zentrierung des Absatzes auf, so daß Ihr Text wieder
unformatiert auf dem Bildschirm steht. Verwenden Sie hierzu die Kurzform,
also die sog. Direktformatierung.

Ausführung:

1. Positionieren Sie Ihren Cursor in den Absatz ‚Auftragsbestätigung'.
2. Drücken Sie die **ESC**-Taste.
3. Wählen Sie die Befehlsfolge:
   - F für **Format**;
   - A für **Absatz**;
   - drücken Sie einmal die **Rücktaste**, damit **Ausschließung: (Links)** ausge-
     wählt wird.
4. Bestätigen Sie mit der **RETURN**-Taste.

Kurzform zum Aufheben der Absatzformatierung

5. Positionieren Sie Ihren Cursor in den letzten Absatz, die Buchbeschreibung.
6. Wählen Sie für die Kurzform folgende Befehlsfolge:

   <Alt> x n .

Ausführung:
Halten Sie die **Alt**-Taste gedrückt, und betätigen Sie die **x**-Taste. Lassen Sie beide Tasten los. Sehen Sie sich die Anweisung unter dem Befehlsmenü an (Geben Sie bitte das zweite Zeichen des Tastenschlüssels ein!), und betätigen Sie die Taste **n** (für Normal).
Diese Kurzform setzt alle Absatzformate auf die Standardwerte; um einzelne Absatzformatierungen in das Standardformat zu bringen, müssen Sie die lange Form (<**ESC**> **F A**) wählen.
Um alle Absatzformatierungen in Ihrem Text gleichzeitig aufzuheben, müssen Sie zuerst den gesamten Text markieren und können dann die Formatierungen aufheben.

7. Speichern Sie den Text erneut unter 1013 ab.

3.3 Das Word-Lernziel:
Text rechtsbündig stellen

Aufgabe:

Laden Sie den Text 1013 in den Arbeitsspeicher, und stellen Sie die angegebenen Textstellen rechtsbündig.

Ausführung:

1. Laden Sie Text 1013 in den Arbeitsspeicher.
2. Positionieren Sie Ihren Cursor auf ein beliebiges Zeichen im ersten Absatz (‚Auftragsbestätigung‘).
3. Drücken Sie die **ESC**-Taste.
4. Wählen Sie die Befehlsfolge:
    - F für **Format**;
    - A für **Absatz**;
    - drücken Sie zweimal die **Leertaste**, damit **Ausschließung: (Rechts)** ausgewählt wird.
5. Bestätigen Sie den Befehl mit der **RETURN**-Taste.
6. Positionieren Sie den Cursor auf ein beliebiges Zeichen im letzten Absatz, der Buchbeschreibung.
7. Stellen Sie auch diesen Absatz rechtsbündig — wie oben beschrieben.

Kurzform für das Rechtsbündigstellen

Für das Rechtsbündigstellen von Absätzen gibt es eine Kurzform zur Erleichterung der Eingabe, nämlich folgende Tastenkombination (positionieren des Cursors in den Absatz):

Kurzform:
- die **Alt**-Taste gedrückt halten;
- **x** als erstes Zeichen des Tastenschlüssels eingeben;
- **r** als zweites Zeichen des Tastenschlüssels eingeben.

8. Heben Sie nun die Formatierung des Textes auf, und stellen Sie dieselben Absätze mit der Kurzform rechtsbündig, die Sie vorhin mit der langen Form formatiert haben.
9. Speichern Sie den Text erneut unter dem Dateinamen 1013 ab.
10. Löschen Sie den Bildschirm.

3.4 Das Word-Lernziel:
   Formatierung zum Blocksatz, Eingabe des geschützten Bindestriches,
   Eingabe der vorgegebenen Trennstelle und des geschützten Leerschrittes

Aufgabe:
Schreiben Sie den folgenden Text, formatieren Sie ihn in den Blocksatz und
verbessern Sie sein Erscheinungsbild durch Eingabe von geschützten Binde-
strichen, vorgegebenen Trennstellen und geschützten Leerschritten.

Ausführung:
1. Schreiben Sie folgenden Text:

*Zu der jüngsten Meldung, die wir vor Tagen aus Brüssel erhielten, erklärte der
nun amtierende Geschäftsführer der Voith-Gesellschaft, Herr Dr. Karl-Heinz
Rummel, die 67 Prozent des Eigenkapitals von Pegrad enthalten lediglich
umgerechnet 5 Mio. DM.*

2. Speichern Sie diesen Text unter 1014 ab.
3. Um diesen Absatz nun zum Blocksatz zu formatieren, wählen Sie fol-
    gende Befehlsfolge:
    — <**ESC**>;
    — F für **Format**;
    — A für **Absatz**;
    — drücken Sie einmal die **Rücktaste**, damit **Ausschließung: (Block)** aus-
      gewählt wird.
4. Bestätigen Sie mit der **RETURN**-Taste.

Sie haben nun den Absatz in Blocksatz formatiert. Nun steht in der zweiten
Zeile ‚Voith‘-, in der dritten Zeile ‚Gesellschaft‘. Da Sie den normalen Bindestrich eingegeben haben, werden die Wörter automatisch beim Zeilenumbruch getrennt, um große Lücken zu vermeiden. Um aber beide Wörter in
einer Zeile erscheinen zu lassen, gehen Sie folgendermaßen vor:

5. Löschen Sie den Bindestrich (—) hinter ‚Voith‘-, und geben Sie einen ge-
    schützten Bindestrich ein, das ist das Minuszeichen von der numerischen
    Tastatur.

Dadurch, daß ,Voith-Gesellschaft' nun in der dritten Zeile steht, entstehen
in der zweiten Zeile große Lücken. Trennen Sie deshalb hinter ,Voith-Ge-',
so daß ,sellschaft' in der dritten Zeile steht.
Wenn Sie dazu die vorgegebene Trennstelle eingeben, erscheint beim Zeilenumbruch automatisch ein Bindestrich. Sollten Sie in den Text etwas einfügen und sich dadurch der Zeilenumbruch verschieben, so wird der Bindestrich in der Zeile nicht ausgedruckt.

6. Um nun die Funktion der vorgegebenen Trennstelle anzuwenden, positionieren Sie den Cursor auf den Buchstaben, vor dem der Bindestrich
   erscheinen soll, in unserem Fall also auf der das ,s' in ,... Gesell...'
7. Geben Sie die vorgegebene Trennstelle ein:
   drücken Sie <**CTRL**> Bindestrich

Nun wird das Wort ,Gesellschaft' hinter ,Ge' getrennt.
In der vierten Zeile steht ,5 Mio.' und in der fünften Zeile die Bezeichnung
,DM'. Diese Begriffe gehören ebenfalls zusammen.

8. Löschen Sie den Leerschritt hinter der ,Mio.' und geben stattdessen den
   geschützten Leerschritt ein, nämlich <**CTRL**> **Leertaste**.
9. Wiederholen Sie diesen Vorgang, und geben Sie hinter der ,5' einen geschützten Leerschritt ein.
10. Speichern Sie den Text erneut unter 1014 ab.
11. Löschen Sie den Bildschirm.

3.5 Das Word-Lernziel:

Anwenden der **INS**-Taste, Stellung eines Absatzes beim Seitenumbruch, **Druck Seitenumbruch** und der Befehl **Gehezu Bildschirmseite**

Aufgabe:

Schreiben Sie untenstehenden Absatz, kopieren Sie ihn, bis er länger als eine Seite ist. Prüfen Sie den Seitenumbruch und legen Sie fest, daß der Absatz beim Seitenumbruch nicht getrennt wird.

Ausführung:

1. Schreiben Sie folgenden Text:

Wer eine Seereise macht, wird erleben, wie der Kapitän mit seinen verantwortlichen Offizieren einen Inspektionsgang durch das ganze Schiff unternimmt. Gewiß ist ein Schiff nicht nur in Ordnung, weil jeden Augenblick der Kapitän kommen könnte. Genauso erfüllt eine rechte Betriebsgemeinschaft im Einzelhandel auch ohne dauernde Aufsicht des Inhabers ihre Pflicht und tut noch mehr.

2. Drücken Sie unter diesem Absatz einmal die **RETURN**-Taste, um eine Leerzeile einzugeben.

3. Speichern Sie den Text unter dem Dateinamen 1015 ab.

4. Markieren Sie den gesamten Text (<**SHIFT**> <**F 10**>).

5. Löschen Sie den gesamten Text in den Papierkorb (<**DEL**>).

6. Fügen Sie den Text 9mal wieder ein (9mal <**INS**>).

7. Prüfen Sie, ob der Text länger als eine Seite ist. Wählen Sie dazu folgende Befehlsfolge:

   — <**ESC**>;

   — **D** für **Druck**;

   — drücken Sie einmal die **Rücktaste**, damit **Druck: (Seitenumbruch)** ausgewählt wird.

8. Bestätigen Sie den Befehl mit der **RETURN**-Taste.

   Sie können festlegen, ob jeder Seitenumbruch an der Stelle vorgenommen werden soll, an der er vorgeschlagen wird, oder ob Sie den Seitenumbruch selbst bestimmen möchten. In unserem Fall möchten wir nur wissen, ob der Text länger als eine Seite ist.

   Bestätigen Sie das (**Nein**) mit der **RETURN**-Taste.

Wenn Sie eine Bestätigung verlangen, können Sie den Seitenumbruch durch Betätigen der Cursortasten selbst bestimmen.

Die Aufforderung zum Drücken einer Cursortaste (= Pfeiltaste), wenn der vorgeschlagene Seitenumbruch nicht akzeptiert werden soll, erscheint in der vorletzten Bildschirmzeile.

```
=[········1·········2·········3·········4·········5·········6·····]···7····
  verantwortlichen Offizieren einen Inspektionsgang durch das ganze
  Schiff unternimmt. Gewiß ist ein Schiff nicht nur in Ordnung, weil
  jeden Augenblick der Kapitän kommen könnte. Genauso erfüllt eine
  rechte Betriebsgemeinschaft im Einzelhandel auch ohne dauernde
  Aufsicht des Inhabers ihre Pflicht und tut noch mehr.¶
  ¶
  Wer eine Seereise macht, wird erleben, wie der Kapitän mit seinen
  verantwortlichen Offizieren einen Inspektionsgang durch das ganze
  Schiff unternimmt. Gewiß ist ein Schiff nicht nur in Ordnung, weil
 »jeden Augenblick der Kapitän kommen könnte. Genauso erfüllt eine
  rechte Betriebsgemeinschaft im Einzelhandel auch ohne dauernde
  Aufsicht des Inhabers ihre Pflicht und tut noch mehr.¶
  ¶
  ♦




DRUCK SEITENUMBRUCH Seitenwechsel bestätigen:(Ja)Nein

Bestätigen Sie mit J oder verwenden Sie die Pfeiltasten! ■
Seite 2  (Wer·eine·Se...·mehr.¶¶)                    Microsoft Word:
```

Während des Formatierens wurde angezeigt, wie lang Ihr Text ist. In der letzten Bildschirmzeile wird angezeigt, auf welcher Seite sich der Cursor befindet.

Sie können nun mit dem Cursor direkt auf das erste Zeichen einer beliebigen Seite springen.

9. Wählen Sie folgende Befehlsfolge:

    – <ESC>;

    – **G** für **Gehezu**;

    – **B** für **Bildschirmseite**;

    – geben Sie die Seitenzahl an, auf deren Anfang Sie den Cursor positionieren möchten (Seite 2).

10. Bestätigen Sie den Befehl mit der **RETURN**-Taste.

Die erste Zeile der neuen Seite wird durch einen Doppelpfeil am linken Bildschirmrand gekennzeichnet.

11. Speichern Sie diesen Text erneut unter dem Dateinamen 1015 ab.

Der Absatz würde nun beim Ausdruck getrennt, die letzten zwei Zeilen würden auf die zweite Seite gedruckt werden. Um das zu vermeiden, können Sie
in Word festlegen, daß der gesamte Absatz — im Falle daß er auf dem Seitenumbruch steht — nicht getrennt, sondern komplett auf die nächste Seite verschoben werden soll, sofern er nicht länger ist als eine Seite.

12. Wählen Sie die Befehlsfolge:
    — positionieren Sie den Cursor in den zu formatierenden Absatz
    — <**ESC**>;
    — **F** für **Format**;
    — **A** für **Absatz**;
    — drücken Sie einmal die **Tabulator**-Taste, damit Sie sich im Befehlsfeld
      Selbe Seite befinden;
    — drücken Sie einmal die **Leertaste**, damit **Selbe Seite: (Ja)** ausgewählt
      wird.
13. Bestätigen Sie den Befehl mit der **RETURN**-Taste.

Nach einem erneuten **Druck Seitenumbruch** können Sie sehen, daß der Ab-
satz nun komplett auf die zweite Seite verschoben und nicht geteilt wird.
Sollte in Ihrem gesamten Text kein einziger Absatz getrennt werden, würden
Sie den entsprechenden Text markieren und die Befehlsauswahl wiederholen.
Der Befehl **Nächster Absatz selbe Seite: (Ja)** bewirkt, daß mindestens die
letzten zwei Zeilen des markierten Absatzes und mindestens die ersten zwei
Zeilen des nächsten Absatzes auf dieselbe Seite gedruckt werden.

14. Speichern Sie den Text erneut unter 1015 ab.

3.6 Das Word-Lernziel:
Verändern des linken Einzuges

Aufgabe:
Laden Sie 1002, und verändern Sie die linken Einzüge der einzelnen Absätze.

Ausführung:
1. Laden Sie die Datei 1002.
2. Um den ersten Absatz (,mit Ihrer Liefermahnung ... 15.06.85') links
   1 cm einzurücken, wählen Sie folgende Befehlsfolge:
   - positionieren Sie den Cursor in den ersten Absatz (dies ist eine Absatz-
     formatierung, Markieren kann entfallen);
   - <ESC>;
   - **F** für **Format**;
   - **A** für **Absatz**;
   - drücken Sie dreimal die **Tabulator**-Taste, damit Sie sich im Befehlsfeld
     Linker Einzug befinden;
   - geben Sie den Einzug an: **Linker Einzug: 1 cm.**

```
╠═[·········1·········2·········3·········4·········5·········6·····]···7·····
  Sehr geehrte Damen und Herren,¶
  ¶
  Mit Ihrer Liefermahnung fordern Sie die Lieferung der
  Rechenmaschinen bis 15.06.85.¶
  ¶
  Wir bedauern sehr, daß wir diesen Termin nicht einhalten können,
  da ein großer Teil unserer Lagerbestände durch ein Feuer
  beschädigt wurde.¶
  ¶
  Sie erhalten in den nächsten Tagen 3 Rechenmaschinen. Die
  fehlenden 8 Rechenmaschinen werden wir unverzüglich nach Erhalt
  der nächsten Werkslieferung folgen lassen.¶
  ¶
  Seien Sie versichert, daß wir uns um schnelle Lieferung bemühen.¶
  ¶
  Mit freundlichen Grüßen◆


FORMAT ABSATZ Ausschließung:(Links)Zentriert Rechts Block
  Selbe Seite: Ja(Nein)         Nächster Absatz selbe Seite: Ja(Nein)
  Linker Einzug: 1█             Erste Zeile: 0 cm          Rechter Einzug: 0 cm
  Zeilenabstand: 1 zg           Anfangsabstand: 0 zg          Endeabstand: 0 zg
Geben Sie bitte das Maß ein!
Seite 1 ()                                      Microsoft Word: 1002.TXT
```

Standardmäßig steht der linke Einzug in Word immer auf 0 cm. Da die Maßeinheit ‚cm' schon angegeben ist, brauchen Sie nur eine 1 einzugeben und zu bestätigen.

3. Bestätigen Sie diese Eingabe mit der **RETURN**-Taste.
4. Wiederholen Sie diesen Vorgang mit dem nächsten Absatz (‚Wir bedauern sehr ... beschädigt wurde.'), den Sie nun aber 2 cm einrücken.

Kurzform zum linken Einzug

Für die Festlegung des linken Einzuges eines Absatzes gibt es eine festgesetzte Kurzform. Diese Kurzform rückt den linken Rand des Textes um genau 1,5 cm ein. Es kann die folgende Tastenkombination benutzt werden (den Cursor in den Absatz positionieren):

Kurzform:
— die **Alt**-Taste gedrückt halten;
— **x** als erstes Zeichen des Tastenschlüssels eingeben;
— die **Alt**-Taste loslassen;
— **v** als zweites Zeichen des Tastenschlüssels eingeben.

5. Rücken Sie den linken Rand des dritten Absatzes (‚Sie erhalten ... folgen lassen') mit Hilfe der Kurzform 1,5 cm ein.
6. Speichern Sie diesen Text unter dem Dateinamen 1016 ab.

Bei mehrmaligem Eingeben der Kurzform <Alt> x v wird der Absatz jeweils um 1,5 cm mehr eingerückt.

Sollten Sie Ihren Text zu weit eingerückt haben, können Sie jeweils 1,5 cm Einrückung löschen, indem Sie folgende Befehlsauswahl benutzen:

den Cursor in den Absatz positionieren

Kurzform:
— die **Alt**-Taste gedrückt halten;
— **x** als erstes Zeichen des Tastenschlüssels eingeben;
— die **Alt**-Taste loslassen;
— **m** als zweites Zeichen des Tastenschlüssels eingeben.

3.7 Das Word-Lernziel:
Verändern des Einzugs der ersten Zeile und Auswahl der Maßeinheit

Aufgabe:
Laden Sie Text 1002 und verändern Sie den Einzug der ersten Zeile.

Ausführung:
1. Laden Sie Text 1002.
2. Um die erste Zeile des ersten Absatzes (‚mit Ihrer Liefermahnung ... 15.06.85‘) 1 cm einzurücken, wählen Sie folgende Befehlsfolge):
   - positionieren Sie den Cursor in den ersten Absatz
   - <**ESC**>;
   - **F** für **Format**;
   - **A** für **Absatz**;
   - drücken Sie viermal die **Tabulator**-Taste, damit Sie sich im Befehlsfeld **Erste Zeile** befinden;
   - geben Sie den Einzug an: **Erste Zeile: 1 cm**.
3. Bestätigen Sie diese Eingabe mit der **RETURN**-Taste.

Da die Maßeinheit ‚cm‘ schon angegeben ist, brauchen Sie nur die Zahl 1 einzugeben und zu bestätigen.

4. Wiederholen Sie diesen Vorgang mit dem nächsten Absatz ‚Wir bedauern sehr ... beschädigt wurde.‘, dessen erste Zeile Sie nun aber 2 cm einrücken.
5. Speichern Sie Ihren Text unter 1017 ab.

Kurzform zur ersten Zeile — positiver Einzug
Für die Festlegung des Einzuges für die erste Zeile gibt es eine festgesetzte Kurzform. Diese Kurzform rückt die erste Zeile des Absatzes um genau 1,5 cm ein. Es kann die folgende Tastenkombination benutzt werden (den Cursor in den dritten Absatz ‚Sie erhalten ... folgen lassen.‘ positionieren):

Kurzform:
   - die **Alt**-Taste gedrückt halten;
   - **x** als erstes Zeichen des Tastenschlüssels eingeben;
   - die **Alt**-Taste loslassen;
   - **e** als zweites Zeichen des Tastenschlüssels eingeben.

Kurzform zur ersten Zeile — negative Einrückung

Nun können Sie die erste Zeile nicht nur nach rechts einrücken (positiv einrücken), sondern auch negativ einrücken, also nach links.

Um die erste Zeile 1,5 cm negativ einzurücken, können Sie folgende Tastenkombination verwenden (den Cursor in den Absatz positionieren):

Kurzform:
- die **Alt**-Taste gedrückt halten;
- **x** als erstes Zeichen des Tastenschlüssels eingeben;
- die **Alt**-Taste loslassen;
- **y** als zweites Zeichen des Tastenschlüssels eingeben.

6. Positionieren Sie den Cursor nun in den dritten Absatz ‚Sie erhalten ... folgen lassen.', und rücken Sie die erste Zeile mit der Kurzform 1,5 cm negativ ein.

Sollten Sie die erste Zeile um eine andere Anzahl Zeichen einrücken möchten, so müssen Sie folgendermaßen vorgehen:

7. Positionieren Sie den Cursor in den ersten Absatz ‚Mit Ihrer Liefermahnung ... 15.06.85.'.
8. Wählen Sie die Befehlsfolge:
   - <**ESC**>;
   - F für **Format**;
   - A für **Absatz**;
   - drücken Sie dreimal die **Tabulator**-Taste, damit Sie sich im Befehlsfeld **Linker Einzug** befinden;
   - geben Sie den Einzug ein: *3 cm*;
   - drücken Sie einmal die **Tabulator**-Taste, damit Sie sich im Befehlsfeld **Erste Zeile** befinden;
   - geben Sie den Einzug ein: *– 1 cm*.

Das Minuszeichen für die negative Einrückung ist der Bindestrich, nicht das Minuszeichen auf der numerischen Tastatur.

Diese Eingaben bedeuten, daß der Absatz 3 cm eingerückt werden, die erste Zeile 1 cm vor dem restlichen Text stehen soll.

9. Bestätigen Sie die Eingaben mit der **RETURN**-Taste.

Ihr Text sollte nun folgendermaßen aussehen:

```
=0········¦···1[·········2·········3·········4·········5·········6·····]···7····
 Sehr geehrte Damen und Herren,¶
 ¶
        Mit Ihrer Liefermahnung fordern Sie die Lieferung der
        Rechenmaschinen bis 15.06.85.¶
 ¶
        Wir bedauern sehr, daß wir diesen Termin nicht einhalten
 können, da ein großer Teil unserer Lagerbestände durch ein Feuer
 beschädigt wurde.¶
 ¶
 Sie erhalten in den nächsten Tagen 3 Rechenmaschinen. Die
        fehlenden 8 Rechenmaschinen werden wir unverzüglich nach
        Erhalt der nächsten Werkslieferung folgen lassen.¶
 ¶
 Seien Sie versichert, daß wir uns um schnelle Lieferung bemühen.¶
 ¶
 Mit freundlichen Grüßen♦




BEFEHL: Text Ausschnitt Bibliothek Druck Einfügen Format Gehezu Hilfe Kopie
        Löschen Muster Quitt Rückgängig Suchen übertragen Wechseln Zusätze
 Bearbeiten Sie bitte Ihren Text oder unterbrechen Sie zum Hauptbefehlsmenü!
 Seite 1  ()                                        Microsoft Word: 1017.TXT
```

Auswahl der Maßeinheit

Sicherlich möchten Sie die Einzüge nicht immer in ‚cm' angeben. Word stellt Ihnen verschiedene andere Maßeinheiten zur Verfügung.

10. Lassen Sie sich nun die verschiedenen Maßeinheiten anzeigen. Wählen Sie dazu die Befehlsfolge:

    – **<ESC>**;

    – **Z** für **Zusätze**;

    – drücken Sie dreimal die **Tabulator**-Taste, damit Sie sich im Befehlsfeld **Maßeinheit** befinden.

Anmerkung

1 Zoll entspricht 2,54 cm. Die Abkürzung für Zoll ist ".
10er-Teilung bedeutet 10 Zeichen pro Zoll. Die Abkürzung für 10er-Teilung ist p10. 1 p10 entspricht einem Zeichen in der standardmäßig festgelegten Schriftart Pica mit dem Schriftgrad 12.
12er-Teilung bedeutet 12 Zeichen pro Zoll. Die Abkürzung für 12er-Teilung ist p12.
Punkte bedeuten typographische Punkte. Der typographische Punkt ist die allgemein gebräuchliche Maßeinheit der Schriftsetzer. Die Abkürzung für Punkte ist pt. 72 pt = 1 ".

Oft ist es sinnvoll, den Einzug in Schaltschritten anzugeben — ein Schaltschritt entspricht einem Zeichen im Schriftgrad 12 bis Schriftart Pica.

11. Drücken Sie einmal die **Leertaste**, damit **Maßeinheit: 10er-Teilung** ausgewählt wird.
12. Bestätigen Sie die Eingabe mit der **RETURN**-Taste.

Am oberen Rand Ihres Bildschirms befindet sich das Zeilenlineal. Es enthält Punkte und Zahlen. Ein Punkt entspricht einem Zeichen bzw. einem Schaltschritt.

13. Speichern Sie den Text erneut unter 1017 ab.
14. Löschen Sie den Bildschirm mit der Befehlsfolge:
    - <**ESC**>;
    - **Ü** für **Übertragen**;
    - **B** für **Bildschirmlöschen**;
    - **G** für **Gesamt**.
15. Geben Sie folgenden Text ein:

3.3.3 Zudem können Sie mit dem Programm Word Druckformatvorlagen erstellen, die Ihnen das Schreiben von Briefen und anderen Texten sehr erleichtern.

16. Damit nun die Nummer 3.3.3 vom anderen Text herausgehoben wird, wählen Sie folgende Befehlsfolge (den Cursor in den Absatz positionieren):
    - <**ESC**>;
    - **F** für **Format**;
    - **A** für **Absatz**;
    - drücken Sie dreimal die **Tabulator**-Taste, damit Sie sich im Befehlsfeld **Linker Einzug** befinden;
    - zählen Sie die Zeichen: ‚3.3.3' (= 6 Zeichen); einschließlich Leerschritt nach der letzten ‚3';
    - geben Sie den Einzug für den Text an (mit oder ohne Leerschritt);
      6 p 10
    - drücken Sie einmal die **Tabulator**-Taste, damit Sie sich im Befehlsfeld **Erste Zeile** befinden;
    - geben Sie den negativen Einzug für die erste Zeile an:
      −6 p 10
17. Bestätigen Sie Ihre Eingaben mit der **RETURN**-Taste.

Solange Sie sich mit dem Cursor auf der Absatzmarke (oder in diesem Absatz) befinden, so lange schreiben Sie den Text in diesem Format.

18. Löschen Sie erneut den Bildschirm, und bestätigen Sie den Verlust Ihrer Daten, da Sie diesen Text nicht speichern möchten.

3.8 Das Word-Lernziel:
Verändern des rechten Einzuges

Aufgabe:
Laden Sie Text 1002, und verändern Sie die rechten Einzüge der einzelnen Absätze.

Ausführung:
1. Laden Sie die Datei 1002.
2. Um den rechten Einzug deutlicher zu zeigen, formatieren Sie nun den gesamten Text im Blocksatz (**<SHIFT> <F 10>**; **<Alt> x b**).
3. Um den ersten Absatz ‚mit Ihrer Liefermahnung ... 15.06.85' rechts 1 cm einzurücken, wählen Sie die Befehlsfolge:
   — positionieren Sie den Cursor in den ersten Absatz;
   — **<ESC>**;
   — **F** für **Format**;
   — **A** für **Absatz**;
   — drücken Sie fünfmal die **Tabulator**-Taste, damit Sie sich im Befehlsfeld **Rechter Einzug** befinden;
   — geben Sie den Einzug an: **Rechter Einzug: 1 cm** (da die Maßeinheit 10er-Teilung (p 10) gewählt ist, müssen Sie die Maßeinheit cm mit eingeben).
4. Bestätigen Sie diese Eingabe mit der **RETURN**-Taste.
5. Wiederholen Sie diesen Vorgang mit dem nächsten Absatz ‚Wir bedauern sehr ... beschädigt wurde', den Sie nun aber 2 cm einrücken.
6. Setzen Sie den rechten Rand im dritten Absatz ‚Sie erhalten ... folgen lassen' auf 5 cm.
7. Speichern Sie den Text unter 1018 ab.

Eine Kurzform für den rechten Einzug gibt es nicht. Sie können ihn aber mit der Kurzform für das Aufheben der Absatzformatierungen (**<Alt> x n**) auf den Standard (0 cm) setzen.

3.9 Das Word-Lernziel:
Verändern des Zeilenabstandes

Aufgabe:
Laden Sie Text 1002 und verändern Sie die Zeilenabstände für die einzelnen
Absätze.

Ausführung:
1. Laden Sie Text 1002.
2. Um den Zeilenabstand für den ersten Absatz ‚mit Ihrer Liefermahnung
    … 15.06.85' auf 1,5 zg (= 1 1/2-zeilig) festzulegen, wählen Sie folgende
    Befehlsfolge und positionieren den Cursor in den ersten Absatz (‚mit
    Ihrer Liefermahnung … 15.06.85'):
    - <**ESC**>;
    - **F** für **Format**;
    - **A** für **Absatz**;
    - drücken Sie dreimal <**SHIFT**> **Tabulator**-Taste, damit Sie sich im Be-
      fehlsfeld **Zeilenabstand** befinden;
    - geben Sie den Abstand an: **Zeilenabstand: 1,5** (Da hier „zg" für „zei-
      lig" schon angegeben ist (Standard), brauchen Sie die Maßeinheit
      nicht einzugeben).
3. Bestätigen Sie diese Eingabe mit der **RETURN**-Taste.
4. Wiederholen Sie diesen Vorgang mit dem nächsten Absatz ‚Wir bedauern
    sehr … beschädigt wurde', dessen Zeilenabstand Sie nun auf 1,23 setzen.

Anmerkung zum Zeilenabstand
Sie sind in Word nicht an die herkömmlichen Zeilenabstände (1-zeilig,
1 1/2-zeilig, 2-zeilig usw.) gebunden, sondern können den Zeilenabstand
individuell auswählen. Das ist ein großer Vorteil, vor allem z. B. für das Aus-
füllen von Formularen.
Je nachdem, wie hoch die Auflösung Ihres Bildschirms ist, wird der unterschiedliche Zeilenabstand auf Ihrem Bildschirm mehr oder weniger genau
angezeigt.

5. Speichern Sie den Text unter 1019 ab.

Kurzform zum Zeilenabstand

Es gibt für den Zeilenabstand eine Kurzform, und zwar für den 2-zeiligen Abstand. Sie können folgende Tastenkombination verwenden (den Cursor in den Absatz positionieren):

Kurzform:

— die **Alt**-Taste gedrückt halten;

— **x** als erstes Zeichen des Tastenschlüssels eingeben;

— die **Alt**-Taste loslassen;

— **2** als zweites Zeichen des Tastenschlüssels eingeben.

6. Positionieren Sie den Cursor in den dritten Absatz ‚Sie erhalten ... folgen lassen.'

7. Geben Sie für diesen Absatz mit Hilfe der Kurzform einen Zeilenabstand von 2 ein.

8. Speichern Sie den Text erneut unter 1019 ab.

3.10 Das Word-Lernziel:
Verändern des Anfangsabstandes und Verändern des Endabstandes

Aufgabe:
Laden Sie Text 1002 und verändern Sie die Anfangs- und Endabstände der
einzelnen Absätze.

Ausführung:
1. Laden Sie Text 1002.
2. Wenn Sie Ihre Absätze grundsätzlich durch eine Leerzeile trennen, können Sie — anstatt nach jedem Absatz die **RETURN**-Taste zu drücken —
   den Anfangs- bzw. Endabstand festlegen.
   Um nun vor den ersten beiden Absätzen zusätzlich eine Leerzeile einzugeben, wählen Sie die Befehlsfolge und markieren Sie die ersten beiden
   Absätze (‚mit Ihrer Liefermahnung ... beschädigt wurde'):

   — **<ESC>**;

   — **F** für **Format**;

   — **A** für **Absatz**;

   — drücken Sie einmal **<SHIFT>** **Tabulator**-Taste, damit Sie sich im
     Befehlsfeld **Endeabstand** befinden;

   — geben Sie den Abstand an: **Endeabstand**: *2*;
3. Bestätigen Sie diese Eingabe mit der **RETURN**-Taste.
4. Für die nächsten beiden Absätze ‚Sie erhalten ... bemühen' geben Sie
   einen Anfangsabstand von 3 und einen Endabstand von 2 Zeilen ein.
   Wählen Sie folgende Befehlsfolge und markieren Sie die zwei Absätze:

   — **<ESC>**;

   — **F** für **Format**;

   — **A** für **Absatz**;

   — drücken Sie einmal **<SHIFT>** **Tabulator**-Taste, damit Sie sich im
     Befehlsfeld **Endeabstand** befinden;

   — geben Sie den Abstand an: **Endeabstand**: *2*;

   — drücken Sie einmal **<SHIFT>** **Tabulator**-Taste, damit Sie sich im Be-
     fehlsfeld **Anfangsabstand** befinden;

   — geben Sie den Abstand an: **Anfangsabstand**: *3*.
5. Bestätigen Sie diese Eingabe mit der **RETURN**-Taste.

Kurzform zum Anfangs- und Endabstand

Sie können mit der Kurzform einen Anfangsabstand von 1 und einen Endabstand von 0 festlegen, so daß also vor jedem Absatz eine Leerzeile eingefügt wird, ohne daß Sie sie eingeben müssen. Sie können folgende Tastenkombination verwenden (den Cursor in den Absatz positionieren (oder markieren)):

Kurzform:

— die **Alt**-Taste gedrückt halten;

— **x** als erstes Zeichen des Tastenschlüssels eingeben;

— die **Alt**-Taste loslassen;

— **o** als zweites Zeichen des Tastenschlüssels eingeben.

6. Markieren Sie die Anrede und die ersten zwei Absätze.

7. Geben Sie den Anfangs- und den Endabstand mit Hilfe der Kurzform ein.

Ihr Text sollte auf dem Bildschirm folgendermaßen aussehen:

```
=[········1········2········3········4········5········6····]···7····

Sehr geehrte Damen und Herren,¶

¶

mit Ihrer Liefermahnung fordern Sie die Lieferung der
Rechenmaschinen bis 15.06.85.¶

¶

Wir bedauern sehr, daß wir diesen Termin nicht einhalten können,
da ein großer Teil unserer Lagerbestände durch ein Feuer
beschädigt wurde.¶
¶


Sie erhalten in den nächsten Tagen 3 Rechenmaschinen. Die
fehlenden 8 Rechenmaschinen werden wir unverzüglich nach Erhalt

BEFEHL: Text Ausschnitt Bibliothek Druck Einfügen Format Gehezu Hilfe Kopie
        Löschen Muster Quitt Rückgängig Suchen übertragen Wechseln Zusätze
Bearbeiten Sie bitte Ihren Text oder unterbrechen Sie zum Hauptbefehlsmenü!
Seite 1  ()                                    Microsoft Word: 1002.TXT
```

8. Speichern Sie den Text unter 1020 ab.

3.11 Übung III

Erstellen Sie folgenden Text einschließlich der entsprechenden Formatierungen, und speichern Sie ihn unter dem Dateinamen 10201 auf Diskette ab:

```
Firma
Blasius & Co.
Postfach

5900 Siegen 1


                                      Bielefeld, 23.09.83


             Angebot für Oberhemden

Sehr geehrter Herr Vogel,

wir  danken Ihnen  für Ihre  Anfrage und  freuen uns,  daß Sie nach
einer  langeren Pause  von  uns  wieder  Oberhemden  beziehen.  Aus
unserem  umfangreichen Produktionsprogramm  bieten wir  Ihnen heute
zwei  Artikel an,  die für  Ihr Geschäft  besonders  geeignet  sein
durften.  Es sind unsere bewährten Fabrikate Perfekt und Rekord mit
ihren Vorzugen:

        - hochelegant und angenehm zu tragen

        - spielend leicht zu waschen und nach dem Trocknen ohne
          Bügeln glatt wie neu

Trotzdem  gibt  es  Unterschiede:

    PERFEKT, seidenweicher Baumwollstoff,

    vorbildlich eleganter Schnitt in vollendet

    sauberer Verarbeitung, Spitzenklasse,

    Großen 36 - 46, weiß, beige, silbergrau

                                           21,80 DM


    REKORD, vorzügliches Mischgewebe, bequemer

    Einsteck-Kragen, Universal-Manschette,

    Großen 36 - 46, weiß, beige, silbergrau

                                           17,80 DM


Beim  Abschluß für  mindestens 6  Dutzend von  einem dieser Artikel
gewahren  wir Ihnen  wieder einen  Mengenrabatt von 5 %. Im übrigen
gelten unsere alten Liefer- und Zahlungsbedingungen.

Hochachtungsvoll
```

Sollten Sie mit den Eingaben nicht zurechtkommen, sehen Sie sich die Lösung III in ANHANG A an.

4 Druck

Sie lernen die Befehlsfolgen **Druck Drucker, Druck Sofort, Druck Platte/ Diskette, Druck Optionen** kennen.

4.1 Das Word-Lernziel:
Druck Optionen und das Drucken von Texten

Aufgabe:
Laden Sie den im vorigen Kapitel zuletzt gespeicherten Text, und drucken Sie ihn einmal aus.

Ausführung:
1. Laden Sie Text 1020.
2. Sie müssen vor dem Drucken einmal den angeschlossenen Drucker anwählen. Auf der Word-Diskette sind verschiedene Druckertreiber gespeichert. Um Ihren Drucker anzuwählen, verwenden Sie folgende Befehlsfolge:

   – <**ESC**>

   – D für **Druck**

   – O für **Optionen**

In der vorletzten Bildschirmzeile erscheint die Meldung: ‚Geben Sie bitte einen Druckernamen ein oder wählen Sie einen!'

3. Um sich das Verzeichnis der auf der Diskette gespeicherten Druckertreiber anzeigen zu lassen, drücken Sie eine beliebige Cursortaste.
4. Positionieren Sie den Cursor mit Hilfe der Cursortasten auf den gewünschten Drucker.

5. Bestätigen Sie Ihre Auswahl mit der **RETURN**-Taste.

6. Um nun den im Arbeitsspeicher befindlichen Text ausdrucken zu lassen, drücken Sie noch einmal

    D für **Drucker**,

    und der Text wird ausgedruckt.

Gehen Sie nun noch einmal zum Befehl **Druck Optionen** zurück. Folgende Auflistung erläutert die Begriffe:

Unterbefehl	Erläuterung
Drucker	erlaubt die Auswahl des Druckers Das Drücken einer Cursortaste zeigt das Inhaltsverzeichnis an.
Konzept	**(Ja)** bedeutet, daß Ihr Text ohne Berücksichtigung von etwa vorgegebenen Sonderauszeichnungen ausgedruckt wird. Auf einem Matrixdrucker würde die Blocksatzbildung ohne Mikroteilung erfolgen; auf einem Zeichendrucker würden die Schriftwechsel nicht berücksichtigt werden. Daher kann der Drucker mit seiner höchsten Geschwindigkeit drucken.
Warteschlage	**(Ja)** bedeutet, daß Sie während des Ausdruckens Textes auf dem Bildschirm bearbeiten können. **(Nein)** bedeutet, daß Sie während des Druckes nicht weiterarbeiten können, sondern warten müssen, bis der Text ganz gedruckt ist.
Exemplare	Hier können Sie angeben, wie oft Ihr Text ausgedruckt werden soll.
Umfang	**(Alles)**: Die gesamte im Arbeitsspeicher befindliche Datei wird gedruckt. **(Markierung)**: Der (im Arbeitsspeicher) markierte Text wird gedruckt. **(Seiten)**: Nur bestimmte Seiten sollen gedruckt werden. Die Seitenzahlen geben Sie im nächsten Feld an.
Seitenzahlen	Sie können hier die Seitenzahlen der Seiten angeben, die ausgedruckt werden sollen. Voraussetzung ist, daß Sie im Feld **Umfang: (Seiten)** gewählt haben.

Vorschub   Hier wird festgelegt, welche Art Seitenvorschub Sie für Ihren Drucker wählen möchten.

(Seite) wählen Sie, wenn Sie jedes Blatt Papier einzeln einlegen möchten, damit der Drucker vor Ausdruck jeder Seite stoppt.

(Endlos) wählen Sie, wenn Sie auf Endlospapier drucken oder wenn Ihr Drucker über eine Vorrichtung verfügt, die ihm den automatischen Einzelblatteinzug ermöglicht.

(Schacht1) wählen Sie, wenn Ihr Drucker über zwei Schächte für den Blatteinzug verfügt und Sie das Papier aus dem ersten benötigen. Zum Beispiel können Sie Ihr Briefpapier mit Adreßfeld in Ihren Schacht 1 legen.

(Schacht2) wählen Sie, wenn Ihr Drucker über zwei Schächte für den Blatteinzug verfügt und Sie auf das Papier aus dem zweiten drucken lassen möchten. Zum Beispiel können Sie Ihre Fortsetzungsbögen für Ihr Briefpapier in Schacht 2 legen, auf das Sie auch Mitteilungen usw. drucken.

(Beide) wählen Sie, wenn Ihr Drucker über zwei Schächte verfügt und Sie das erste Blatt aus dem ersten Schacht (z. B. Briefbogen mit Adreßfeld) und das zweite und alle folgenden Blätter aus dem zweiten Schacht (z. B. Fortsetzungsbögen für Briefpapier) einziehen lassen möchten.

Druckeranschluß Hier wählen Sie den Druckerausgang (seriell oder parallel). (Wenn Sie sich informieren möchten, welche Eingaben Ihnen zur Verfügung stehen, positionieren Sie Ihren Cursor auf dieses Feld und drücken **Alt h**. In den Text zurück gelangen Sie durch Drücken der **RETURN**-Taste.)

7. Laden Sie nun Text 1019 und lassen Sie ihn ausdrucken. Diesmal brauchen Sie den Drucker nicht noch einmal anzuwählen, da der von Ihnen gewählte Drucker so lange angewählt bleibt, bis Sie entweder einen anderen wählen oder die Arbeit mit Word beenden.

   Wählen Sie also folgende Befehlsfolge:

   – <**ESC**>;

   – **D** für **Druck**;

   – **D** für **Drucker**.

Der Text wird beim Ausdruck formatiert und auf den Drucker ausgegeben.

4.2 Das Word-Lernziel:
   Befehl **Druck Sofort**

Aufgabe:
Geben Sie einen Text ein, und lassen Sie ihn nach der Bestätigung direkt ausdrucken.

Ausführung:
1. Wählen Sie folgende Befehlsfolge:

   — <**ESC**>;

   — **D**   für **Druck**;

   — drücken Sie zweimal die **Leertaste**, damit **Druck: (Sofort)** ausgewählt wird (ein **S** würde den Befehl **Serienbrief** aufrufen).
2. Bestätigen Sie diese Befehlsauswahl mit der **RETURN**-Taste.
3. Geben Sie nun folgenden Text ein:

Mit diesem Befehl wird der eingegebene Text sofort nach Bestätigung ausgedruckt.

4. Bestätigen Sie diese Eingabe mit der **RETURN**-Taste. Der Text wird nun sofort auf das Papier gedruckt.

4.3 Das Word-Lernziel:
Befehl **Druck Platte/Diskette**

Aufgabe:
Laden Sie Text 1002, und speichern Sie ihn so auf die Diskette, daß Sie ihn
später mit Hilfe eines Kopier- oder Druckdienstprogrammes zum Drucker
übertragen und ausdrucken lassen können.

Ausführung:
1. Laden Sie die Datei 1002 in den Arbeitsspeicher.
2. Um den Text nun so auf die Diskette abzuspeichern, daß Sie ihn später
   mit Hilfe eines Kopier- oder Druckdienstprogrammes zum Drucker übertragen und ausdrucken lassen können, speichern Sie ihn folgendermaßen
   ab — Sie können einen anderen Anhang als ‚.TXT' (Word hängt diesen
   Anhang automatisch an alle Text-Dateien an) wählen, z. B. ‚.DRU', um
   diese Datei deutlich von allen anderen zu unterscheiden.

Wählen Sie die Befehlsfolge:

- <**ESC**>;
- **D** für **Druck**;
- **P** für **Platte/Diskette**;
- geben Sie den Dateinamen ein, z. B. *1002.dru*.

```
⊫[·········1·········2·········3·········4·········5·········]·········7·····
 Sehr geehrte Damen und Herren,¶
 ¶
 mit Ihrer Liefermahnung fordern Sie die Lieferung der
 Rechenmaschinen bis 15.06.85.¶
 ¶
 Wir bedauern sehr, daß wir diesen Termin nicht einhalten
 können, da ein großer Teil unserer Lagerbestände durch ein
 Feuer beschädigt wurde.¶
 ¶
 Sie erhalten in den nächsten Tagen 3 Rechenmaschinen. Die
 fehlenden 8 Rechenmaschinen werden wir unverzüglich nach
 Erhalt der nächsten Werkslieferung folgen lassen.¶
 ¶
 Seien Sie versichert, daß wir uns um schnelle Lieferung
 bemühen.¶
 ¶
 Mit freundlichen Grüßen◆



DRUCK PLATTE/DISKETTE Name: 1002.dru█

Geben Sie bitte den Dateinamen ein!
Seite 1  ()                     99% frei    Microsoft Word: 1002.TXT
```

3. Bestätigen Sie diese Eingabe mit der **RETURN**-Taste.

Aufgabe:

Laden Sie die Textdatei 1018 und kopieren Sie sie 8mal. Lassen Sie diesen Text mit Hilfe des Befehls **Warteschlange** ausdrucken, laden Sie Text 1017, unterbrechen Sie den Druck des Textes 1018 und drucken Sie zuerst Text 1017. Nach Ausdruck dieses Textes drucken Sie den Rest der Datei 1018.

Ausführung:

1. Laden Sie die Textdatei 1018.
2. Markieren Sie den gesamten Text durch Drücken der Tastenkombination <SHIFT> <F10>, löschen Sie ihn in den Papierkorb (**DEL**-Taste) und fügen Sie ihn 4mal wieder ein (**INS**-Taste).
3. Um gleich beim Druck des Textes weiterarbeiten zu können, wählen Sie folgende Befehlsfolge:

    — <ESC>;

    — **D** für **Druck;**

    — **O** für **Optionen;**

    — drücken Sie zweimal die **Tabulator**-Taste, damit Sie sich im Befehlsfeld **Warteschlange:** befinden;

    — drücken Sie einmal die **Leertaste,** damit **Warteschlange: (Ja)** ausgewählt wird.
4. Bestätigen Sie die Eingabe mit der **RETURN**-Taste.
5. Lassen Sie nun Text 1018 ausdrucken; wählen Sie dazu — wie sonst auch — die Befehlsfolge:

    — <ESC>;

    — **D** für **Druck;**

    — **D** für **Drucker.**
6. Warten Sie, bis das Haupt-Befehlsmenü wieder erscheint, und laden Sie Text 1017 in den Arbeitsspeicher.

7. Um diesen Text zwischendurch ausdrucken zu lassen, müssen Sie den
    Druck des gerade ausdruckenden Textes unterbrechen. Wählen Sie dazu
    folgende Befehlsfolge:

    — <ESC>;

    — D für **Druck**;

    — W für **Warteschlange**;

    — P für **Pause**.

8. Lassen Sie Text 1017 ausdrucken (<ESC> **D D**).

9. Um Text 1018 weiter auszudrucken, wählen Sie folgende Befehlsfolge:

    — <ESC>;

    — D für **Druck**;

    — W für **Warteschlange**.

Diese Funktion ist — abgesehen von der Zeitersparnis, die entsteht, da Sie,
um weiterzuarbeiten, nicht warten müssen, bis der Text ausgedruckt ist —
sehr praktisch, wenn Ihre Computer untereinander vernetzt sind.
Der Befehl **DRUCK WARTESCHLANGE: Stopp** bricht den Ausdruck mit
der Funktion **Warteschlange** vollständig ab.
Der Befehl **DRUCK WARTESCHLANGE: Neustart** läßt den Druck des
gespeicherten Textes neu beginnen.

4.5 Übung IV

Erstellen Sie folgenden Text, und kopieren Sie ihn 20mal. Speichern Sie den Text unter 10211 auf Diskette ab. Lassen Sie nur die Seite 3 dieses Textes ausdrucken.

```
╔═[·········1·········2·········3·········4·········5·········6·····]···7·····╗
║  "Ach, Herr Doktor, ich weiß gar nicht, was mit mir eigentlich los
║  ist!" Immer mehr Patienten erzählen dem Arzt mit bewegten Worten,
║  daß sie zwar nicht "richtig" krank, aber auch keinesfalls wirklich
║  gesund seien, immer mehr klagen darüber, daß sie sich dauernd müde
║  und abgespannt fühlen, daß sie schlecht schlafen und wenig Appetit
║  haben.¶
║  ¶
║  ▯
║
║
║
║
║
║
║
║
║
║
║
║
╚═══════════════════════════════════════════════════════════════════════════╝
BEFEHL: Text Ausschnitt Bibliothek Druck Einfügen Format Gehezu Hilfe Kopie
        Löschen Muster Quitt Rückgängig Suchen übertragen Wechseln Zusätze
Bearbeiten Sie bitte Ihren Text oder unterbrechen Sie zum Hauptbefehlsmenü!
Seite 1  ()                                      Microsoft Word: 10211.TXT
```

Sollten Sie mit den Eingaben nicht zurechtkommen, sehen Sie sich die Lösung IV in ANHANG A an.

5 Format Tabulator

Sie lernen Tab-Stops zu setzen, zu verschieben und einzeln oder gesamt zu löschen.

5.1 Das Word-Lernziel:
Setzen von Tab-Stops

Aufgabe:
Schreiben Sie untenstehenden Text, und setzen Sie die Tab-Stops.

Ausführung:
Der Text soll folgendermaßen aussehen:

```
⊫[········1········2········3········4········5········6····]···7····⌐
¶ Sehr geehrte Herren,¶
  ¶
  wir bedauern sehr, daß wir Ihrem Wunsche nach Gutschrift nicht
  nachkommen können, und bitten Sie, uns nunmehr für unsere
  Rechnungen¶
  ¶
      Nr. 12145      Werk Hagen      vom 01.09. ______ 522,40 DM↓
      Nr. 12346   Werk Dortmund      vom 12.09. ______ 140,20 DM↓
      Nr. 12367   Werk Stuttgart     vom 17.09. ____ 1.293,80 DM↓
      Nr. 12764    Werk Hamburg      vom 29.09. ______ 543,00 DM¶
  ¶
  bis zum 10. Dezember d. J. einen Scheck einzusenden!¶
  ¶
  Mit besten Empfehlungen
```

BEFEHL: Text Ausschnitt Bibliothek Druck Einfügen Format Gehezu Hilfe Kopie
        Löschen Muster Quitt Rückgängig Suchen übertragen Wechseln Zusätze
Bearbeiten Sie bitte Ihren Text oder unterbrechen Sie zum Hauptbefehlsmenü!
Seite 1 ()   Microsoft Word:

1. Geben Sie nun ein:

Sehr geehrte Herren,
wir bedauern sehr, daß wir Ihrem Wunsche nach Gutschrift nicht nachkom-
men können, und bitten Sie, uns nunmehr für unsere Rechnungen

2. Jetzt soll der Abschnitt mit den Tab-Stops folgen. Um direkt bei der Ein-
   gabe des Textes das endgültige Schriftbild zu sehen, setzen Sie zuerst die
   Tab-Stops.
   Geben Sie unter den vorigen Absatz eine Leerzeile ein (**RETURN**-Taste),
   und wählen Sie die Befehlsfolge:
   – <**ESC**>;
   – **F** für **Format**;
   – **T** für **Tabulator**;
   – **S** für **Setzen**;

Sie können einmal die Position direkt eingeben oder auf dem Bildschirm anzeigen lassen, welche Position Ihnen am günstigsten erscheint: hierzu drücken
Sie die Cursortaste nach rechts.
Der Cursor steht nun auf dem Zeilenlineal am oberen Bildschirmrand, was
die Eingabe für die Tab-Stops erheblich erleichtert.

3. Positionieren Sie Ihren Cursor auf den zweiten Punkt nach der Zahl 1
   des Zeilenlineals.

4. Der Text soll an dieser Stelle rechtsbündig ausgerichtet werden:
   – drücken Sie einmal die **Tabulator**-Taste, damit Sie sich im Befehlsfeld
     Ausrichtung befinden;
   – drücken Sie zweimal die **Leertaste**, damit **Ausrichtung: (Rechts)** aus-
     gewählt wird (Sie könnten auch direkt das **R** für **Rechts** eingeben).

5. Füllzeichen bleiben in diesem Fall Leerzeichen:
   – drücken Sie zweimal die **Tabulator**-Taste, damit Sie sich wieder im
     Befehlsfeld **Position** befinden.

6. Da Sie noch mehr Tab-Stops festsetzen möchten,
   – drücken Sie die **INS**-Taste.

Auf dem Zeilenlineal erscheint nun der Buchstabe R, der einen rechtsbündi-
gen Tab-Stop kennzeichnet.

7. Setzen Sie nun den zweiten Tab-Stop fest:
   Positionieren Sie Ihren Cursor auf den zweiten Punkt nach der Zahl 2
   des Zeilenlineals.

8. Der Text soll an dieser Stelle zentriert werden:
   - Drücken Sie einmal die **Tabulator**-Taste, damit Sie sich im Befehlsfeld **Ausrichtung** befinden;
   - Drücken Sie **Z** für **Zentriert**.
9. Füllzeichen bleiben in diesem Fall ebenfalls Leerzeichen,
   - drücken Sie also zweimal die **Tabulator**-Taste, damit Sie sich wieder im Befehlsfeld **Position** befinden.
10. Da Sie noch weitere Tab-Stops festsetzen möchten,
   - drücken Sie die **INS**-Taste.

Auf dem Zeilenlineal erscheint nun der Buchstabe Z, der einen zentrierten Tab-Stop kennzeichnet.

11. Die nächste Position wissen wir: 32 p10
    Geben Sie also an: **Position: 32 p10.**
12. Der Text soll linksbündig ausgerichtet werden, geben Sie also bei **Ausrichtung: (Links)** an.
13. Füllzeichen bleiben wieder Leerzeichen.
14. Springen Sie mit dem Cursor auf **Position** zurück. Da Sie noch mehr Tab-Stops setzen möchten,
    bestätigen Sie diesen mit der **INS**-Taste.
15. Geben Sie für den letzten Tab-Stop folgendes an:
    - **Position: 53 p10;**
    - **Ausrichtung: (Dezimal)**;
    - **Füllzeichen: (_)** (Unterstreichungsstrich).
16. Da dieses der letzte Tab-Stop war,
    bestätigen Sie Ihre Eingaben mit der **RETURN**-Taste.

Ihr Bildschirm sollte nun folgendermaßen aussehen:

```
[·········1·R·······2·Z·······3·L·····4··········5·_D·····6·····]···7·····
 Sehr geehrte Herren,¶
 ¶
 wir bedauern sehr, daß wir Ihrem Wunsche nach Gutschrift nicht
 nachkommen können, und bitten Sie, uns nunmehr für unsere
 Rechnungen¶
 ¶
 █
 ◆




BEFEHL: Text Ausschnitt Bibliothek Druck Einfügen Format Gehezu Hilfe Kopie
        Löschen Muster Quitt Rückgängig Suchen übertragen Wechseln Zusätze
Bearbeiten Sie bitte Ihren Text oder unterbrechen Sie zum Hauptbefehlsmenü!
Seite 1  ()                                            Microsoft Word!
```

Wie Sie sehen, hat Word automatisch eine Zeilenschaltung eingefügt. Die Tab-Stops sind Absatzformate. Das heißt, solange Sie sich auf dieser Absatzmarke bzw. in diesem Absatz befinden, gilt das angegebene Format. Wenn Sie z. B. mit dem Cursor nach unten auf die Schreibmarke gehen, ist dort wieder das Standardformat angegeben. Bleiben Sie mit Ihrem Cursor also auf der Absatzmarke stehen.

Um nun die Tabelle einzugeben, gehen Sie folgendermaßen vor:

17. Damit die Nummern rechtsbündig ausgerichtet werden, drücken Sie am Anfang der Zeile einmal die **Tabulator**-Taste.

18. Schreiben Sie die erste Nummer: *Nr. 12145.*

19. Damit „Werk Hagen" zentriert wird, drücken Sie wieder einmal die **Tabulator**-Taste und geben dann das Werk ein.

20. Drücken Sie wieder einmal die **Tabulator**-Taste, und schreiben Sie das Datum: *vom 01.09.*

21. Als nächstes sollen die Zahlen dezimal am Tab-Stop ausgerichtet werden. Davor sollen Unterstreichungsstriche gedruckt werden. Damit die Striche nicht direkt an das Datum und nicht direkt an den Betrag gedruckt werden, sondern jeweils ein Leerschritt eingefügt werden soll,

    drücken Sie einmal die **Leertaste**,

    drücken Sie einmal die **Tabulator**-Taste (die Unterstreichungsstriche erscheinen),

    einmal die **Leertaste** und geben nun den Betrag ein: *522,40 DM.*

22. Sie könnten die Reihe mit einem <RETURN> beenden. Falls Sie aber später evtl. die Tab-Stops ändern oder verschieben möchten, ist es praktischer, die Zeilen mit einem <**SHIFT**> <**RETURN**> abzuschließen, damit alle vier Zeilen als ein Absatz gelten:

Drücken Sie also <**SHIFT**> <**RETURN**>.

23. Sie haben nun die erste Zeile eingegeben. Verfahren Sie mit den nächsten drei Zeilen genauso. Der Text:

Nr. 12346   Werk Dortmund   vom 12.09. ——   140,20 DM
Nr. 12367   Werk Stuttgart   vom 17.09. ——   1.292,80 DM
Nr. 12764   Werk Hamburg   vom 29.09. ——   543,00 DM

24. Die letzte Zeile schließen Sie mit der **RETURN**-Taste ab, da nur die vier Zeilen als ein Absatz gelten sollen.

25. Sie können nun, da Sie die Tab-Stops für den weiteren Text nicht mehr benötigen, den Cursor auf die Schreibmarke positionieren.

26. Geben Sie den Schluß des Schreibens ein:

bis zum 10. Dezember d. J. einen Scheck einzusenden!
Mit besten Empfehlungen

27. Speichern Sie diesen Text unter 1021 ab.

5.2 Das Word-Lernziel:
Verschieben von Tab-Stops

Aufgabe:

Sie haben nun die Werke zentriert. Da dieses das Erscheinungsbild negativ beeinträchtigt, ändern Sie diesen Tab-Stop in einen linksbündigen Tab-Stop um.

Ausführung:

1. Um den Tab-Stop zu ändern, gehen Sie folgendermaßen vor:
   — positionieren Sie den Cursor in den Textabsatz mit den Tab-Stops;
   — <ESC>;
   — F für **Format**;
   — T für **Tabulator**;
   — S für **Setzen**.
2. Sie können einmal mit dem Cursor im Zeilenlineal alle Tab-Stops ‚anfahren‘. Um schneller zu dem gewünschten Tab-Stop zu gelangen, ‚springen‘ Sie durch Drücken der

   <**Cursortaste nach unten**>   auf den nächsten Tab-Stop
   <**Cursortaste nach oben**>   auf den vorigen Tab-Stop.
3. Springen Sie also mit der <**Cursortaste nach unten**> auf den zentrierenden Tab-Stop.

```
╓═[········1·R·······2·⌐········3·L·······4··········5·_D······6·····]···7····╖
║ Sehr geehrte Herren,¶
║ ¶
║ wir bedauern sehr, daß wir Ihrem Wunsche nach Gutschrift nicht
║ nachkommen können, und bitten Sie, uns nunmehr für unsere
║ Rechnungen¶
║ ¶
║    Nr. 12145      Werk Hagen       vom 01.09. ______  522,40 DM↓
║ ■ Nr. 12346      Werk Dortmund    vom 12.09. ______  140,20 DM↓
║    Nr. 12367      Werk Stuttgart   vom 17.09. ____ 1.293,80 DM↓
║    Nr. 12764      Werk Hamburg     vom 29.09. ______  543,00 DM¶
║ ¶
║ bis zum 10. Dezember d. J. einen Scheck einzusenden!¶
║ ¶
║ Mit besten Empfehlungen◆
║
╙

FORMAT TABULATOR SETZEN Position: 5.59 cm
 Ausrichtung:(Links)Zentriert Rechts Dezimal  Füllzeichen:(Leerzeichen). - _
Geben Sie bitte das Maß ein!
Seite 1  ()                              Microsoft Word: 1021.TXT
```

4. Um den Tab-Stop an dieser Stelle zu löschen, drücken Sie die **DEL**-Taste.

5. Nun muß weiter links ein linksbündiger Tab-Stop gesetzt werden. Positionieren Sie Ihren Cursor auf den dritten Punkt nach dem Buchstaben R (für die rechtsbündige Tabulation).

6. Sie können den Tab-Stop jetzt, wie im vorigen Abschnitt beschrieben, setzen:
   Da **Ausrichtung: (Links)** und **Füllzeichen: (Leerzeichen)** schon angegeben sind, und da Sie keinen weiteren Tab-Stop mehr setzen möchten, bestätigen Sie diesen Tab-Stop sofort mit der **RETURN**-Taste.

7. Speichern Sie den Text erneut unter dem Textdateinamen 1021 ab.

5.3 Das Word-Lernziel:

Löschen einzelner und Löschen aller gesetzten Tab-Stops

Aufgabe:

Löschen Sie zuerst in dem Absatz mit den gesetzten Tab-Stops den ersten Tab-Stop, danach löschen Sie alle Tab-Stops zusammen.

Ausführung:

1. Um einen einzelnen Tab-Stop zu setzen, wählen Sie folgende Befehlsfolge:

   - den Cursor in den Textabsatz mit den Tab-Stops positionieren;
   - <**ESC**>;
   - **F** für **Format**;
   - **T** für **Tabulator**;
   - **L** für **Löschen**.

2. Springen Sie nun (mit der <**Cursortaste nach rechts**>) auf den ersten Tab-Stop (rechtsbündig).

3. Bestätigen Sie den zu löschenden Tab-Stop mit der **RETURN**-Taste.

Ihr Text sollte nun folgendermaßen aussehen:

```
[·········1···L··2··········3·L······4········5·_D·····6····]···7···
Sehr geehrte Herren,¶
¶
wir bedauern sehr, daß wir Ihrem Wunsche nach Gutschrift nicht
nachkommen können, und bitten Sie, uns nunmehr für unsere
Rechnungen¶
¶
                Nr. 12145        Werk Hagen_vom 01.09.    522,40 DM↓
                Nr. 12346        Werk Dortmundvom 12.09.
140,20 DM↓
                Nr. 12367        Werk Stuttgartvom 17.09.
1.293,80 DM↓
                Nr. 12764        Werk Hamburgvom 29.09.
543,00 DM¶
¶
bis zum 10. Dezember d. J. einen Scheck einzusenden!¶
¶
Mit besten Empfehlungen♦
```

```
BEFEHL: Text Ausschnitt Bibliothek Druck Einfügen Format Gehezu Hilfe Kopie
        Löschen Muster Quitt Rückgängig Suchen übertragen Wechseln Zusätze
Bearbeiten Sie bitte Ihren Text oder unterbrechen Sie zum Hauptbefehlsmenü!
Seite 1  ()                                  Microsoft Word: 1021.TXT
```

4. Um alle Tab-Stops zu löschen, wählen Sie diese Befehlsfolge:
   — den Cursor in den Textabsatz positionieren;
   — <ESC>;
   — F für **Format**;
   — T für **Tabulator**;
   — G für **Gesamtlöschen**.

Ihre Tab-Stops sind nun alle gelöscht. Der Text ist aber trotzdem nicht völlig verrutscht, da die Standard-Tab-Stops wieder gesetzt sind, und zwar alle fünf Zeichen einen Tab-Stop (bzw. jeden halben Zoll).
Die DM-Beträge sind jetzt nicht mehr nach den Kommata ausgerichtet, da die standardmäßig eingefügten Tab-Stops alles linksbündige Tab-Stops sind.

5. Löschen Sie nun den Bildschirm, und bestätigen Sie den Verlust Ihrer Daten mit *J*.
   Das bedeutet, daß Sie die geänderte Datei (ohne die von Ihnen gesetzten Tab-Stops) nicht speichern möchten. Die Datei mit den Tab Stops bleibt aber auf der Diskette erhalten, so wie sie direkt nach dem Laden auf dem Bildschirm erschienen ist.

5.4 Übung V

Erstellen Sie den folgenden Text mit den angegebenen Tab-Stops, und speichern Sie ihn unter 10221 ab:

```
|═0·····[···1·········2·········3········,D·········5·········6·····]···7·····
¶ Wunschgemäß gebe ich Ihnen eine übersicht der Kosten, die bei dem
  Verfahren entstehen könnten.¶
  ¶
  I. Schlichtungsstelle¶
  ¶
     a) Verfahrensgebühren:¶
     ¶
        1. Prozeßgebühr ................ 6,-- DM↓
        2. Beweisgebühr ................ 6,-- DM↓
        3. Urteilsgebühr ............... 6,-- DM¶
        ¶
     b) Anwaltskosten:¶
     ¶
        1. Prozeßgebühr ................ 8,-- DM↓
        2. Verhandlungsgebühr .......... 10,-- DM↓
        3. Beweisgebühr ................ 6,-- DM¶
                                        --------¶
        Gesamtbetrag ................. 42,-- DM↓
  ♦
```

```
BEFEHL: Text Ausschnitt Bibliothek Druck Einfügen Format Gehezu Hilfe Kopie
        Löschen Muster Quitt Rückgängig Suchen übertragen Wechseln Zusätze
Bearbeiten Sie bitte Ihren Text oder unterbrechen Sie zum Hauptbefehlsmenü!
Seite 1  ()                                    Microsoft Word: 10221.TXT
```

Sollten Sie mit den Eingaben nicht zurechtkommen, sehen Sie sich die Lösung V in ANHANG A an.

6 Format Bereich

Sie lernen die Befehlsfolge **Format Bereich** kennen, mit der Sie das Format Ihres Papiers und den Satzspiegel Ihrer Texte festlegen, eine Seitenzahl eingeben, Texte mehrspaltig formatieren und bestimmen können, an welche Stelle Fußnoten, Kopf- oder Fußzeilen gedruckt werden sollen.

6.1 Das Word-Lernziel:

Eingabe eines Bereichswechsels und Beginn einer neuen Seite

Aufgabe:

Erstellen Sie einen Text, der sich in verschiedene Bereiche unterteilen läßt.

Ausführung:

1. Geben Sie folgenden Text ein:

```
⌐[·········1·········2·········3·········4·········5·········6·····]···7·····
 WORD ist ein starkes Textverarbeitungsprogramm, das Sie bei der
 Erstellung von Briefen, Mitteilungen, Berichten und auch sehr
 umfangreichen Texten hilfreich unterstützt.¶
 Mit Hilfe von WORD können Sie mühelos Texte schreiben und
 korrigieren. Es bedarf nur weniger einfacher Befehle, um Ihren
 Entwurf in eine fehlerfreie und professionell wirkende Reinschrift
 zu verwandeln.¶
 WORD ermöglicht Ihnen, allen Briefen und sonstigen Texten, die Sie
 verfassen, einen einheitlichen und unverwechselbaren Stil zu
 verleihen.▯




BEFEHL: Text Ausschnitt Bibliothek Druck Einfügen Format Gehezu Hilfe Kopie
        Löschen Muster Quitt Rückgängig Suchen übertragen Wechseln Zusätze
Bearbeiten Sie bitte Ihren Text oder unterbrechen Sie zum Hauptbefehlsmenü!
Seite 1  ()                                         Microsoft Word:
```

2. Speichern Sie den Text mit dem Dateinamen 1022 ab.

In den Kapiteln 1 und 2 bezogen sich die Formatierungen entweder auf Zeichen oder auf Absätze. In diesem Kapitel beziehen sich die Formatierungen auf ganze Textbereiche. Ein Bereich wird durch eine Doppelpunkt-Linie begrenzt. Diese Grenzstelle wird Bereichswechsel genannt. Wenn Sie keinen Bereichswechsel eingegeben haben, ist der gesamte Text als ein einziger Bereich anzusehen.

Wir möchten den eben erstellten Text in drei Bereiche unterteilen, um die unterschiedlichen Bereichsarten zu erläutern. Dazu müssen Sie zwischen den einzelnen Absätzen einen Bereichswechsel eingeben.

3. Positionieren Sie den Cursor auf das erste Zeichen des zweiten Absatzes (‚M' von ‚Mit Hilfe' …).

4. Geben Sie einen Bereichswechsel ein:
   drücken Sie <CTRL> <RETURN>.

Auf dem Bildschirm erscheint eine Doppelpunkt-Linie, die den Bereichswechsel bildlich darstellt.

5. Positionieren Sie den Cursor auf das erste Zeichen des dritten Absatzes (‚W' von ‚Word ermöglicht' …).

6. Geben Sie einen Bereichswechsel ein:
   drücken Sie <CTRL> <RETURN>.

7. Um nun die Art des Bereichswechsels festlegen zu können, wählen Sie folgende Befehlsfolge: (Sollten Sie eine andere Maßeinheit angewählt haben, ändern Sie diese in ‚cm' um (<ESC> Z)):
   — den Cursor in den ersten Bereich positionieren;
   — <ESC>;
   — F für **Format**;
   — B für **Bereich**. (siehe Bildschirmausdruck Seite 97 unten)

Nun können Sie bei **FORMAT BEREICH Wechsel:** die Art des Bereichswechsels festlegen. Es gibt fünf verschiedene Arten:

Fortlaufend	der folgende Text wird weiterhin auf derselben Seite gedruckt
Spalte	der folgende Text wird in die nächste Spalte gedruckt. Sollte der Text nur einspaltig formatiert sein, wird der folgende Text auf eine neue Seite gedruckt.
Seite	der folgende Text wird auf eine neue Seite gedruckt

Ungerade der folgende Text wird auf eine neue Seite gedruckt. Würde dieser Text auf eine Seite mit gerader Seitennummer gedruckt werden, schiebt Word ein leeres Blatt vor diese Seite, so daß der Text auf jeden Fall auf einer ungeraden Seite ausgedruckt wird. (Die Seitenzahl muß nicht unbedingt mit ausgedruckt werden.)

Gerade der folgende Text wird auf eine neue Seite gedruckt. Würde dieser Text auf eine Seite mit ungerader Seitennummer gedruckt werden, schiebt Word ein leeres Blatt vor diese Seite, so daß der Text auf jeden Fall auf einer geraden Seite ausgedruckt wird. (Die Seitenzahl muß nicht unbedingt mit ausgedruckt werden.)

Standardmäßig steht der Bereichswechsel auf **Seite**, es wird also bei einem Wechsel des Bereiches (<**CTRL**> <**RETURN**>) eine neue Seite begonnen.

```
=[··········1·········2·········3·········4·········5·········6·····]···7·····
WORD ist ein starkes Textverarbeitungsprogramm, das Sie bei der
Erstellung von Briefen, Mitteilungen, Berichten und auch sehr
umfangreichen Texten hilfreich unterstützt.¶
····························································································
Mit Hilfe von WORD können Sie mühelos Texte schreiben und
korrigieren. Es bedarf nur weniger einfacher Befehle, um Ihren
Entwurf in eine fehlerfreie und professionell wirkende Reinschrift
zu verwandeln.¶
····························································································
WORD ermöglicht Ihnen, allen Briefen und sonstigen Texten, die Sie
verfassen, einen einheitlichen und unverwechselbaren Stil zu
verleihen.◆
```

```
FORMAT BEREICH Wechsel: Fortlaufend Spalte SEITE Ungerade Gerade
  Seitenlänge: 29,7 cm    Breite: 21 cm          Bundsteg: 0 cm
  Paginierung: Ja(Nein)   Abstand oben: 1,25 cm   Abstand links: 19 cm
  Pagina:(Fortlaufend)Beginn       Bei:          Form:(1)I i A a
  Seitenrand oben: 2,5 cm    Unten: 2 cm      Links: 2 cm      Rechts: 2 cm
  Spaltenzahl: 1           Spaltenabstand: 1,25 cm    Fußnoten:(Selbe-Seite)Ende
  Abstand Kopfzeile von oben: 1,25 cm      Abstand Fußzeile von unten: 1,25 cm
  Wählen Sie bitte eine Option!
S1 B1    ()                              Microsoft Word: 1022.TXT
```

Anmerkung zum Beginn einer neuen Seite

Sollten Sie eine neue Seite beginnen und möchten den Bereich nicht wechseln, legen Sie einen Beginn einer neuen Seite durch Eingeben der folgenden Tastenkombination fest:

— halten Sie die **CTRL**-Taste gedrückt;

— halten Sie zusätzlich die **SHIFT**-Taste gedrückt;

— drücken Sie die **RETURN**-Taste;

— lassen Sie die **CTRL**- und die **SHIFT**-Taste los.

Sollte an dieser Stelle ein Doppelpfeil (>>) auf Ihrem Bildschirm erscheinen, müssen Sie ihn löschen, da er sonst in den Text gedruckt werden würde.

8. Geben Sie für den ersten Bereich nun einen Bereichswechsel **Ungerade** an, damit der Text auf einer ungeraden Seite ausgedruckt wird:

<**ESC**> **F B**, Drücken Sie einmal die **Leertaste**, damit **FORMAT BE-REICH Wechsel: (Ungerade)** ausgewählt wird;

9. Bestätigen Sie die Eingabe mit der **RETURN**-Taste.

Geben Sie nun die Art des zweiten (**Ungerade**) und des dritten (**Fortlaufend**) Bereiches an:

10. Dazu positionieren Sie den Cursor in den zweiten Bereich.

11. Um die Art des Bereichswechsels anzugeben, wählen Sie die Befehlsfolge:

— <**ESC**>;

— **F** für **Format**;

— **B** für **Bereich**;

— drücken Sie einmal die **Leertaste**, damit **FORMAT BEREICH Wechsel: (Ungerade)** ausgewählt wird.

12. Bestätigen Sie die Eingabe mit der **RETURN**-Taste, damit diese Seite auf jeden Fall auf einer ungeraden Seite ausgedruckt wird.

13. Positionieren Sie den Cursor in den dritten Bereich.

14. Wiederholen Sie die obige Befehlsfolge, geben aber unter **FORMAT BEREICH Wechsel: (Fortlaufend)** an, damit Sie an dieser Stelle das Format für den folgenden Bereich wechseln können, ohne eine neue Seite zu beginnen!

Word setzt automatisch einen Bereichswechsel an das Ende des Textes. Auf der Schreibmarke ist also das Format für den Standardbereich angegeben. Sollten Sie mit dem Format des vorhergehenden Bereiches weiterschreiben möchten, müßten Sie Ihren Cursor vor oder auf den letzten Bereichswechsel positionieren, also irgendwo in den betreffenden Bereich und nicht auf die Schreibmarke.

15. Speichern Sie den Text erneut unter 1022 ab.

16. Lassen Sie den Text einmal ausdrucken (<**ESC**> <**D**> <**D**>).

Folgendes wurde ausgedruckt:

1. Bereich: Sie haben **FORMAT BEREICH Wechsel: (Ungerade)** angegeben.
   Der Text wurde auf die erste Seite gedruckt — die erste Seite ist
   eine ungerade Seite.

2. Bereich: Sie haben **FORMAT BEREICH Wechsel: (Ungerade)** angegeben.
   Der Text stünde beim Ausdruck auf einer geraden Seite. Da Sie
   bei **BEREICH Wechsel: (Ungerade)** angegeben haben, schiebt
   Word eine leere Seite dazwischen, so daß diese Seite auf jeden
   Fall auf einer ungeraden Seite steht.

3. Bereich: Sie haben **FORMAT BEREICH Wechsel: (Fortlaufend)** angegeben.
   Der Text wurde auf dasselbe Blatt geschrieben wie der Text des
   vorhergehenden Bereiches. Sie könnten also das Format auf derselben Seite ändern, ohne eine neue Seite zu beginnen.

6.2 Das Word-Lernziel:
Festlegen der Seitenmaße und Bundsteg

Aufgabe:

Legen Sie die Rahmenmaße Ihrer Seiten fest, und geben Sie einen Bundsteg
ein.

Ausführung:

1. Laden Sie Text 1022.

Da Sie für die drei Bereiche schon verschiedene Eingaben getätigt haben,
müssen Sie nun, um sicherzugehen, keine Eingaben zu ändern, jeden Bereich
einzeln formatieren.

2. Um die Maße Ihres Papiers festzulegen (wegen des korrekten Seitenvor-
   schubes des Druckers), wählen Sie die Befehlsfolge:
   — den Cursor in einen Bereich positionieren;
   — **<ESC>**;
   — **F** für **Format**;
   — **B** für **Bereich**;
   — drücken Sie einmal die **Tabulator**-Taste, damit Sie sich im Befehlsfeld
   Seitenlänge befinden.
3. Messen Sie nun mit einem Lineal die gesamte Länge Ihres Papier aus (in
   unserem Fall 29,7 cm).
4. Geben Sie also die Seitenlänge ein: *29,7 cm*.
5. Um nun die Breite des Blattes festzulegen,
   drücken Sie einmal die **Tabulator**-Taste, damit Sie sich im Befehlsfeld
   Breite befinden.
6. Messen Sie nun die gesamte Breite Ihres Papiers aus (in unserem Fall
   21 cm). Hierbei wird der Lochstreifen am Endlospapier nicht mitge-
   messen, sondern nur die bedruckbare Seitenbreite.
7. Geben Sie die Breite ein: *21 cm*.
8. Bestätigen Sie die Eingaben mit der **RETURN**-Taste.
9. Wiederholen Sie diese Eingaben in den anderen zwei Bereichen.

Nun haben Sie die Maße für Ihre Seite festgelegt, die wichtig sind, damit der
Drucker das Papier korrekt einzieht und den Seitenvorschub richtig durch-
führt.

Der Bundsteg ist ein besonderer Seitenrand, der sich danach richtet, ob die Seite ungerade oder gerade ist. Zum Beispiel bei einem Buch, das in der Mitte gebunden wird, muß auf ungeraden Seiten (rechte Seiten) am linken Seitenrand zum Text mehr Platz sein als am rechten, und auf geraden Seiten (linke Seiten) muß am rechten Rand zum Text mehr Platz sein als am linken.
Geben Sie nun für alle drei Bereiche einen Bundsteg von 3 cm an.

10. Die Eingaben für die ersten beiden Bereiche sind bisher gleich: **FORMAT BEREICH Wechsel: (Ungerade)** + Seitenmaße. Daher können Sie diese zwei Bereiche gleichzeitig formatieren. Um nun den Bundsteg für die ersten beiden Bereiche einzugeben, müssen Sie sie markieren. Sie brauchen nicht jeweils den gesamten Bereich zu markieren, eine Teilmarkierung würde genügen.

11. Wählen Sie die folgende Befehlsfolge:
    - <**ESC**>;
    - **F** für **Format**;
    - **B** für **Bereich**;
    - drücken Sie dreimal die **Tabulator**-Taste, damit Sie sich im Befehlsfeld **Bundsteg** befinden;
    - geben Sie **Bundsteg:** *3 cm* ein.

12. Bestätigen Sie diese Eingabe mit der **RETURN**-Taste.

13. Wiederholen Sie diese Eingabe des Bundstegs im dritten Bereich.

Der Bundsteg wird von der Textbreite abgezogen, die Marke für den rechten Rand (eckige Klammer auf dem Zeilenlineal) ist also 3 cm nach links verschoben worden.

14. Speichern Sie Ihren Text erneut unter 1022 ab.

15. Lassen Sie den Text einmal ausdrucken.

Wie Sie sehen, wird auf der ersten Seite, einer ungeraden Seite, der Bundsteg von 3 cm auf der linken Seite vom Text abgezogen. Da der zweite Bereich ‚Ungerade' formatiert ist, wird eine Leerseite vorgeschoben, und der Bundsteg wird wieder links vom Text abgezogen, da es sich um eine ungerade Seite handelt. Der dritte Bereich wurde angefügt, da **Wechsel: (Fortlaufend)** angegeben ist.

6.3 Das Word-Lernziel:

Beginn einer neuen Seite, Eingabe einer Seitennumerierung, Plazierung der Seitenzahl und Art der Seitenzahl

Aufgabe:

Geben Sie für den ersten Bereich des Textes 1022 eine Seitennumerierung ein, und zwar in der Mitte des Blattes auf dem oberen Rand — in römischen Zahlen. Teilen Sie den Bereich in 3 Seiten.

Ausführung:

1. Laden Sie Text 1022.

Sie haben den gesamten Text in drei Bereiche geteilt, die Sie einzeln formatieren können. Für den ersten Bereich geben Sie eine Seitennumerierung ein, beginnend bei 7. Teilen Sie dann den Bereich in drei Seiten auf.

2. Um nun die Seitennumerierung anzugeben, wählen Sie folgende Befehlsfolge:
    - den Cursor in den ersten Bereich positionieren;
    - <**ESC**>;
    - F für **Format**;
    - B für **Bereich**;
    - drücken Sie viermal die **Tabulator**-Taste, damit Sie sich im Befehlsfeld **Paginierung** (= Seitennumerierung) befinden;
    - drücken Sie einmal die **Leertaste**, damit **Paginierung: (Ja)** angewählt wird.

Sie müssen angeben, an welcher Stelle auf dem Papier die Seitenzahl ausgedruckt werden soll.
Die Seitenzahl soll über dem Text stehen. Sehen Sie sich in der fünften Zeile des Unterbefehlsmenü den Befehl **Seitenrand oben** an: 2,54 cm. An dieser Stelle beginnt der Ausdruck des Textes. Da die Seitenzahl über dem Text stehen soll, müssen Sie für diese Zahl einen Abstand vom oberen Papierrand wählen, der kleiner ist als 2,54 cm.
Die Seitenzahl soll in der Mitte des Blattes ausgedruckt werden, d. h. Sie teilen die eingegebene Breite des Blattes (21 cm) durch zwei; in unserem Falle sind es 10,5 cm.

102

4. Um nun die Position der Seitenzahl anzugeben, wählen Sie folgende
   Befehlsfolge:
   – drücken Sie einmal die **Tabulator**-Taste, damit Sie sich im Befehlsfeld
     Abstand oben befinden;
   – geben Sie den Abstand ein (weniger als 2,54 cm): *1 cm;*
   – drücken Sie einmal die **Tabulator**-Taste, damit Sie sich im Befehlsfeld
     Abstand links befinden;
   – geben Sie den Abstand ein: *10,5 cm.*

5. Um nun die Art der Seitennumerierung anzugeben, wählen Sie folgende
   Befehlsfolge:
     drücken Sie einmal die **Tabulator**-Taste, damit Sie sich im Befehlsfeld
     Pagina befinden.

Pagina bedeutet die Art der Seitennumerierung. In diesem Feld können Sie
angeben, ob Word die Seiten von 1 an durchnumerieren oder ob Word bei
einer anderen Zahl beginnen soll.
In unserem Fall soll Word die Seiten numerieren und bei der Zahl 7 beginnen.

6. Wählen Sie folgende Befehlsfolge:
   – drücken Sie einmal die **Leertaste**, damit **Pagina: (Beginn)** ausgewählt
     wird;
   – drücken Sie einmal die **Tabulator**-Taste, damit Sie sich im Befehlsfeld
     Bei: befinden;
   – hier geben Sie die Seitenzahl an, bei der Word zu zählen beginnen soll,
     in unserem Falle: *7.*
7. Um nun die Form der Seitenzahl anzugeben (römische Zahl),
     drücken Sie einmal die **Tabulator**-Taste, damit Sie sich im Befehlsfeld
     Form befinden.

Die einzelnen Zeichen bei **Form:** bedeuten folgendes:
   1 Word numeriert die Seiten mit arabischen Ziffern
   I Word numeriert die Seiten mit großen römischen Ziffern
   i Word numeriert die Seiten mit kleinen römischen Ziffern
   A Word numeriert die Seiten mit großen Buchstaben
   a Word numeriert die Seiten mit kleinen Buchstaben.

8. Wählen Sie also die Numerierung mit großen römischen Ziffern:
     drücken Sie einmal die **Leertaste**, damit **Form: (I)** ausgewählt wird.
9. Bestätigen Sie Ihre Eingaben mit der **RETURN**-Taste.
10. Um nun den ersten Bereich in drei Seiten zu teilen, positionieren Sie
    Ihren Cursor auf das ‚d' des Wortes ‚das' nach ‚Textverarbeitungspro-
    gramm'.

11. Geben Sie einen Seitenumbruch ein:
   – halten Sie die **SHIFT**- und die **CTRL**-Taste gedrückt;
   – drücken Sie die **RETURN**-Taste;
   – lassen Sie alle Tasten los.

Auf dem Bildschirm erscheint nun eine einzelne Punkte-Linie; je nach Version erscheint ein Doppelpfeil, der beim Ausdruck auch auf dem Papier erscheint.

12. Löschen Sie den Doppelpfeil.
13. Positionieren Sie Ihren Cursor auf das ‚u' des Wortes ‚und' nach ‚Berichten'.
14. Geben Sie auch an dieser Stelle einen Beginn einer neuen Seite ein (<**SHIFT**> <**CTRL**> <**RETURN**>), und löschen Sie den Doppelpfeil.
15. Speichern Sie Ihren Text erneut unter 1022 ab.
16. Lassen Sie Ihren Text einmal ausdrucken.

Folgendes wurde ausgedruckt:
Als erstes wurden die drei Seiten des ersten Bereiches mit Seitenzahl ausgedruckt, der Bundsteg steht entsprechend am linken oder am rechten Rand.
Da der zweite Bereich ‚Ungerade' formatiert ist, wird eine Leerseite vorgeschoben — die Seite 10.
Dann folgen der zweite und dritte Bereich.

6.4 Das Word-Lernziel:
Festlegen des Satzspiegels

Aufgabe:
Legen Sie für Ihre Texte einen Satzspiegel an.

Ausführung:
1. Messen Sie den Abstand, den Ihr gedruckter Text vom oberen, unteren, linken und rechten Papierrand haben soll.
2. Um nun den Abstand des Textes vom linken Seitenrand einzugeben, wählen Sie folgende Befehlsfolge:
   - den Cursor in den ersten Bereich positionieren;
   - <**ESC**>;
   - **F** für **Format**;
   - **B** für **Bereich**;
   - drücken Sie 10mal die **Tabulator**-Taste, damit Sie sich im Befehlsfeld **Seitenrand oben** befinden;
   - geben Sie den Abstand ein, z. B. *5 cm.*

Dieser Abstand ist gemessen vom oberen Seitenrand bis zu dem Punkt, an dem der Text beginnen soll, z. B. bei Briefen die Adresse.

3. Um nun die anderen Abstände des Textes vom Seitenrand einzugeben, wählen Sie folgende Befehlsfolge:
   - drücken Sie einmal die **Tabulator**-Taste, damit Sie sich im Befehlsfeld **Unten** befinden (für Seitenrand unten);
   - geben Sie den Abstand ein, z. B. *3 cm;*
   - drücken Sie einmal die **Tabulator**-Taste, damit Sie sich im Befehlsfeld **Links** befinden;
   - geben Sie den Abstand ein, z. B. *2 cm;*
   - drücken Sie einmal die **Tabulator**-Taste, damit Sie sich im Befehlsfeld **Rechts** befinden;
   - geben Sie den Abstand ein, z. B. *2 cm.*
4. Bestätigen Sie mit <**RETURN**>.
5. Speichern Sie den Text erneut unter 1022 ab.
6. Lassen Sie den Text einmal ausdrucken.
7. Löschen Sie den Bildschirm (gesamt).

6.5 Das Word-Lernziel:
Erstellen eines mehrspaltigen Textes

Aufgabe:

Schreiben Sie einen Text, und lassen Sie ihn mehrspaltig ausdrucken.

Ausführung:

Wenn der Text nicht länger ist als eine Seite, wird er nur einspaltig gedruckt. Um Text in drei Spalten zu drucken, muß der Text entweder lang genug sein, oder Sie können den Beginn einer neuen Spalte selbst bestimmen. Jeder Absatz soll nun eine Spalte bilden. Den Beginn einer neuen Spalte geben Sie mit <**CTRL**> <**RETURN**> ein.

1. Geben Sie den Text ein, und speichern Sie ihn unter 1023 ab.

```
▮═[········1·········2·········3·········4·········5·········6····]···7····
  Nicht nur auf Zürichs Bahnhofstraße oder Stuttgarts Königstraße,
  sondern auch in den Mittel- und Kleinstädten verwöhnen die
  Auslagen der Citybäckereien, die Atmosphäre von Schaubäckereien
  Augen und Sinne. Das bunte und knackig-knusprige Angebot
  vermittelt den Eindruck eines permanenten Erntedankfestes.¶

  Im Zusammenhang mit dem aktuellen Angebot an Bio-Erzeugnissen ist
  es den Bäckern gelungen, sich von der potentiellen
  Wachstumsschwäche des Kalorienträgers Brot abzusetzen. Die Bäcker
  betreiben Marketing. Das kann auch jeder feststellen, der das
  Programm der Weinheimer Bundesfachschule durchsieht und mit den
  Aktivitäten in anderen Handwerkszweigen vergleicht.¶

  Der Druck des Wettbewerbs hat dazu geführt, daß Herausforderungen
  entstanden sind, die neue Leistungen hervorbrachten.◻



BEFEHL: Text Ausschnitt Bibliothek Druck Einfügen Format Gehezu Hilfe Kopie
        Löschen Muster Quitt Rückgängig Suchen übertragen Wechseln Zusätze
Bearbeiten Sie bitte Ihren Text oder unterbrechen Sie zum Hauptbefehlsmenü!
S1 B3    ()                                       Microsoft Word: 1023.TXT
```

(In der unteren linken Bildschirmecke erscheint die Seitenzahl und die Nummer des Bereiches: S1 = Seite 1; B3 = Bereich 3).

106

2. Um nun diesen Text dreispaltig auszudrucken, wählen Sie folgende Befehlsfolge:
   - markieren Sie den gesamten Text mit **<SHIFT>** **<F 10>**, da alle Bereiche gleich formatiert werden sollen;
   - **<ESC>**;
   - **F** für **Format**;
   - **B** für **Bereich**;
   - drücken Sie einmal die **Rücktaste**, damit **Wechsel: (Spalte)** ausgewählt wird;
   - drücken Sie 5mal **<SHIFT>** **Tabulator**-Taste, damit Sie sich im Befehlsfeld **Spaltenzahl** befinden;
   - geben Sie die Anzahl der Spalten an: *3*;
   - drücken Sie einmal die **Tabulator**-Taste, damit Sie sich im Befehlsfeld **Spaltenabstand** befinden;
   - geben Sie den Abstand zwischen den einzelnen Spalten an: *1 cm*.
3. Bestätigen Sie diese Eingaben mit der **RETURN**-Taste.

Auf dem Bildschirm kann der Text nicht dreispaltig dargestellt werden. Erst beim Ausdruck wird der Text dreispaltig formatiert.

4. Speichern Sie den Text erneut unter 1023 ab.
5. Lassen Sie den Text einmal ausdrucken.

Ihr Ausdruck sollte folgendermaßen aussehen:

```
Nicht nur auf           Im Zusammenhang mit       Der Druck des
Zurichs                 dem aktuellen             Wettbewerbs hat
Bahnhofstraße oder      Angebot an Bio-           dazu geführt, daß
Stuttgarts              Erzeugnissen ist es       Herausforderungen
Konigstraße,            den Backern               entstanden sind,
sondern auch in den     gelungen, sich von        die neue Leistungen
Mittel- und             der potentiellen          hervorbrachten.
Kleinstadten            Wachstumsschwache
verwohnen die           des Kalorientragers
Auslagen der            Brot abzusetzen.
Citybackereien, die     Die Backer
Atmosphare von          betreiben
Schaubackereien         Marketing. Das kann
Augen und Sinne.        auch jeder
Das bunte und           feststellen, der
knackig-knusprige       das Programm der
Angebot vermittelt      Weinheimer
den Eindruck eines      Bundesfachschule
permanenten             durchsieht und mit
Erntedankfestes.        den Aktivitaten in
                        anderen
                        Handwerkszweigen
                        vergleicht.
```

6.6 Das Word-Lernziel:

Festlegen der Positionierung von Fußnoten, Kopfzeilen und Fußzeilen

Aufgabe:

Legen Sie fest, an welche Stelle die Fußnoten, die Kopfzeilen und die Fußzeilen in Ihrem Text ausgedruckt werden sollen.
(Das Erstellen von Fußnoten und Kopf- sowie Fußzeilen wird in den folgenden Kapiteln ausführlich erläutert.)

Ausführung:

Sie können festlegen, ob Word die von Ihnen erstellten Fußnoten auf dieselbe
Seite drucken soll wie die Fußnotenzeichen oder an das Ende des gesamten
Textes.

1. Um festzulegen, daß die Fußnoten auf dieselbe Seite gedruckt werden
   sollen wie die Fußnotenzeichen (im Text), wählen Sie:
   - <**ESC**>;
   - **F** für **Format**;
   - **B** für **Bereich**;
   - drücken Sie 3mal <**SHIFT**> **Tabulator**-Taste, damit Sie sich im Be-
     fehlsfeld **Fußnoten** befinden;
   - wählen Sie **Fußnoten: (SelbeSeite)** aus, damit die Fußnoten auf der-
     selben Seite stehen wie die jeweils entsprechenden Fußnotenzeichen.
2. Bestätigen Sie diese Eingabe mit der **RETURN**-Taste.

Sie können mit Word Kopf- und Fußzeilen erstellen (wie im übernächsten
Kapitel beschrieben). Diese Kopf- oder Fußzeile wird jeweils für einen Bereich angegeben, wenn Sie den Bereich wechseln, können Sie andere oder
noch einmal dieselben Kopf- oder Fußzeilen angeben.

3. Um nun festzulegen, an welche Stelle diese Kopf- oder Fußzeile ge-
   druckt werden soll, wählen Sie folgende Befehlsfolge:
   - <**ESC**>;
   - **F** für **Format**;
   - **B** für **Bereich**;
   - drücken Sie zweimal <**SHIFT**> **Tabulator**-Taste, damit Sie sich im
     Befehlsfeld **Abstand Kopfzeile von oben** befinden.

Der Abstand der Kopfzeile (bzw. der Fußzeile) richtet sich nach dem Papierrand. Sie müssen darauf achten, daß der Abstand der Kopfzeile (bzw. Fußzeile) vom Seitenrand kleiner ist als der Seitenrand oben (bzw. unten), der
für den Text gilt (Satzspiegel) und sich ebenfalls nach dem Papierrand richtet.
Wenn Sie den Abstand für die Kopfzeile (bzw. Fußzeile) größer wählen als
den Seitenrand oben (bzw. unten), wird die Kopfzeile (bzw. Fußzeile) nicht
ausgedruckt, da sie sonst an dieselbe Stelle gedruckt werden müßte wie der
Text.

4. Der standardmäßige Abstand des Textes vom Seitenrand ist oben und
   unten jeweils 2,54 cm. Sie müssen also Platz für die Schrift (ca. 3 mm)
   und (für ein gutes Erscheinungsbild) etwas Abstand lassen.
   Geben Sie ein:

   Abstand Kopfzeile von oben: *1,7 cm* (bzw. **Abstand Fußzeile von
   unten:** *1,7 cm*).

5. Bestätigen Sie diese Eingabe mit der **RETURN**-Taste.
6. Löschen Sie den Bildschirm gesamt, bestätigen Sie den Verlust Ihrer
   Daten, da Sie den Text so auf der Diskette behalten möchten, wie er
   abgespeichert war.

6.7 Übung VI

Erstellen Sie folgenden Text mit den entsprechenden Formatierungen (Seitenrand oben und unten: 8 cm), und speichern Sie ihn unter 10231 auf Diskette ab:

Mit dem Textverarbeitungsprogramm WORD können Sie
elektronisch erledigen, was
bisher zeitraubende "Hand-
arbeit" war: Texte redigieren
und archivieren, Serienbriefe
schreiben, Dokumentationen
erstellen und vieles mehr.

Wie bei allen Microsoft-
Programmen ist eine der
angenehmen Seiten von WORD
seine konsequente Benutzer-
freundlichkeit. Die meisten
Befehle lassen sich mit nur
einem Tastendruck aufrufen.
Wird ein falscher Befehl
eingegeben, läßt er sich
rückgängig machen. In den
unteren vier Zeilen des
Bildschirmes zeigt Ihnen WORD -
was bei Textverarbeitungs-
programmen nicht selbst-
verständlich ist - in klar
verständlichem Deutsch, welche
Befehle Sie geben können und
was als nächstes zu tun ist.
WORD übernimmt die laufende
Neuanordnung Ihrer Texte. So
werden Worte, die nicht mehr in
die Zeile passen, automatisch
auf die nächste Zeile vor-

gerückt. Und wenn Sie eine
Änderung vornehmen, die sein
äußeres Erscheinungsbild
beeinflußt, richtet WORD sofort
alles neu aus. Sie kümmern sich
um den Inhalt, WORD um die
perfekte Form.

Sollten Sie mit den Eingaben nicht zurechtkommen, sehen Sie sich die Lösung VI in ANHANG A an.

7 Format Fußnoten

Sie lernen, Fußnoten zu erstellen und zu verwalten bzw. lernen, wie Word die Fußnoten selbst verwaltet. Zudem richten Sie einen Fußnotenausschnitt ein, in dem der Fußnotentext zu den jeweils auf dem Bildschirm befindlichen Fußnotenzeichen angezeigt wird.

7.1 Das Word-Lernziel:
Erstellen von Fußnoten und der Befehl **Gehezu Fußnote**

Aufgabe:
Erstellen Sie einen Text, und richten Sie Fußnoten ein.

Ausführung:
1. Geben Sie folgenden Text ein, und speichern Sie ihn unter 1024 ab:

```
├═[········1········2········3········4········5········6····]···7····┐
 Dichter wie Wissenschaftler beklagen, daß wir keine
 deklamatorische überlieferung mehr haben. Drach bezeichnete die
 zahlreichen Vortragslehren, die seit dem Altertum entwickelt
 wurden, als "eine wunderliche Kreuzung von phantastisch-
 gefühlsschwelgerischer Spekulation und hausbackener
 Regelsammlung". Nur ein Beispiel: "Jambisch sprechen heißt, den
 Stil so einrichten, daß die Vokale zu ihrem Recht kommen. Fragen
 Sie sich, in welcher Anleitung Sie heute diesen fundamentalen Satz
 aller Rezitationskunst finden!" (R. Steiner). Drach stellte dem
 seinen Grundsatz entgegen: "Vortragslehre ist angewandte
 Sprechkunde".�‹




BEFEHL: Text Ausschnitt Bibliothek Druck Einfügen Format Gehezu Hilfe Kopie
        Löschen Muster Quitt Rückgängig Suchen übertragen Wechseln Zusätze
Bearbeiten Sie bitte Ihren Text oder unterbrechen Sie zum Hauptbefehlsmenü!
Seite 1  ()                            Microsoft Word: 1024.TXT
```

2. Um nun die erste Fußnote einzurichten, positionieren Sie Ihren Cursor auf das Zeichen, vor dem das Fußnotezeichen erscheinen soll. Positionieren Sie den Cursor auf den Leerschritt hinter dem Wort ‚Wissenschaftler' in der ersten Zeile.

3. Wählen Sie folgende Befehlsfolge:
   – <**ESC**>;
   – **F** für **Format**;
   – **F** für **Fußnote**.

```
 ╞══[········1·········2·········3·········4·········5·········6·····]···7·····╗
 ║ Dichter wie Wissenschaftler█beklagen, daß wir keine
 ║ deklamatorische überlieferung mehr haben. Drach bezeichnete die
 ║ zahlreichen Vortragslehren, die seit dem Altertum entwickelt
 ║ wurden, als "eine wunderliche Kreuzung von phantastisch-
 ║ gefühlsschwelgerischer Spekulation und hausbackener
 ║ Regelsammlung". Nur ein Beispiel: "Jambisch sprechen heißt, den
 ║ Stil so einrichten, daß die Vokale zu ihrem Recht kommen. Fragen
 ║ Sie sich, in welcher Anleitung Sie heute diesen fundamentalen Satz
 ║ aller Rezitationskunst finden!" (R. Steiner). Drach stellte dem
 ║ seinen Grundsatz entgegen: "Vortragslehre ist angewandte
 ║ Sprechkunde".♦
 ║
 ║
 ╚══════════════════════════════════════════════════════════════════════════╝
FORMAT FUSSNOTE Fußnotenzeichen: █

Geben Sie bitte Text ein!
Seite 1  ()                                    Microsoft Word: 1024.TXT
```

Sie könnten nun ein Fußnotenzeichen eingeben und bestätigen. Dann müßten Sie die Fußnoten selbst verwalten, d. h., wenn Sie vor dieser Fußnote eine andere einfügen, müssen Sie die Fußnotezeichen alle ändern.

Sie können die Fußnotenverwaltung auch Word überlassen, und zwar bestätigen Sie sofort mit der **RETURN**-Taste, ohne selbst ein Fußnotezeichen einzugeben. Word numeriert dann die Fußnoten automatisch in arabischen Zahlen durch. Wenn Sie dann eine Fußnote vor einer anderen einfügen, numeriert Word die folgenden Fußnoten automatisch um.

4. Bestätigen Sie den Befehl mit der **RETURN**-Taste.

```
█═[········1········2········3········4·······5········6·····]···7····
 Dichter wie Wissenschaftler1 beklagen, daß wir keine
 deklamatorische überlieferung mehr haben. Drach bezeichnete die
 zahlreichen Vortragslehren, die seit dem Altertum entwickelt
 wurden, als "eine wunderliche Kreuzung von phantastisch-
 gefühlsschwelgerischer Spekulation und hausbackener
 Regelsammlung". Nur ein Beispiel: "Jambisch sprechen heißt, den
 Stil so einrichten, daß die Vokale zu ihrem Recht kommen. Fragen
 Sie sich, in welcher Anleitung Sie heute diesen fundamentalen Satz
 aller Rezitationskunst finden!" (R. Steiner). Drach stellte dem
 seinen Grundsatz entgegen: "Vortragslehre ist angewandte
 Sprechkunde".♦
 1¦
 ♦




BEFEHL: Text Ausschnitt Bibliothek Druck Einfügen Format Gehezu Hilfe Kopie
        Löschen Muster Quitt Rückgängig Suchen übertragen Wechseln Zusätze
Bearbeiten Sie bitte Ihren Text oder unterbrechen Sie zum Hauptbefehlsmenü!
       ()                                      Microsoft Word: 1024.TXT
```

Word hat nun automatisch die 1 als erstes Fußnotenzeichen vergeben. Der Fußnotentext wird auf dem Bildschirm unter den gesamten Text gesetzt. (In der unteren linken Bildschirmecke steht nun keine Seitenzahl, da Sie sich mit dem Cursor im Fußnotentext befinden und selbst in **Format Bereich** festlegen können, auf welcher Seite die Fußnoten gedruckt werden sollen. Auf dem Bildschirm werden die Fußnoten am Ende des gesamten Textes angezeigt.) Die 1 für die erste Fußnote hat Word automatisch geschrieben, Sie können nun den Fußnotentext eingeben.

5. Damit der Text nicht direkt hinter der Zahl steht, geben Sie als erstes einen Leerschritt ein.

6. Schreiben Sie nun den folgenden Text als Fußnotentext:

    A. Heusler: Dt. Versgeschichte 1, 44 Bln. u. L. '25.

7. Um wieder auf das Fußnotenzeichen in dem Text zu gelangen, wählen Sie folgende Befehlsfolge:

    – <**ESC**>;

    – **G** für **Gehezu**;

    – **F** für **Fußnote**.

Der Cursor springt automatisch auf das zu diesem Fußnotentext gehörende
Fußnotenzeichen. Mit demselben Befehl können Sie den Cursor auch vom
Fußnotenzeichen zum entsprechenden Fußnotentext springen lassen.
Die dritte Anwendungsmöglichkeit dieses Befehls ist, daß Sie mit dem
Cursor von einer beliebigen Stelle im Text auf das folgende Fußnotenzei-
chen springen können.

8. Positionieren Sie nun den Cursor auf den Leerschritt nach dem Wort
   ‚Dichter‘ in der ersten Zeile.

9. Fügen Sie auch dort eine Fußnote ein mit der folgenden Befehlsauswahl:
   — <ESC>;

   — **F** für **Format**;

   — **F** für **Fußnote**;

   — <RETURN>.

10. Geben Sie zu dieser Fußnote folgenden Fußnotentext ein:

    *R. Dehmel: Dichtung u. Vortragskunst (1906), in: Ges. Werke 8,
    131 ff. Bln. '09.*

11 Erstellen Sie weitere Fußnoten nach folgenden Wörtern, und geben Sie
   den entsprechenden Fußnotentext ein:

‚mehr haben‘	E. Skasa-Weiß: D. stumme Poesie ist keine, in: Neue dt. Hefte '55 S. 705 ff.
‚R. Steiner‘	*R. Steiner: Sprachgestaltung u. dramat. Kunst S. 64 Dornach '26*
‚Sprechkunde‘	*E. Drach: RK S. 5; H. Stelzig: Grundlagen gesprochener Dichtung. Habil.-Schr. (Mschr.) Greifswald '66.*

12. Speichern Sie den Text erneut unter 1024 ab.

114

Ihr Text sollte nun auf dem Bildschirm folgendermaßen aussehen:

```
=[·········1·········2·········3·········4·········5·········6·····]···7·····
 Dichter1 wie Wissenschaftler2 beklagen, daß wir keine
 deklamatorische überlieferung mehr haben3. Drach bezeichnete die
 zahlreichen Vortragslehren, die seit dem Altertum entwickelt
 wurden, als "eine wunderliche Kreuzung von phantastisch-
 gefühlsschwelgerischer Spekulation und hausbackener
 Regelsammlung". Nur ein Beispiel: "Jambisch sprechen heißt, den
 Stil so einrichten, daß die Vokale zu ihrem Recht kommen. Fragen
 Sie sich, in welcher Anleitung Sie heute diesen fundamentalen Satz
 aller Rezitationskunst finden!" (R. Steiner4). Drach stellte dem
 seinen Grundsatz entgegen: "Vortragslehre ist angewandte
 Sprechkunde"5.♦
 1 R. Dehmel: Dichtung u. Vortragskunst (1906), in: Ges. Werke 8,
 131 ff. Bln '09¶
 2 A. Heusler: Dt. Versgeschichte 1, 44 Bln. u. L. '25¶
 3 E. Skasa-Weiß: D. stumme Poesie ist keine, in: Neue dt. Hefte
 '55 S. 705 ff.¶
 4 R. Steiner: Sprachgestaltung u. dramat. Kunst S. 64 Dornach '26¶
 5 E. Drach: RK S. 5; H. Stelzig: Grundlagen gesprochener Dichtung.
 Habil.-Schr. (Mschr.) Greifswald '66¶
```

```
BEFEHL: Text Ausschnitt Bibliothek Druck Einfügen Format Gehezu Hilfe Kopie
        Löschen Muster Quitt Rückgängig Suchen übertragen Wechseln Zusätze
Bearbeiten Sie bitte Ihren Text oder unterbrechen Sie zum Hauptbefehlsmenü!
        ()                                    Microsoft Word: 1024.TXT
```

7.2 Das Word-Lernziel:

Löschen von Fußnoten

Aufgabe:

Löschen Sie nun die Fußnote nach dem Wort ‚Dichter.'

Ausführung:

1. Positionieren Sie den Cursor auf das Fußnotenzeichen nach dem Wort
    ‚Dichter.'

2. Löschen Sie dieses Fußnotenzeichen durch Drücken der **DEL**-Taste.

Das Fußnotenzeichen und der Fußnotentext werden gelöscht, und die folgenden Fußnoten werden umnumeriert.

3. Speichern Sie den Text erneut unter 1024 ab.

7.3 Das Word-Lernziel:
Einrichten eines Fußnotenausschnittes, ‚Springen' von einem Ausschnitt
in den anderen, Ändern des Fußnotentextes

Aufgabe:
Richten Sie einen Fußnotenausschnitt ein, in dem Sie die Fußnotentexte zu
den Fußnotenzeichen sehen, die sich im Textausschnitt befinden.

Ausführung:
1. Um einen Fußnotenausschnitt einzurichten, wählen Sie folgende Befehls-
   folge:
   - <**ESC**>;
   - A für **Ausschnitt**;
   - T für **Teilen**;
   - F für **Fußnote**.

Sie können die Bildschirmzeile angeben, in der der Bildschirm geteilt werden
soll. Wenn Sie die Zeilennummer nicht wissen und nicht abzählen möchten,
drücken Sie eine Cursortaste — auf dem linken Bildschirmrand erscheint ein
Cursor, der die Position der Zeile anzeigt, deren Nummer im Unterbefehlsmenü steht.

2. Drücken Sie eine Cursortaste.
3. Positionieren Sie den Cursor mit Hilfe der Cursortasten auf Zeile 6.
4. Bestätigen Sie die Eingabe mit der **RETURN**-Taste.

Der Bildschirm wurde in Zeile 6 geteilt, Sie haben nun zwei Ausschnitte auf
dem Bildschirm. Der Textausschnitt ist der Ausschnitt Nummer 1, und
der Fußnotenausschnitt, den man an dem gestrichelten Zeilenlineal erkennt,
ist der Ausschnitt Nummer 2. Die Nummern befinden sich in der oberen
linken Ecke der Ausschnitte. Der Cursor steht in dem Ausschnitt, dessen
Ausschnittsnummer markiert ist, momentan also im Ausschnitt Nummer 1,
dem Textausschnitt.
Im Textausschnitt (Nummer 1) befindet sich in dem Ausschnitt nur noch ein
Teil des gesamten Textes. So sind in diesem Ausschnitt nur die Fußnotenzeichen 1 und 2 sichtbar.
Im Fußnotenausschnitt (Nummer 2) befinden sich nur die Fußnotentexte zu
den im Textausschnitt befindlichen Fußnotenzeichen, d. h., Sie sehen nur die
Fußnotentexte 1 und 2.

116

Wie schon erwähnt, werden die Fußnotentexte auf dem Bildschirm an das
Ende des Textes geschrieben. Wenn der Text länger ist als eine Seite, müßten
Sie, um zu sehen, welchen Fußnotentext Sie zu welcher Fußnote eingegeben
haben, für jede Fußnote auf den Fußnotentext und, um wieder in den Text
zu gelangen, danach auf das entsprechende Fußnotenzeichen springen.
Durch das Einrichten eines Fußnotenausschnittes (meistens kleiner als in
unserem Beispiel, damit mehr Text zu sehen ist) sparen Sie sich diese ‚Sprin-
gerei‘ mit dem Cursor, denn Sie sehen mit dem Text und den Fußnotenzeichen gleichzeitig auch die entsprechenden Fußnotentexte auf dem Bildschirm.
Wenn Sie Fußnotentext ändern möchten, so können Sie dies im Fußnotenausschnitt tun, die Änderungen werden in den Textausschnitt übernommen.
Um in dem Fußnotenausschnitt Änderungen vorzunehmen, müssen Sie in
den Ausschnitt Nummer 2 springen. Von einem Ausschnitt in den nächsten
springen Sie durch Drücken der **F1**-Taste.

5. Ändern Sie den Fußnotentext der Fußnote 1. Das Fußnotenzeichen 1
   muß auf dem Bildschirm stehen, damit auch der entsprechende Text im
   Fußnotenausschnitt erscheint.

6. Springen Sie mit Hilfe der **F1**-Taste in den Fußnotenausschnitt.

7. Ändern Sie ‚Dt. Versgeschichte‘ in ‚Deutsche Vergeschichte‘ um.

8. Springen Sie mit Hilfe der **F1**-Taste in den Textausschnitt zurück.

Wenn Sie nachprüfen möchten, ob Word diese Änderung übernommen hat,
sehen Sie sich in diesem Textausschnitt die Fußnotentexte (am Ende des gesamten Textes) an.

9. Speichern Sie Ihren Text erneut unter 1024 ab.

7.4 Das Word-Lernziel:
Verschieben des Fußnotenausschnittes

Aufgabe:
Vergrößern Sie den Textausschnitt.

Ausführung:
1. Damit Sie mehr von Ihrem Text sehen können, müssen Sie den Textausschnitt (Ausschnitt Nummer 1) vergrößern. Wählen Sie dazu folgende Befehlsfolge:

   – <**ESC**>;

   – **A** für **Ausschnitt**;

   – **V** für **Verschieben.**

```
 ╞═[·········1·········2·········3·········4·········5·········6·····]···7·····
 ║ Dichter wie Wissenschaftler1 beklagen, daß wir keine
 ║ deklamatorische überlieferung mehr haben2. Drach bezeichnete die
 ║ zahlreichen Vortragslehren, die seit dem Altertum entwickelt
 ║ wurden, als "eine wunderliche Kreuzung von phantastisch-
 ║ gefühlsschwelgerischer Spekulation und hausbackener
2--[---------1---------2---------3---------4---------5---------6-----]---7-----
 ║ 1 A. Heusler: Deutsche Versgeschichte 1, 44 Bln. u. L. '25¶
 ║ 2 E. Skasa-Weiß: D. stumme Poesie ist keine, in: Neue dt. Hefte
 ║ '55 S. 705 ff.¶
 ║ ◆



AUSSCHNITT VERSCHIEBEN Untere rechte Ecke von Ausschnitt: ▮
                       In Zeile: 6          In Spalte: 79
Geben Sie bitte eine Zahl ein!
Seite 1 (.)                            Microsoft Word: 1024.TXT
```

Das Verschieben von Ausschnitten richtet sich immer nach der unteren rechten Ecke.

Sie möchten nun den oberen Ausschnitt vergrößern, d. h. Sie müssen die untere rechte Ecke des Ausschnittes Nummer 1 nach unten verschieben, da Sie die obere Ecke des Ausschnittes 2 nicht verschieben können.

2. Geben Sie **Untere rechte Ecke von Ausschnitt:** *1* an.

3. Um die Zeile anzugeben, in die der untere Rand des Ausschnittes verschoben werden soll, geben Sie folgendes ein:
   drücken Sie einmal die **Tabulator**-Taste, damit Sie sich im Befehlsfeld
   In Zeile: befinden.

Sie können nun die neue Zeilennummer eingeben; wenn Sie sich aber auf
dem Bildschirm anzeigen lassen möchten, an welche Stelle der Ausschnitt
verschoben werden würde, können Sie eine Cursortaste drücken.

4. Drücken Sie eine Cursortaste.

Sie sehen am rechten Rand, an welcher Stelle der Ausschnittrahmen bei Bestätigung erscheinen würde.

5. Positionieren Sie den Cursor in Zeile 13.

Da Sie den Ausschnitt nicht senkrecht geteilt haben, können Sie keine Spalte
für das Verschieben angeben.

6. Bestätigen Sie die neue Ausschnitteilung mit der **RETURN**-Taste.

7.5 Das Word-Lernziel:
Formatieren von Fußnoten

Aufgabe:
Formatieren Sie in der ersten Fußnote die Wörter ‚Deutsche Versgeschichte‘ in Fettdruck, formatieren Sie den zweiten und vierten Fußnotentext so, daß die ersten Zeilen zwei Zeichen vor dem restlichen Text des Absatzes stehen, also negativ eingerückt werden.

Ausführung:
Um die Fußnoten zu formatieren, können Sie entweder auf die Fußnotentexte im Textausschnitt springen, Sie können sich aber auch die jeweiligen Fußnoten in dem Fußnotenausschnitt anzeigen lassen.

1. Positionieren Sie Ihren Cursor an den Anfang Ihres Textes (**<CTRL> <Page Up>**), so daß die erste Fußnote in dem Fußnotenausschnitt erscheint.

2. Springen Sie mit Hilfe der **F1**-Taste in den Fußnotenausschnitt.

3. Nun können Sie die Wörter ‚Deutsche Versgeschichte‘ fett formatieren:

    — markieren Sie die beiden Wörter (mit Hilfe der Erweiterung: **F6**-Taste);

    — formatieren Sie sie mit der Kurzform fett (**<Alt>** x f).

4. Um das Format für die zweite Fußnote anzugeben, positionieren Sie den Cursor in diesen Absatz (da die Einrückung ein Absatzformat ist, brauchen Sie den Absatz nicht zu markieren).

5. Geben Sie das Format an:

    — **<ESC>**;

    — **F** für **Format**;

    — **A** für **Absatz**;

    — geben Sie bei **Linker Einzug:** *2p10* an;

    — geben Sie bei **Erste Zeile:** — *2p10* an;

    — bestätigen Sie mit der **RETURN**-Taste.

6. Wiederholen Sie diese Formatierung für die vierte Fußnote.

Sie können auf diese Art nicht gleichzeitig alle drei Fußnotentexte formatieren, dazu würden Sie ein Druckformat erstellen (siehe Kapitel 13 — **Druckformatvorlagen**).

7. Speichern Sie den Text erneut unter 1024 ab.

7.6 Das Word-Lernziel:
Löschen des Fußnotenausschnittes

Aufgabe:
Löschen Sie nun den Fußnotenausschnitt.

Ausführung:
1. Um den Fußnotenausschnitt zu löschen, wählen Sie folgende Befehls-
   folge:
   - <ESC>;
   - A für **Ausschnitt**;
   - L für **Löschen**;

```
1═[·········1·········2·········3·········4·········5·········6·····]···7·····
‖ Dichter wie Wissenschaftler1 beklagen, daß wir keine
‖ deklamatorische überlieferung mehr haben2. Drach bezeichnete die
  zahlreichen Vortragslehren, die seit dem Altertum entwickelt
  wurden, als "eine wunderliche Kreuzung von phantastisch-
  gefühlsschwelgerischer Spekulation und hausbackener
  Regelsammlung". Nur ein Beispiel: "Jambisch sprechen heißt, den
  Stil so einrichten, daß die Vokale zu ihrem Recht kommen. Fragen
  Sie sich, in welcher Anleitung Sie heute diesen fundamentalen Satz
  aller Rezitationskunst finden!" (R. Steiner3). Drach stellte dem
  seinen Grundsatz entgegen: "Vortragslehre ist angewandte
  Sprechkunde"4.♦
  1 A. Heusler: Deutsche Versgeschichte 1, 44 Bln. u. L. '25¶
⌐--¦-[-------1---------2---------3---------4---------5---------6-----]---7-----
‖ 1 A. Heusler: Deutsche Versgeschichte 1, 44 Bln. u. L. '25¶
  2 E. Skasa-Weiß: D. stumme Poesie ist keine, in: Neue dt. Hefte
    '55 S. 705 ff.¶
  3 R. Steiner: Sprachgestaltung u. dramat. Kunst S. 64 Dornach '26¶
  4 E. Drach: RK S. 5; H. Stelzig: Grundlagen gesprochener Dichtung.
    Habil.-Schr. (Mschr.) Greifswald '66¶

AUSSCHNITT LöSCHEN Ausschnitt Nr.: 2

Geben Sie bitte eine Zahl ein!
        (.)                            Microsoft Word: 1024.TXT
```

2. Geben Sie die Nummer des zu löschenden Ausschnittes an, in unserem
   Falle **Ausschnitt Nr.:** *2*.
3. Bestätigen Sie die Eingabe mit der **RETURN**-Taste.

Aufgabe:
Teilen Sie den Absatz in zwei Seiten, und lassen Sie den Text ausdrucken, wobei die Fußnoten an das Ende des gesamten Textes und nicht auf die Seiten mit den entsprechenden Fußnotenzeichen gedruckt werden sollen.

Ausführung:
1. Positionieren Sie den Cursor auf das ‚N' von ‚Nur ein Beispiel.'
2. Geben Sie an dieser Stelle einen Seitenwechsel ein: (<**SHIFT**> <**CTRL**> <**RETURN**>), und löschen Sie den evtl. am linken Bildschirmrand erscheinenden Doppelpfeil.
3. Um festzulegen, daß die Fußnoten erst an das Ende des gesamtes Textes gedruckt werden sollen, wählen Sie folgende Befehlsfolge (standarmäßig werden alle Fußnoten auf denselben Seiten wie die entsprechenden Fußnotenzeichen ausgedruckt):
   - <**ESC**>;
   - **F** für **Format**;
   - **B** für **Bereich**;
   - drücken Sie dreimal <**SHIFT**> **Tabulator**-Taste, damit Sie sich im Befehlsfeld **Fußnoten:** befinden;
   - drücken Sie einmal die **Leertaste**, damit **Fußnoten: (Ende)** ausgewählt wird.

```
═[·········1·········2·········3·········4·········5·········6·····]···7·····
Dichter wie Wissenschaftler1 beklagen, daß wir keine
deklamatorische überlieferung mehr haben2. Drach bezeichnete die
zahlreichen Vortragslehren, die seit dem Altertum entwickelt
wurden, als "eine wunderliche Kreuzung von phantastisch-
gefühlsschwelgerischer Spekulation und hausbackener
Regelsammlung".
··········································································
Nur ein Beispiel: "Jambisch sprechen heißt, den Stil so
einrichten, daß die Vokale zu ihrem Recht kommen. Fragen Sie sich,
in welcher Anleitung Sie heute diesen fundamentalen Satz aller
Rezitationskunst finden!" (R. Steiner3). Drach stellte dem seinen
Grundsatz entgegen: "Vortragslehre ist angewandte Sprechkunde"4.♦
1 A. Heusler: Deutsche Versgeschichte 1, 44 Bln. u. L. '25¶
2 E. Skasa-Weiß: D. stumme Poesie ist keine, in: Neue dt. Hefte

FORMAT BEREICH Wechsel: Fortlaufend Spalte(Seite)Ungerade Gerade
 Seitenlänge: 29,7 cm    Breite: 21 cm            Bundsteg: 0 cm
 Paginierung: Ja(Nein)   Abstand oben: 1,25 cm    Abstand links: 19 cm
 Pagina:(Fortlaufend)Beginn      Bei:             Form:(1)I i A a
 Seitenrand oben: 2,5 cm    Unten: 2 cm    Links: 2 cm    Rechts: 2 cm
 Spaltenzahl: 1            Spaltenabstand: 1,25 cm   Fußnoten: Selbe-Seite Ende
 Abstand Kopfzeile von oben: 1,25 cm    Abstand Fußzeile von unten: 1,25 cm
Wählen Sie bitte eine Option!
Seite 1  (.)                        Microsoft Word: 1024.TXT
```

4. Bestätigen Sie diese Eingabe mit der **RETURN**-Taste.

5. Speichern Sie den Text erneut unter 1024 ab.

6. Lassen Sie den Text einmal ausdrucken.

7.8 Übung VII

Erstellen Sie folgenden Text einschließlich der Fußnoten, und speichern Sie ihn unter 10241 auf Diskette ab.

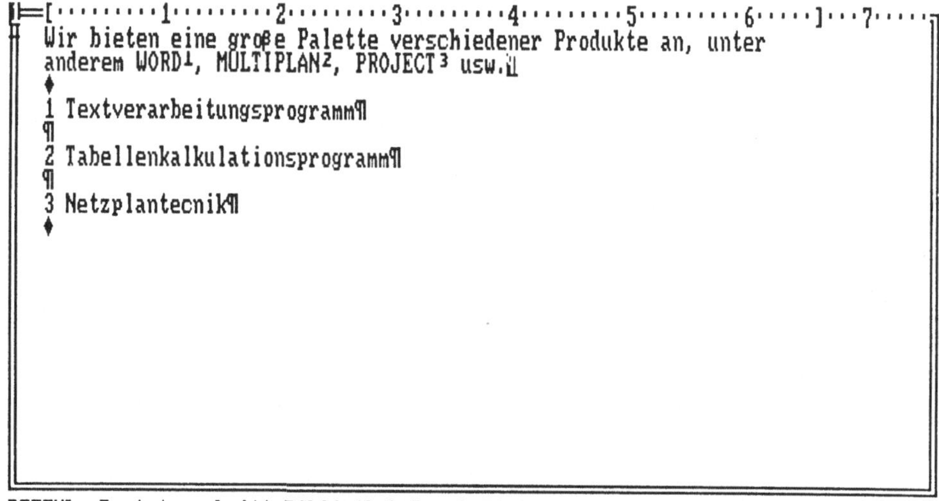

Sollten Sie mit den Eingaben nicht zurechtkommen, sehen Sie sich die Lösung VII in ANHANG A an.

8 Format Kopf-/Fußzeile

Sie lernen, Kopf- und Fußzeilen zu erstellen und anzugeben, auf welchen Seiten diese Zeilen ausgedruckt werden sollen. Zusätzlich lernen Sie den Befehl **Übertragen Zusammenführen** kennen. Außerdem wiederholen Sie die Positionierung dieser Kopf-/Fußzeilen auf dem Blatt.

8.1 Das Word-Lernziel:
Erstellen von Kopf-/Fußzeilen

Aufgabe:
Erstellen Sie eine Kopfzeile, die auf jedem Blatt ausgedruckt wird.

Ausführung:
1. Geben Sie folgenden Text ein, speichern Sie ihn unter 1025 ab.

```
⊩═[·········1·········2·········3·········4·········5·········6·····]···7·····⌐
╫  Dies ist eine Kopfzeile!!!▯
```

```
BEFEHL: Text Ausschnitt Bibliothek Druck Einfügen Format Gehezu Hilfe Kopie
        Löschen Muster Quitt Rückgängig Suchen übertragen Wechseln Zusätze
26 Zeichen sind in diesem Text abgespeichert! (295936 Byte frei)
Seite 1  ()                                      Microsoft Word: 1025.TXT
```

2. Positionieren Sie den Cursor in diesen Absatz, er darf nicht auf der
   Schreibmarke stehen.

3. Um nun diese Zeile zur Kopfzeile zu formatieren, wählen Sie folgende
   Befehlsfolge:

   — <ESC>;

   — **F** für **Format;**

   — **K** für **Kopf-/Fußzeile.**

```
╓═[········1·········2·········3·········4·········5·········6·····]···7·····╖
║ Dies ist eine Kopfzeile!!H♦                                                ║
║                                                                           ║
║                                                                           ║
║                                                                           ║
║                                                                           ║
║                                                                           ║
║                                                                           ║
║                                                                           ║
║                                                                           ║
║                                                                           ║
╙───────────────────────────────────────────────────────────────────────────╜
FORMAT KOPF-/FUSSZEILE Position: (Oben) Unten
       Ungerade Seiten:(Ja)Nein  Gerade Seiten:(Ja)Nein  Erste Seite: Ja(Nein)
Wählen Sie bitte eine Option!
Seite 1  ()                                    Microsoft Word: 1025.TXT
```

4. Mit diesem Befehl können Sie Fuß- und Kopfzeilen erstellen. Um nun
   anzugeben, daß diese Zeile eine Kopfzeile sein soll, wählen Sie:

   Position: (Oben)

5. Um nun anzugeben, daß diese Kopfzeile auf jede Seite gedruckt werden
   soll, wählen Sie folgende Befehlsfolge:

   — drücken Sie einmal die **Tabulator**-Taste, damit Sie sich im Befehlsfeld
     Ungerade Seiten befinden;

   — wählen Sie: **Ungerade Seiten: (Ja)**;

   — drücken Sie einmal die **Tabulator**--Taste, damit Sie sich im Befehlsfeld
     Gerade Seiten befinden;

   — wählen Sie: **Gerade Seiten: (Ja)**;

   — drücken Sie einmal die **Tabulator**-Taste, damit Sie sich im Befehlsfeld
     Erste Seite befinden;

   — wählen Sie: **Erste Seite: (Ja)**.

6. Bestätigen Sie die Eingaben mit der **RETURN**-Taste.

Die Kopfzeile wird durch das $^\wedge$-Zeichen als Kopfzeile ausgewiesen.
Wenn Sie die Druckformatspalte angewählt haben (siehe Kapitel 10), erscheint am linken Bildschirmrand o $^\wedge$ (bei Fußzeilen u $^\wedge$), ohne Druckformatspalte erscheint $^\wedge$ (bei Fußzeilen auch $^\wedge$). Bei einigen Versionen sind die
Buchstaben ‚u' und ‚o' vertauscht.
Sie können also selbst bestimmen, auf welche Seiten die Kopf-/Fußzeile ausgedruckt werden soll.

Ungerade Seiten	**(Ja)** bedeutet, daß die Kopfzeile auf ungeraden Seiten ausgedruckt wird. **(Nein)** bedeutet, daß die Kopfzeile nicht auf ungeraden Seiten ausgedruckt wird.
Gerade Seiten	**(Ja)** bedeutet, daß die Kopfzeile auf geraden Seiten ausgedruckt wird. **(Nein)** bedeutet, daß die Kopfzeile nicht auf geraden Seiten ausgedruckt wird.
Erste Seite	**(Ja)** bedeutet, daß die Kopfzeile auf der ersten Seite ausgedruckt wird. **(Nein)** bedeutet, daß die Kopfzeile nicht auf der ersten Seite ausgedruckt wird.

8.2 Das Word-Lernziel:
Befehl **Übertragen Zusammenführen**

Aufgabe:
Laden Sie unter diese Kopfzeile den Text aus der Datei 1015.

Ausführung:
1. Positionieren Sie den Cursor auf die Schreibmarke.
2. Fügen Sie unter der Kopfzeile noch eine Leerzeile ein.

Würden Sie nun die Datei 1015 laden, wäre die Kopfzeile vom Bildschirm verschwunden, und Sie müßten sie neu eingeben bzw. in die andere Datei kopieren. Dann aber hätten Sie die Datei mit dem Namen 1015 geladen, und nicht mehr die Datei 1025. Sie müssen also nur den Text aus 1015 in die Datei 1025 einfügen.

3. Um den Text der Datei 1015 an dieser Stelle einzufügen, wählen Sie folgende Befehlsfolge:

   − <**ESC**>;

   − **Ü** für **Übertragen;**

   − **Z** für **Zusammenführen;**

   − geben Sie den Namen der Datei ein, deren Text an der Cursorposition eingefügt werden soll: *1015*.
4. Fügen Sie die Datei 1015 noch einmal ein, damit der Text länger als eine Seite ist (wiederholen Sie Punkt 3).
5. Bestätigen Sie die Eingabe mit der **RETURN**-Taste.
6. Speichern Sie den Text erneut unter 1025 ab.
7. Lassen Sie die Datei 1025 einmal ausdrucken.

Wie Sie sehen, wird die Kopfzeile auf jeder Seite ausgedruckt.
Die Kopfzeile ist standardmäßig so formatiert, daß der linke Rand für diese Kopfzeile (dasselbe gilt auch für Fußzeilen) auf 0,5 cm gesetzt ist. Um den Rand zu ändern, müssen Sie diese Kopfzeile dementsprechend formatieren. (Lesen Sie dazu den nächsten Abschnitt: 8.3 − das Formatieren von Kopf-/ Fußzeilen.).

Formatieren von Kopf-/Fußzeilen

Aufgabe:
Formatieren Sie die Kopfzeile so, daß der linke Rand bündig ist mit dem linken Rand des Textes.

Ausführung:
Da der standardmäßige Abstand einer Kopfzeile zum linken Rand 0,5 cm ist (bei älteren Versionen 0; wir gehen in dieser Beschreibung weiterhin von 0,5 cm aus), müssen Sie den Rand, der für den Text eingegeben worden ist, auch für die Kopfzeile festlegen.
Um eine Fußzeile zu formatieren, gehen Sie entsprechend wie bei einer Kopfzeile vor, wie in diesem Abschnitt beschrieben.
1. Da das Festlegen des linken Randes für die Kopfzeile ein Absatzformat ist, positionieren Sie den Cursor in die Kopfzeile.

Um festzustellen, wie groß der linke Rand sein muß, prüfen Sie, welchen Rand Sie für den Text eingegeben haben. Da Sie keinen Rand selbst eingegeben haben, gilt nur der Rand in **Format Bereich**, der bei **Seitenrand Links** festgelegt ist.

2. Um den linken Rand des Textes festzustellen, wählen Sie folgende Befehlsfolge:

   — <**ESC**>;

   — **F** für **Format**;

   — **B** für **Bereich**;

   — sehen Sie sich den Rand in der fünften Zeile **Seitenrand Links** an, in unserem Fall 2,5 cm;

   — verlassen Sie dieses Untermenü durch Betätigen der **ESC**-Taste.

3. Von diesem Rand müssen Sie die standardmäßigen 0,5 cm Seitenrand
   links für Kopfzeilen abziehen (2,5—0,5 = 2); geben Sie diesen Rand für
   die Kopfzeile an. Dazu wählen Sie folgende Befehlsfolge (Den Cursor in
   die Kopfzeile positionieren):

   — <**ESC**>;

   — **F** für **Format**;

   — **A** für **Absatz**;

   — drücken Sie dreimal die **Tabulator**-Taste, damit Sie sich im Befehlsfeld
     Linker Einzug befinden;

   — geben Sie den entsprechenden Rand an, in unserem Falle **Linker Ein-
     zug:** *2 cm*.

4. Bestätigen Sie die Eingabe mit der **RETURN**-Taste.

5. Speichern Sie den Text erneut unter 1025 ab.

6. Lassen Sie den Text einmal ausdrucken.

8.4 Das Word-Lernziel:
Aufheben der Kopf-/Fußzeilen-Formatierung

Aufgabe:
Heben Sie für die Zeile die Formatierung zur Kopfzeile auf.

Ausführung:
1. Um die Formatierung wieder aufzuheben, positionieren Sie den Cursor in die Kopfzeile. Sie brauchen die gesamte Kopfzeile nicht zu markieren, da auch die Formatierung zur Kopfzeile (wie die Formatierung zur Fußzeile) ein Absatzformat ist.

Es handelt sich bei der Kopfzeile zwar um eine Absatzformatierung, Sie können sie aber nicht mit <Alt> **x n** aufheben, da Sie damit nur die entsprechende Formatierung der Kopfzeile auf das Standardformat bringen.

2. Um die Formatierung zur Kopfzeile aufzuheben, wählen Sie folgende Befehlsfolge:

   — <**ESC**>;

   — **F** für **Format**;

   — **K** für **Kopf-/Fußzeile**;

   — drücken Sie einmal die **Tabulator**-Taste, damit Sie sich im Befehlsfeld **Ungerade Seiten** befinden;

   — geben Sie **Ungerade Seiten: (Nein)** an, damit die Kopfzeile nicht auf ungerade Seiten gedruckt wird;

   — drücken Sie einmal die **Tabulator**-Taste, damit Sie sich im Befehlsfeld **Gerade Seiten** befinden;

   — geben Sie **Gerade Seiten: (Nein)** an, damit die Kopfzeile nicht auf gerade Seiten gedruckt wird;

   — drücken Sie einmal die **Tabulator**-Taste, damit Sie sich im Befehlsfeld **Erste Seite** befinden;

   — geben Sie **Erste Seite: (Nein)** an, damit die Kopfzeile nicht auf die erste Seite gedruckt wird.

3. Bestätigen Sie die Eingaben mit der **RETURN**-Taste.

Die Kopfzeile soll auf keine Seite gedruckt werden, somit ist die Formatierung zur Kopfzeile aufgehoben, und das ^-Zeichen am linken Bildschirmrand verschwindet.

4. Löschen Sie den **Bildschirm** mit dem Befehl **Bildschirmlöschen Gesamt**. so daß Sie auf Ihrer Diskette die Datei mit der Kopfzeile behalten.

8.5 Übung VIII

Erstellen Sie folgenden ‚zweiseitigen‘ Text mit einer Kopfzeile, die nur auf
die zweite Seite gedruckt wird, speichern Sie den Text unter 10251 auf der
Diskette ab und löschen Sie dann den gesamten Bildschirm.


```
Grundstück Carl-Maria-von-Weber-Straße 13
hier: Anbau und Umbau des Wohnhauses


Sehr geehrter Herr Direktor,

der Herr Stadtamtmann Klaus Wern, Carl-Maria-von-Weber-Straße 13,
Einbeck, hat einen Bauantrag eingereicht, weil er sein Wohnhaus
umbauen und zwei Zimmer anbauen will.

Gemäß Paragraph 72 der Hamburger Bauordnung vom 23.07.73 geben wir
Ihnen Gelegenheit, bis spätestens zum 17.03.85 die Zeichnungen
einzusehen und Stellung zu der Bauplanung zu nehmen.
```


```
Anbau und Umbau des Wohnhauses Carl-Maria-von-Weber-Straße 13


Wir bitten Sie, dienstags, donnerstags oder freitags zwischen 9.00
und 12.00 Uhr im Zimmer 25 des Rathauses, Einsteiner Straße 89,
vorzusprechen. Gern sind wir bereit, Ihnen Auskünfte über die
geplante Baumaßnahme zu erteilen.

Hochachtungsvoll
```


Sollten Sie mit den Eingaben nicht zurechtkommen, sehen Sie die Lösung
VIII in ANHANG A an.

9 Textbausteindateien erstellen

Sie lernen, Text vom Bildschirm in Textbausteine zu kopieren oder zu löschen, Textbausteine einzufügen und die erstellten Textbausteine in Textbausteindateien auf die Diskette abzuspeichern.

9.1 Das Word-Lernziel:
Befehl **Kopie** und Befehl **Löschen**

Aufgabe:
Erstellen Sie einen Text, kopieren und löschen Sie Textteile in Textbausteine.

Ausführung:
1. Geben Sie folgenden Text ein und speichern Sie ihn unter 1026 ab:

```
Herrn
Frank Meier
Hohe Straße 103

4600 Dortmund



                    A n g e b o t


Wir freuen uns, Ihnen folgendes Angebot vorlegen zu können:

          1 Kommode                202,-- DM
          1 Spiegel                 62,-- DM
          2 Hutablagen              40,-- DM
          1 Schirmständer           22,-- DM

Es würde uns freuen, wenn Sie sich nach Prüfung dieses Angebots in
Kürze zu einer Bestellung entschließen.

Mit freundlichen Grüßen


Willibald Baum u. Fridolin Weise KG
```

Wenn Sie bestimmte Textteile immer wieder benötigen, speichern Sie diese in Textbausteinen ab, so daß Sie diese Texte nicht jedes Mal wieder neu eingeben müssen.

Um nun die gesamte Adresse einschließlich der Leerzeilen bis zum Angebot in einen Textbaustein abzuspeichern, haben Sie zwei Möglichkeiten:

a) Sie können den Text in einen Textbaustein kopieren, das heißt, der Text bleibt auf dem Bildschirm erhalten und wird gleichzeitig in einen Textbaustein geschrieben.

b) Sie können den Text in einen Textbaustein löschen, das heißt, der Text verschwindet vom Bildschirm und wird dabei in einen Textbaustein geschrieben.

2. Als erstes löschen Sie die Adresse in einen Textbaustein. Wählen Sie dazu folgende Befehlsfolge:

— markieren Sie die Adresse und die Leerzeilen bis zum Angebot;

— <**ESC**>;

— **L** für **Löschen**.

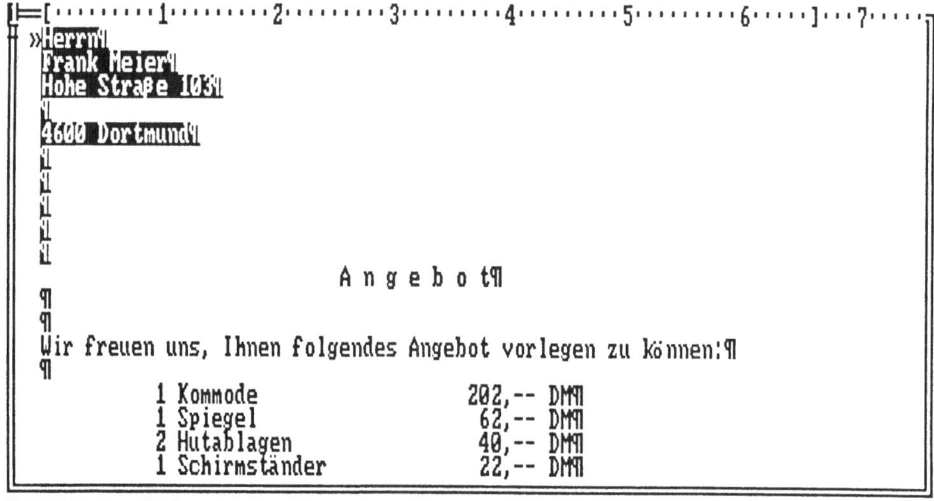

Sie können nun einen Textbausteinnamen eingeben. Die Klammern stehen für den Papierkorb, d.h. Sie können auch mit diesem Befehl Text in den Papierkorb löschen.

3. Geben Sie als Textbausteinnamen ‚meier' ein.

Word unterscheidet bei den Textbausteinnamen zwischen Groß- und Kleinbuchstaben, so daß Sie mehrere Textbausteinnamen mit demselben Namen
eingeben können und nur die Groß- bzw. Kleinschreibung ändern.

4. Bestätigen Sie den Befehl mit der **RETURN**-Taste.

Da Sie den Befehl **Löschen** gewählt haben, ist die Adresse vom Bildschirm
verschwunden.

5. Nun kopieren Sie das Angebot einschließlich der Leerzeile vor der Grußformel in einen Textbaustein. Wählen Sie dazu folgende Befehlsfolge:

   — markieren Sie das Angebot und die Leerzeile;

   — <**ESC**>;

   — **K** für **Kopie.**

Die Klammern stehen wieder für den Papierkorb. Sie können also mit diesem
Befehl und durch Bestätigen der Klammern Text in den Papierkorb löschen.

6. Geben Sie den Textbausteinnamen ‚angebot' ein.
7. Bestätigen Sie den Befehl mit der **RETURN**-Taste.
8. Kopieren Sie nun die Großformel in den Textbaustein ‚gruss'.

Bei einigen Word-Versionen können Sie für die Textbausteine ‚ß' verwenden,
bei anderen müssen sie ‚ss' eingeben, da ein ‚ß' nicht akzeptiert werden
würde.
Diese Textbausteine, die Sie soeben erstellt haben, sind noch nicht auf Diskette gespeichert worden, sie sind nur im Arbeitsspeicher vorhanden. Sollten
Sie also den Bildschirm vollständig löschen oder den Computer ausschalten,
wären die Textbausteine gelöscht.
Um die Textbausteine auf Diskette zu speichern, müssen Sie eine Textbausteindatei erstellen. (Lesen Sie dazu Abschnitt 9.2 — das Speichern der Textbausteine in eine Textbausteindatei.)

9.2 Das Word-Lernziel:
Speichern der Textbausteine in eine Textbausteindatei

Aufgabe:

Speichern Sie die Textbausteine in eine Textbausteindatei auf Diskette und löschen Sie den gesamten Bildschirm.

Ausführung:

1. Um die Textbausteine, die sich bisher nur im Arbeitsspeicher befinden, auf die Diskette abzuspeichern, wählen Sie folgende Befehlsfolge:

   − <ESC>;

   − Ü für **Übertragen**;

   − T für **Textbausteine**;

   − S für **Speichern**.

```
==[·······1········2·········3········4·········5········6·····]···7····
 »
 ¶
 ¶
Wir freuen uns, Ihnen folgendes Angebot vorlegen zu können:¶
 ¶
        1 Kommode              202,-- DM¶
        1 Spiegel               62,-- DM¶
        2 Hutablagen            40,-- DM¶
        1 Schirmständer         22,-- DM¶
 ¶
Es würde uns freuen, wenn Sie sich nach Prüfung dieses Angebots in
Kürze zu einer Bestellung entschließen.¶
 ¶
Mit freundlichen Grüßen¶
 ¶
 ¶
 ¶
Willibald Baum u. Fridolin Weise KG♦
```

ÜBERTRAGEN TEXTBAUSTEINE SPEICHERN Dateiname: STANDARD.TBS

Geben Sie bitte den Dateinamen ein!
Seite 1 ()   Microsoft Word: 1026.TXT

Sie können nun an dieser Stelle einen Dateinamen eingeben. Da Sie mehrere Textbausteindateien erstellen können, müssen Sie später angeben, auf welche Textbaustein Sie zugreifen möchten, welche Textbausteindatei in den Arbeitsspeicher geladen werden soll.
Wenn Sie Textbausteine erstellt haben, die Sie immer wieder benötigen, können Sie diese in die Datei STANDARD.TBS abspeichern. Diese Datei wird bei jedem Laden von Word automatisch in den Arbeitsspeicher geladen, die Textbausteine stehen Ihnen also jederzeit zur Verfügung.
Da wir unsere Textbausteine nur für Angebote benötigen, speichern wir diese unter einen anderen Namen ab, zum Beispiel BRIEF.TBS.

2. Geben Sie also den Namen ein: *brief*
3. Bestätigen Sie den Befehl mit der **RETURN**-Taste.

Es werden die Textbausteine 'meier', 'angebot' und 'gruss' in die Textbaustein-datei BRIEF.TBS auf Diskette gespeichert.

4. Löschen Sie nun den gesamten Bildschirm, wobei Sie den Verlust Ihrer Daten bestätigen können, da das Angebot vollständig auf Diskette gespeichert bleiben soll, unabhängig von den eingegebenen Änderungen.

9.3 Das Word-Lernziel:
Laden einer Textbausteindatei in den Arbeitsspeicher

Aufgabe:
Um nun die Textbausteine wieder zur Verfügung zu haben, laden Sie die entsprechende Textbausteindatei in den Arbeitsspeicher.

Ausführung:
1. Um die Textbausteindatei mit dem Namen BRIEF.TBS in den Arbeitsspeicher zu laden, wählen Sie folgende Befehlsfolge:

   - <ESC>;

   - Ü   für **Übertragen**;

   - T   für **Textbausteine**;

   - Z   für **Zusammenführen**.

Sie können nun den Textbausteindateinamen angeben oder sich durch Drücken einer Cursortaste das Inhaltsverzeichnis aller von Ihnen erstellten Textbausteindateien anzeigen lassen.

2. Drücken Sie eine Cursortaste, und lassen Sie sich das Inhaltsverzeichnis der von Ihnen erstellten Textbausteindateien anzeigen.
3. Bestätigen Sie die Datei BRIEF.TBS mit der **RETURN**-Taste.

Nun stehen Ihnen die Textbausteine wieder zur Verfügung, und Sie können diese einfügen. (Lesen Sie dazu Abschnitt 9.4 — das Einfügen von Textbausteinen.)

Anmerkung
Wenn Sie Ihre Textbausteine unter **STANDARD DFV** gespeichert hätten, entfiele dieser ganze Schritt, da diese Datei nach jedem Laden von Word und jedem Löschen des Arbeitsspeichers automatisch in den Arbeitsspeicher geladen wird.

9.4 Das Word-Lernziel:
Einfügen von Textbausteinen

Aufgabe:
Fügen Sie die Textbausteine ein.

Ausführung:
1. Um die Textbausteine an der Cursorposition einzufügen, wählen Sie
   folgende Befehlsfolge:

   — <**ESC**>;

   — **E** für **Einfügen.**

Sie können an dieser Stelle den Textbausteinnamen eingeben oder sich durch
Drücken einer Cursortaste das Inhaltsverzeichnis aller in der Textbausteindatei BRIEF.TBS befindlichen Textbausteine anzeigen lassen.

2. Drücken Sie eine Cursortaste, um sich das Inhaltsverzeichnis der Textbausteine anzeigen zu lassen.

Sie sehen die drei von Ihnen erstellten Textbausteine und zusätzlich noch
zwei Textbausteine (Seite und Fußnote), die automatisch in jede Textbausteindatei gespeichert werden, die Sie aber bei Bedarf löschen können.
Mit Hilfe des Textbausteins Seite können Sie an beliebiger Stelle in Ihrem
Text beim Ausdruck die Seitenzahl drucken lassen.
Mit Hilfe des Textbausteins Fußnote erstellen Sie das erste Fußnotenzeichen,
nämlich eine 1 im Text. Die Fußnote wird aber nicht automatisch verwaltet,
und Sie können keinen Fußnotentext zu dieser Fußnote eingeben.

3. Um nun den Textbaustein 'meier' einzufügen, positionieren Sie den
   Cursor auf den Textbausteinnamen 'meier' und bestätigen mit der
   RETURN-Taste.

Das ist nun die lange Form, Textbausteine einzufügen. Außerdem können
Sie sich auf diese Art und Weise das Inhaltsverzeichnis aller Textbausteine
anzeigen lassen, die Ihnen durch Laden der entsprechenden Textbausteindatei zur Verfügung stehen.
Für das Einfügen von Textbausteinen gibt es eine Kurzform.

4. Um nun den Textbaustein 'angebot' mit der Kurzform einzufügen, wählen Sie folgende Befehlsfolge:

   — positionieren Sie den Cursor an der Einfügeposition, d. h. also auf der
     Schreibmarke;

   — geben Sie den Textbausteinnamen *angebot* ein;

   — drücken Sie zum Einfügen des Textbausteines die **F3**-Taste.

Anmerkung zum Einfügen von Textbausteinen mit der Kurzform
Bei Verwendung der Kurzform zum Einfügen eines Textbausteines müssen
Sie darauf achten, daß der Textbausteinname als einzelnes Wort auf dem
Bildschirm steht. Sie dürfen z. B. nicht den Textbausteinnamen direkt an ein
anderes Wort oder ein anderes Zeichen schreiben und dann die **F3**-Taste
drücken, sonst kann es Ihnen passieren, daß der Computer blockiert und Sie
Word von neuem starten müssen.

5. Fügen Sie nun auch den Textbaustein gruss mit Hilfe der Kurzform
   (**F3**-Taste) ein.
6. Da Sie die Textbausteine und den Text schon auf Diskette haben und die
   Textbausteine nicht weiter verwenden möchten, löschen Sie den gesamten Bildschirm und bestätigen den Verlust Ihrer Daten.

9.5 Übung IX

Erstellen Sie untenstehende Kopfzeile, wobei zum Ausdruck der Seitenzahl
der Textbaustein 'seite' verwendet werden soll.
Schreiben Sie dann folgenden dreiseitigen Text, speichern Sie ihn unter
10261 ab, und lassen Sie den Text einmal ausdrucken.
Löschen Sie abschließend den Bildschirm.


```
Bargeldloser Zahlungsverkehr Seite 1


Sehr geehrter Geschäftsfreund,

in dem Bestreben, unsere jahrelange angenehme Geschäftsverbindung
weiter zu vertiefen, möchten wir Ihnen heute die Vorteile des
bargeldlosen Zahlungsverkehrs der öffentlichen Sparkassen und
Girozentralen besonders aufzeigen.
```


```
Bargeldloser Zahlungsverkehr Seite 2


Die bargeldlose Zahlung durch Spargiro ist einfach, schnell und
sicher.
```


```
Bargeldloser Zahlungsverkehr Seite 3


Wir würden es begrüßen, wenn Sie unser Schreiben zum Anlaß nähmen,
Ihr Girokonto noch mehr als bisher für Ihren gesamten Geld- und
Überweisungsverkehr zu benutzen.
```


Sollten Sie mit den Eingaben nicht zurechtkommen, sehen Sie sich die
Lösung IX in ANHANG A an.

10 Ausschnitt

Sie lernen, Ausschnitte einzurichten, zu verschieben und zu löschen. Außerdem lernen Sie, die Optionen für die Ausschnitte festzulegen, d. h. die Druckformatspalte und das Zeilenlineal anzuwählen.

10.1 Das Word-Lernziel:
Einrichten eines Ausschnittes

Aufgabe:
Geben Sie untenstehenden Text ein. Die Aufstellung der Waren haben Sie schon unter 1026 abgespeichert. Richten Sie einen Ausschnitt ein, und kopieren Sie sich die Waren von 1026 in diesen Text. Beenden Sie dann die Rechnung.

Ausführung:

1. Schreiben Sie folgenden Text, und speichern Sie ihn unter 1027 ab:

```
┌═[·········1·········2·········3·········4·········5·········6·····]···7·····┐
│ Herrn¶
│ Frank Meier¶
│ Hohe Straße 103¶
│ ¶
│ 4600 Dortmund¶
│ ¶
│ ¶
│ ¶
│ ¶
│ ¶
│                         Rechnung¶
│ ¶
│ ¶
│ Sehr geehrter Herr Meier,¶
│ ¶
│ für die von uns in Ihrem Auftrag gelieferten Waren stellen wir in
│ Rechnung:¶
│ ¶
│ █
└
BEFEHL: Text Ausschnitt Bibliothek Druck Einfügen Format Gehezu Hilfe Kopie
        Löschen Muster Quitt Rückgängig Suchen übertragen Wechseln Zusätze
186 Zeichen sind in diesem Text abgespeichert! (271360 Byte frei)
Seite 1  ()                                      Microsoft Word: 1027.TXT
```

Die Waren, die nun folgen sollen, haben Sie schon unter 1026 abgespeichert.
Damit Sie diese Waren in die Datei 1027 einfügen können, richten Sie einen
Ausschnitt ein, um beide Texte gleichzeitig bearbeiten zu können.

2. Um den Ausschnitt einzurichten, wählen Sie folgende Befehlsfolge:

   — <**ESC**>;

   — A   für **Ausschnitt;**

   — T   für **Teilen.**

Da es sich um fortlaufenden Text handelt, richten Sie einen der Übersichtlichkeit wegen waagerechten Ausschnitt ein.

3. Drücken Sie **W** für **Waagerecht.**

Sie können nun einmal die Zeile direkt eingeben oder eine Cursortaste
drücken, um sich auf dem Bildschirm anzeigen zu lassen, an welcher Stelle
der Bildschirm bei Bestätigung des Befehls geteilt werden würde.

4. Drücken Sie eine Cursortaste.

Auf dem Bildschirm erscheint am linken Rand ein Cursor, der Ihnen die
Zeile anzeigt, in der der Bildschirm bei Bestätigung geteilt werden würde.

5. Positionieren Sie den Cursor mit Hilfe der Cursorsteuertasten in Zeile 10
    (siehe Zahlenanzeige in der Befehlszeile).

6. Bestätigen Sie den Befehl durch Drücken der **RETURN**-Taste.

```
1═[········1·········2·········3·········4·········5·········6····]···7····
  Herrn¶
  Frank Meier¶
  Hohe Straße 103¶
  ¶
  4600 Dortmund¶
  ¶
  ¶
  ¶

2═[········1·········2·········3·········4·········5·········6····]···7····
  ¶
                       Rechnung¶
  ¶
  ¶
  Sehr geehrter Herr Meier,¶
  ¶
  für die von uns in Ihrem Auftrag gelieferten Waren stellen wir in
  Rechnung:¶
  ¶
  ◆

BEFEHL: Text Ausschnitt Bibliothek Druck Einfügen Format Gehezu Hilfe Kopie
        Löschen Muster Quitt Rückgängig Suchen übertragen Wechseln Zusätze
Bearbeiten Sie bitte Ihren Text oder unterbrechen Sie zum Hauptbefehlsmenü!
Seite 1  ()                                    Microsoft Word: 1027.TXT
```

Sie haben nun zwei Ausschnitte auf dem Bildschirm. In der linken oberen
Ecke der Ausschnitte steht jeweils die Ausschnittnummer.
Nach dem Teilen des Bildschirmes haben Sie in beiden Ausschnitten densel-
ben Text, nämlich 1027. Wenn Sie in den zweiten Ausschnitt einen neuen
Text eingeben möchten (z. B. Notizen zu dem Text im ersten Ausschnitt),
löschen Sie nur den einen Ausschnitt mit folgendem Befehl:

    − <ESC>;

    − Ü für **Übertragen**;

    − B für **Bildschirmlöschen**;

    − A für **Ausschnitt**.

Mit diesem Befehl wird also nicht der Arbeitsspeicher gelöscht, sondern nur
der Text in dem betreffenden Ausschnitt. Alles andere (z. B. Papierkorb,
Textbausteine) bleibt im Arbeitsspeicher.

Von einem in den anderen Ausschnitt gelangen Sie durch Drücken der **F1**-Taste.

7. Um den Text 1026 in den zweiten Ausschnitt zu laden, müssen Sie sich mit dem Cursor im 2. Ausschnitt befinden, in dem den der Cursor nach der Bildschirmteilung automatisch gesprungen ist: die Nummer des Ausschnittes (2) ist markiert.

8. Laden Sie nun den Text 1026 in diesen Ausschnitt (<**ESC**> **Ü L** *1026* <**RETURN**>).

9. Markieren Sie den Text, den Sie in den oberen Ausschnitt übernehmen möchten, also die Waren.

Ihr Bildschirm sollte nun folgendermaßen aussehen:

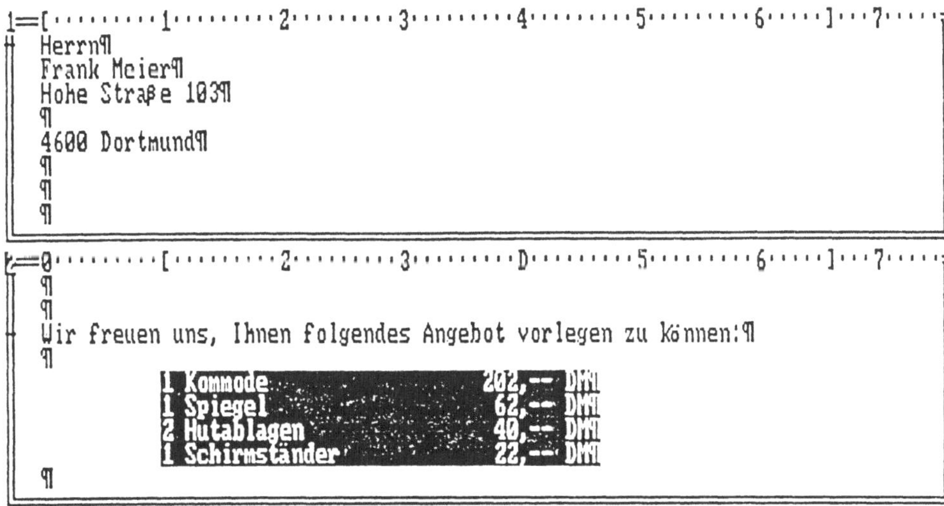

10. Kopieren Sie diesen Text nun in den Papierkorb. Wählen Sie dazu folgende Befehlsfolge:

– <**ESC**>;

– **K** für **Kopie**.

– bestätigen Sie durch Drücken der **RETURN**-Taste die Klammern, die den Papierkorb darstellen.

Die Waren sind nun in den Papierkorb kopiert worden.

10.2 Das Word-Lernziel:
Verschieben von Ausschnitten

Aufgabe:
Vergrößern Sie den ersten Ausschnitt um 4 Zeilen.

Ausführung:
1. Da Sie nun den Text im ersten Ausschnitt bearbeiten und mehr davon im Bildschirmausschnitt sehen möchten, vergrößern Sie den ersten Ausschnitt. Dazu wählen Sie folgende Befehlsfolge:

   – <**ESC**>;

   – **A** für **Ausschnitt**;

   – **V** für **Verschieben**.

Das Verschieben eines Ausschnittes richtet sich stets nach der unteren rechten Ecke des Ausschnittes. Da Sie die obere rechte Ecke des zweiten Ausschnittes nicht verschieben können, geben Sie Ausschnitt Nummer 1 an.

2. Geben Sie bei **Untere rechte Ecke von Ausschnitt:** *1* an.
3. Da Sie den Ausschnitt waagerecht geteilt haben, verschieben Sie den Rahmen in eine andere Zeile:

   – drücken Sie einmal die **Tabulator**-Taste, damit Sie sich im Befehlsfeld **In Zeile:** befinden.
4. Um sich anzeigen zu lassen, an welche Position der Ausschnitt verschoben werden soll, drücken Sie eine Cursortaste.

Nach Drücken einer Cursortaste erscheint der Cursor nicht am linken Bildschirmrand, sondern auf dem rechten Bildschirmrahmen.

5. Positionieren Sie den Cursor vier Zeilen unter der vorigen Ausschnittteilung (Zeile 14).
6. Bestätigen Sie die Eingabe mit der **RETURN**-Taste.
7. Um nun die Waren in den ersten Ausschnitt einzufügen, springen Sie durch Drücken der **F1**-Taste in den Ausschnitt Nummer 1.
8. Die Waren sollen vor der Schreibmarke in den Text eingefügt werden. Positionieren Sie den Cursor also auf die Schreibmarke (<**CTRL**> <**Page Down**>).

9. Fügen Sie die Waren durch Drücken der **INS**-Taste aus dem Papierkorb in den Text ein.

10. Geben Sie unter den Waren eine Leerzeile ein, und beenden Sie die Rechnung wie folgt:

Wir bitten um Überweisung des Rechnungsbetrages auf unser Konto 12345.

Mit freundlichen Grüßen

Willibald Baum u. Fridolin Weise

11. Speichern Sie den Text erneut unter 1027 ab.

10.3 Das Word-Lernziel:
Befehl **Ausschnitt Optionen**

Aufgabe:
Wählen Sie für den zweiten Ausschnitt die Druckformatspalte an und das
Zeilenlineal ab.

Ausführung:
1. Um diese Eingaben zu tätigen, wählen Sie folgende Befehlsfolge:

    – <**ESC**>;

    – A   für **Ausschnitt**;

    – O   für **Optionen**.

```
1═[········1·········2·········3·········4·········5·········6····]···7····
 ¶
 Wir bitten um überweisung des Rechnungsbetrages auf unser Konto
 12345.¶
 ¶
 Mit freundlichen Grüßen¶
 ¶
 ¶
 ¶
 Willibald Baum u. Fridolin Weise◌




2═0·········[·········2·········3·········D·········5·········6····]···7····
 ¶
 ¶
 ¶
 Wir freuen uns, Ihnen folgendes Angebot vorlegen zu können:¶
 ¶
```

```
AUSSCHNITT OPTIONEN Ausschnitt Nr.: 1              Hintergrundfarbe: 0
                    Druckformatspalte: Ja(Nein)    Zeilenlineal:(Ja)Nein
Geben Sie bitte eine Zahl ein!
Seite 1  (1·Kommode⁺2...22,--·DM¶)         Microsoft Word: 1027.TXT
```

2. Geben Sie bei **Ausschnitt Nr.:** 2 an.
3. Drücken Sie einmal die **Tabulator**-Taste, damit Sie sich im Befehlsfeld
   Hintergrundfarbe befinden.

Sie können sich anzeigen lassen, welche Farben Ihnen für Ihren Bildschirm
zur Verfügung stehen, indem Sie eine Cursortaste drücken. Die Farbe können
Sie dann mit Hilfe der Cursortasten auswählen. Beim Schwarz-Weiß-Bildschirm
ist es nur die 0.

4. Drücken Sie eine Cursortaste.

5. Um die Druckformatspalte anzuwählen, wählen Sie folgende Befehlsfolge:

   — drücken Sie einmal die **Tabulator**-Taste, damit Sie sich im Befehlsfeld
   Druckformatspalte befinden;

   — drücken Sie einmal die **Leertaste**, damit **Druckformatspalte: (Ja)** ausgewählt wird.

6. Um das Zeilenlineal abzuwählen, wählen Sie folgende Befehlsfolge:

   — drücken Sie einmal die **Tabulator**-Taste, damit Sie sich im Befehlsfeld
   Zeilenlineal befinden;

   — drücken Sie einmal die **Leertaste**, damit **Zeilenlineal: (Nein)** ausgewählt wird.

7. Bestätigen Sie die Eingaben mit der **RETURN**-Taste.

Anmerkung zur Druckformatspalte

In der Druckformatspalte sehen Sie den Tastenschlüssel eines angewandten
Druckformates, wenn Sie eine Druckformatvorlage erstellt haben (siehe
Kapitel 13 — Druckformatvorlagen).
Die Sternchen (*) vor jedem Absatz zeigen an, daß dem entsprechenden
Absatz noch kein Druckformat zugeordnet ist.
Wenn Sie eine Kopf- oder Fußzeile eingerichtet hätten, würde Word Ihnen
nun ein ‚o' bzw. ein ‚u' neben dem ‚^'-Zeichen anzeigen (siehe Kapitel 8 —
Format Kopf-/Fußzeile).

10.4 Das Word-Lernziel:
Löschen eines Ausschnittes

Aufgabe:

Da Sie den Text in Ausschnitt Nummer 2 nicht mehr benötigen, löschen Sie diesen Ausschnitt.

Ausführung:

1. Um den Ausschnitt zu löschen, wählen Sie folgende Befehlsfolge:

   – <**ESC**>;

   – **A** für **Ausschnitt;**

   – **L** für **Löschen.**

2. Geben Sie die Ausschnittnummer ein: *2*
3. Bestätigen Sie die Eingabe mit der **RETURN**-Taste.
4. Speichern Sie den Text erneut unter 1027 ab.
5. Löschen Sie den gesamten Bildschirm.

10.5 Übung X

Teilen Sie den Bildschirm zu Übungszwecken wie folgt ein:

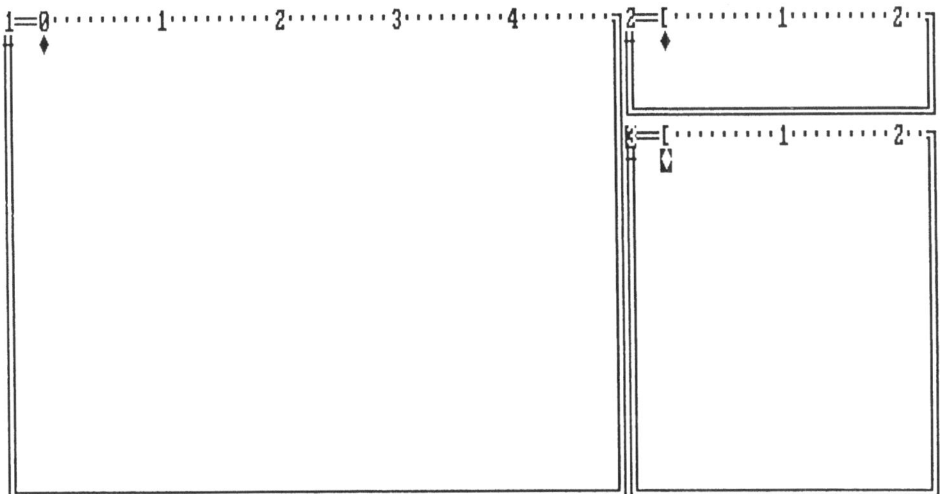

Sollten Sie mit den Eingaben nicht zurechtkommen, sehen Sie sich die
Lösung X in ANHANG A an.

11 Suchen/Wechseln

Sie lernen, Zeichenfolgen in Ihrem Text zu suchen und zu wechseln. Sie können mit Hilfe dieses Befehls z. B. bestimmte Textstellen in Ihrer Datei direkt ansteuern.

11.1 Das Word-Lernziel:
Befehl **Suchen**

Aufgabe:
Erstellen Sie untenstehenden Text, springen Sie mit dem Cursor direkt auf das Wort ‚jedes' und testen Sie die einzelnen Funktionen des Befehles **Suchen.**

Ausführung:
1. Erstellen Sie folgenden Text, und speichern Sie ihn unter 1028 ab:

```
▐═[········1········2········3········4········5········6····]···7····┐
▐ Glutaminsäure ist ein Baustein des Eiweißes, eine sogenannte
▐ Aminosäure. Jedes Eiweiß enthält die Aminosäuren in besonderem
▐ Verhältnis, und die Eiweißbausteine sind jeweils in einem
▐ speziellen Muster angeordnet.▯
```

```
BEFEHL: Text Ausschnitt Bibliothek Druck Einfügen Format Gehezu Hilfe Kopie
        Löschen Muster Quitt Rückgängig Suchen übertragen Wechseln Zusätze
211 Zeichen sind in diesem Text abgespeichert! (269312 Byte frei)
Seite 1  ()                           ?           Microsoft Word: 1028.TXT
```

2. Um nun den Cursor das Wort ‚jedes' suchen und anzeigen zu lassen,
   wählen Sie folgende Befehlsfolge:

   — <**ESC**>;

   — **S** für **Suchen**;

   — geben Sie den Suchbegriff ein: *jedes*.

```
|=[·········1·········2·········3·········4·········5·········6·····]···7·····
| Glutaminsäure ist ein Baustein des Eiweißes, eine sogenannte
| Aminosäure. Jedes Eiweiß enthält die Aminosäuren in besonderem
| Verhältnis, und die Eiweißbausteine sind jeweils in einem
| speziellen Muster angeordnet.█








SUCHEN Suchbegriff: jedes█
       Richtung: Nach-oben(Nach-unten)  Graphie: Ja(Nein)  Nur Wort:(Ja)Nein
Geben Sie bitte den Suchbegriff ein!
Seite 1 ()                         ?             Microsoft Word: 1028.TXT
```

3. Da der Cursor am Ende des Textes positioniert ist, geben Sie folgendes
   an:

   — drücken Sie einmal die **Tabulator**-Taste, damit Sie sich im Befehls-
     feld **Richtung** befinden;

   — drücken Sie einmal die **Leertaste**, damit **Richtung: (Nach oben)**
     angegeben ist.

4. **Graphie** bedeutet die Unterscheidung zwischen Groß- und Kleinbuchstaben. Wenn Sie also bei **Suchbegriff:** 'jedes' geschrieben haben, müssen
   Sie bei **Graphie: (Nein)** angeben, damit Word beim Suchen nicht auf die
   Groß- und Kleinschreibung achtet. Würden Sie bei **Graphie: (Ja)** angeben,
   würde Word das Wort ‚jedes' nicht finden, da es im Text mit einem
   großen ‚J' geschrieben steht.

   — drücken Sie einmal die **Tabulator**-Taste, damit Sie sich im Befehlsfeld
     Graphie befinden;

   — geben Sie an: **Graphie: (Nein)**.

5. **Nur Wort** bedeutet, daß Word ‚jedes' nur als einzelnes Wort sucht, nicht
   als Bestandteil eines anderen Wortes. In unserem Fall suchen wir ‚jedes'
   nur als einzeln stehendes Wort und möchten uns kein anderes anzeigen
   lassen.

   — drücken Sie einmal die **Tabulator**-Taste, damit Sie sich im Befehlsfeld
     Nur Wort befinden;

   — geben Sie an: **Nur Wort: (Ja)**.

6. Bestätigen Sie die Eingaben mit der **RETURN**-Taste.

Das Wort ‚Jedes' wird auf dem Bildschirm angezeigt, und Sie könnten nun
an dieser Stelle beliebige Änderungen vornehmen.

Aufgabe:
Lassen Sie sich die Zeichenfolge ,baustein' im Text anzeigen, und zwar in
Richtung vom Anfang zum Ende des Textes.

Ausführung:
1. Positionieren Sie den Cursor an den Anfang des Textes.
2. Um den Suchbegriff einzugeben, wählen Sie folgende Befehlsfolge:

    – <**ESC**>;

    – **S** für **Suchen**;

    – geben Sie ein: *baustein.*

3. Ihr Cursor ist am Anfang Ihres Textes positioniert, es muß also in Rich-
    tung zum Ende des Textes gesucht werden:

    – drücken Sie einmal die **Tabulator**-Taste, damit Sie sich im Befehlsfeld
    Richtung befinden;

    – geben Sie an: **Richtung: (Nach-unten)**.

4. Da Sie die Zeichenfolge 'baustein' anzeigen lassen möchten, egal ob sie
    mit Groß- oder Kleinbuchstaben geschrieben wurde, geben Sie ein, daß
    Word auf die Groß- und Kleinschreibung nicht achten soll:

    – drücken Sie einmal die **Tabulator**-Taste, damit Sie sich im Befehlsfeld
    Graphie befinden;

    – geben Sie an: **Graphie: (Nein)**.

5. Sie möchten die Zeichenfolge anzeigen lassen, egal ob sie als einzelnes
    Wort oder als Bestandteil eines Wortes im Text steht:

    – drücken Sie einmal die **Tabulator**-Taste, damit Sie sich im Befehlsfeld
    Nur Wort befinden;

    – geben Sie an: **Nur Wort: (Nein)**.

6. Bestätigen Sie die Eingaben durch Drücken der **RETURN**-Taste.

Word zeigt Ihnen das erste Erscheinen der Zeichenfolge ,baustein' an.

7. Um sich das nächste ‚baustein' anzeigen zu lassen,

   drücken Sie <SHIFT> <F4>.

Durch Drücken von <SHIFT> <F4> wiederholen Sie den Suchbefehl.
(Durch Drücken von <F4> wiederholen Sie die zuletzt vorgenommenen Eingaben.)
Wenn Sie den Suchbefehl eingeben bzw. wiederholen lassen, und der zu
suchende Begriff kommt in dem Text nicht mehr vor, so erscheint in der vorletzten Bildschirmzeile eine Meldung, daß der Begriff nicht mehr aufgefunden
wurde:

   ‚Ich kann Ihren Suchbegriff nicht finden!'

8. Da Sie den Text nach dem letzten Speichern nicht geändert haben,
   brauchen Sie ihn nicht noch einmal zu speichern, sondern löschen den
   gesamten Bildschirm.

11.3 Das Word-Lernziel:
Befehl **Wechseln**

Aufgabe:
Erstellen Sie folgenden Text, ersetzen Sie dann ‚schwarz' durch ‚weiß' und
die ‚— — —'-Linie durch eine ‚= = ='-Linie.

Ausführung:
1. Erstellen Sie folgenden Text, und speichern Sie ihn unter 1029 ab.

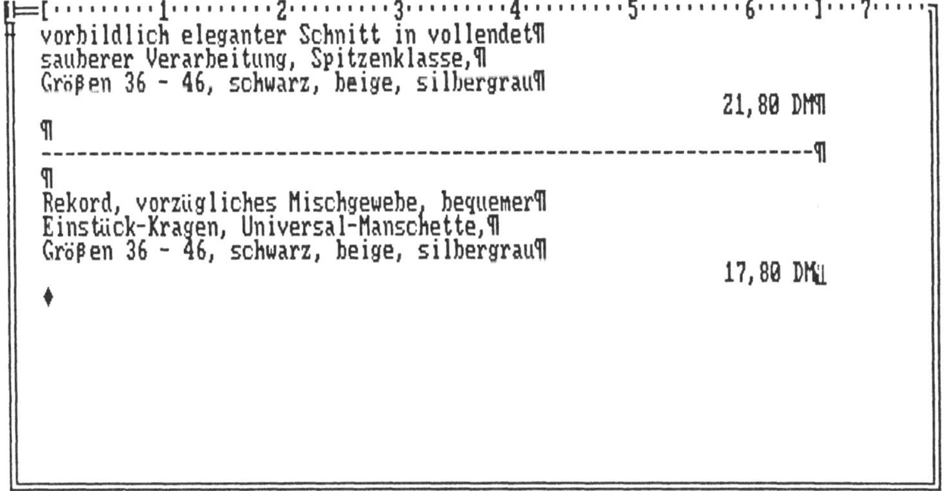

2. Ersetzen können Sie nur in die Richtung zum Ende des Textes. Um
‚schwarz' durch ‚weiß' zu ersetzen, wählen Sie folgende Befehlsfolge:

— Positionieren Sie den Cursor an den Anfang des Textes;

— <**ESC**>;

— **W** für **Wechseln**;

— geben Sie den zu ersetzenden Begriff ein: *schwarz*;

— drücken Sie einmal die **Tabulator**-Taste, damit Sie sich im Befehlsfeld
Durch befinden;

— geben Sie den Ersatzbegriff ein: *weiß*.

```
[·········1·········2·········3·········4·········5·········6·····]···7·····
Vorbildlich eleganter Schnitt in vollendet¶
sauberer Verarbeitung, Spitzenklasse,¶
Größen 36 - 46, schwarz, beige, silbergrau¶
                                                      21,80 DM¶
¶
------------------------------------------------------------------¶
¶
Rekord, vorzügliches Mischgewebe, bequemer¶
Einstück-Kragen, Universal-Manschette,¶
Größen 36 - 46, schwarz, beige, silbergrau¶
                                                      17,80 DM¶
 ♦


WECHSELN Ersetze: schwarz          Durch: weiß
 Mit Bestätigung:(Ja)Nein          Graphie: Ja(Nein)      Nur Wort: Ja(Nein)
Geben Sie bitte Text ein!
Seite 1  ()                            ?         Microsoft Word: 1029.TXT
```

Sie können nun eingeben, ob Word Sie bei jedem Wort vor dem Ersetzen
fragt, ob Sie dieses Wort wirklich ersetzen möchten oder ob Sie es an dieser
Stelle doch lassen möchten.

3. Damit Sie vor jedem Ersetzen gefragt werden, ob Sie sicher sind, daß Sie
   dieses Wort ersetzen lassen möchten,

   — drücken Sie einmal die **Tabulator**-Taste, damit Sie sich im Befehlsfeld
   Mit Bestätigung befinden;

   — geben Sie an: **Mit Bestätigung: (Ja)**.

4. Word soll alle Positionen anzeigen, an denen die Zeichenfolge ‚schwarz'
   erscheint, egal ob mit Groß- oder Kleinbuchstaben und egal ob als einzelnes Wort oder als Bestandteil eines anderen Wortes:

   — drücken Sie einmal die **Tabulator**-Taste, damit Sie sich im Befehlsfeld
   Graphie befinden;

   — geben Sie an: **Graphie: (Nein)**;

   — drücken Sie einmal die **Tabulator**-Taste, damit Sie sich im Befehlsfeld
   Nur Wort befinden;

   — geben Sie an: **Nur Wort: (Nein)**.

5. Bestätigen Sie die Eingaben durch Drücken der **RETURN**-Taste.

6. Das erste ‚schwarz' wird angezeigt, und Word fragt in der vorletzten Bildschirmzeile, ob Sie wirklich ersetzen möchten:

   Geben Sie J ein wenn Sie wechseln möchten N wenn nicht oder unterbrechen Sie

7. Bestätigen sie mit *J*.

8. Lassen Sie auch das letzte ‚schwarz' durch ‚weiß' ersetzen.

Word zeigt Ihnen nun in der vorletzten Bildschirmzeile an, wie oft der Text ersetzt worden ist. Der Cursor springt an die Ausgangsposition zurück:

   '2 mal habe ich den Suchbegriff ersetzt!'

Als nächstes möchten Sie die ‚— — —'-Linie durch eine ‚= = ='-Linie ersetzen lassen. Sie könnten die Striche zählen, was aber sehr mühsam wäre.
Sie könnten als Such- und als Ersatzbegriff jeweils nur einen Strich eingeben. Würden Sie dann bei **Mit Bestätigung: (Nein)** angeben, würde Word auch die Bindestriche bei 36—46 ersetzen. Würden Sie bei **Mit Bestätigung: (Ja)** angeben, müßten Sie für jeden Bindestrich das *j* eingeben.
Sie könnten zwei Bindestriche eingeben, damit Word den Bindestrich bei ‚36—46' nicht ersetzt. Aber Sie wissen nicht, ob Sie eine gerade oder eine ungerade Zahl Bindestriche in der Linie stehen haben.

9. Um nun aber die ‚— — —'-Linie durch eine ‚= = ='-Linie ersetzen zu lassen, überschreiben Sie diese. Dazu wählen Sie folgende Befehlsfolge.

   — Positionieren Sie den Cursor auf den ersten Bindestrich in der Linie;

   — drücken Sie die **F5**-Taste.

In der untersten Bildschirmzeile vor ‚Microsoft Word' erscheinen zwei Buchstaben: ÜB für Überschreiben.
Sie befinden sich nun nicht mehr im **Einfügemodus,** wo das Zeichen, das Sie eingaben, vor dem Zeichen, auf dem der Cursor stand, eingefügt wurde, sondern Sie befinden sich nun im **Überschreibemodus,** wo das Zeichen, auf dem der Cursor steht, durch das Zeichen, das Sie eingeben, überschrieben wird.

10. Überschreiben Sie nun die Bindestriche mit Gleichheitszeichen.

(**RETURN**-Zeichen, also Absatzmarken, werden <u>nicht</u> überschrieben!).
Sie können, wenn der Überschreibemodus eingeschaltet ist, nicht mehr mit der **Rücktaste** löschen, nur noch mit der **DEL**-Taste.

11. Nachdem Sie die Linie ganz überschrieben haben, drücken Sie erneut die **F5**-Taste, damit Sie sich wieder im **Einfügemodus** befinden.

12. Speichern Sie den Text erneut unter 1029 ab.

13. Löschen Sie den gesamten Bildschirm.

11.4 Übung XI

Laden Sie Text 1017.

```
╔═[·········1·········2·········3·········4·········5·········6·····]···7·····╗
║ Sehr geehrte Damen und Herren,¶
║ ¶
║         mit Ihrer Liefermahnung fordern Sie die Lieferung der
║         Rechenmaschinen bis 15.06.85.¶
║ ¶
║         Wir bedauern sehr, daß wir diesen Termin nicht einhalten
║ können, da ein großer Teil unserer Lagerbestände durch ein Feuer
║ beschädigt wurde.¶
║ ¶
║ Sie erhalten in den nächsten Tagen 3 Rechenmaschinen. Die
║         fehlenden 8 Rechenmaschinen werden wir unverzüglich nach
║         Erhalt der nächsten Werkslieferung folgen lassen.¶
║ ¶
║ Seien Sie versichert, daß wir uns um schnelle Lieferung bemühen.¶
║ ¶
║ Mit freundlichen Grüßen◆
║
╚═══════════════════════════════════════════════════════════════════════════╝
BEFEHL: Text Ausschnitt Bibliothek Druck Einfügen Format Gehezu Hilfe Kopie
        Löschen Muster Quitt Rückgängig Suchen übertragen Wechseln Zusätze
523 Zeichen sind in diesem Text abgespeichert! (267264 Byte frei)
Seite 1  ()                        ?           Microsoft Word: 1017.TXT
```

Lassen Sie das Wort ‚Rechenmaschinen' durch das Wort ‚Computer' ersetzen.
Finden Sie heraus, wie oft die Zeichenfolge ‚liefer' in dem Text vorkommt.
Speichern Sie den geänderten Text unter 1030 ab.
Sollten Sie mit den Eingaben nicht zurechtkommen, sehen Sie sich die
Lösung XI in ANHANG A an.

12 Dateiverwaltung/Umbenennen/Dateilöschen/Quitt

Sie lernen die Dateiverwaltung von Word kennen, Dateien einen anderen
Namen zu vergeben, Dateien zu löschen und die Arbeit mit Word zu beenden.

12.1 Das Word-Lernziel:
die Dateiverwaltung von Word

Wenn Sie bisher Ihre Texte abgespeichert haben, hat Word diesen Texten
automatisch den Anhang .TXT gegeben, der diese Texte als Text-Dateien
ausweist.
Word hat noch verschiedene andere Anhänge für Texte, z. B. kennen Sie
schon den Anhang .TBS für Textbausteindateien.
Wenn Sie die Texte laden, zeigt Word Ihnen im Inhaltsverzeichnis auf dem
Bildschirm nur die Text-Dateien an.

Aufgabe:
Lassen Sie sich alle Dateien auf dem Bildschirm anzeigen, nicht nur die
Textdateien.

Ausführung:
1. Um alle Dateien anzeigen zu lassen, wählen Sie folgende Befehlsfolge:

    – <ESC>;

    – Ü   für **Übertragen**;

    – L   für **Laden**;

    – schreiben Sie: *.*

Diese Zeichenfolge *.* bedeutet, daß Word alle Texte anzeigen soll, egal was
vor dem Punkt steht und welcher Anhang dem Text zugeordnet wurde.
Wenn Sie sich z. B. nur alle Textbausteindateien anzeigen lassen möchten,
würden Sie die Zeichenfolge *.TBS eingeben, damit Word Ihnen alle Dateien
anzeigt, die den Anhang TBS haben, egal was vor dem Punkt steht.
Wenn Sie z. B. 102 eingeben und eine Cursortaste drücken, so werden auf
dem Bildschirm alle Textdateien angezeigt, die mit 102 beginnen.
Wenn Sie alle Dateien sehen möchten, die mit 102 beginnen, nicht nur die
Dateien mit dem Anhang .TXT, so müssen Sie den Platzhalter ? verwenden.
Dies ist ein Platzhalter für jeweils ein einzelnes Zeichen, ein * ein Platzhalter
für eine ganze Seite: vor oder nach dem Punkt. Sie würden also eingeben:
102?????.*, damit alle Texte angezeigt werden, die mit 102 beginnen, egal
welchen Anhang sie haben. Sie geben fünf Fragezeichen ein (könnten noch
mehr eingeben), da Dateinamen nicht länger als acht Zeichen lang sein
dürfen.

2. Drücken Sie eine Cursortaste, um sich das Inhaltsverzeichnis anzeigen zu
    lassen.

```
1001.SIK      1001.TXT      10011.TXT      1002.SIK
1002.TXT      1003.TXT      1004.TXT       1005.TXT
1006.TXT      1007.TXT      1008.TXT       1009.TXT
1010.SIK      1010.TXT      1011.TXT       1012.TXT
10121.TXT     1013.SIK      1013.TXT       1014.SIK
1014.TXT      1015.SIK      1015.TXT       1016.TXT
1017.SIK      1017.TXT      1018.TXT       1019.SIK
1019.TXT      1020.TXT      10201.SIK      10201.TXT
1021.SIK      1021.TXT      10211.SIK      10211.TXT
1022.SIK      1022.TXT      10221.TXT      1023.SIK
1023.TXT      10231.TXT     1024.SIK       1024.TXT
10241.TXT     1025.SIK      1025.TXT       10251.SIK
10251.TXT     1026.TXT      10261.SIK      10261.TXT
1027.SIK      1027.TXT      1028.TXT       1029.SIK
1029.TXT      1030.TXT      BRIEF.TBS

ÜBERTRAGEN LADEN Dateiname: 1001.SIK              Schreibschutz: Ja(Nein)

Geben Sie bitte einen Dateinamen ein oder wählen Sie einen! (266240 Byte frei)
Seite 1  ()                          ?              Microsoft Word:
```

Die Dateien werden numerisch und alphabetisch sortiert, wobei Ziffern vor
Buchstaben und Zeichen vor Ziffern sortiert werden.
Sie sehen auf dem Bildschirm Ihre Dateien mit dem Anhang .TXT (Textdatei)
und eine Datei mit dem Anhang .TBS (Textbausteindatei).
Außerdem sehen Sie einige Daten mit dem Anhang .SIK. Das sind Sicherungskopien der von Ihnen erstellten Dateien. Sicherungskopien werden von Word
automatisch erstellt und entstehen folgendermaßen:
Wenn Sie einen Text schreiben und abspeichern, bekommt er einen Namen,
z. B. 1001ub. Wenn Sie diesen Text nun bearbeiten, legt Word Dateien mit
Zwischeninformationen an, wie z. B. MW000001.TMP. Diese Dateien werden
automatisch gelöscht, wenn der Text erneut auf Diskette abgespeichert wird.
Sollte der Speichervorgang unterbrochen werden (z. B. durch Stromausfall),
kann es geschehen, daß sich eine solche Datei auf Ihrer Diskette befindet.
Sie haben nun den gespeicherten Text bearbeitet und speichern ihn unter
demselben Namen ab, also unter 1001ub. Jetzt erstellt Word automatisch
eine Sicherungskopie: der vorher unter 1001ub abgespeicherte Text bekommt nun den Anhang .SIK (= Sicherungskopie).

Während des Speichervorganges heißt die alte Datei 1001ub.TXT und die
neue ist währenddessen eine temporäre Datei, heißt also z. B. MW260805.TMP,
wobei die Zahl variiert. Nachdem der Speichervorgang beendet ist, heißt die
neue Datei 1001ub.TXT und die alte 1001ub.SIK.
Sollten Sie eine Datei von einer Diskette auf eine andere speichern und der
Text ist zu lang, so fragt Word, nachdem es seine Informationen aus dem
Arbeitsspeicher auf die neue Diskette gespeichert hat, nach dem Zugriff auf
die alte Datei. Dann müssen Sie die Disketten wechseln, und Word lädt
wieder neue Informationen in den Arbeitsspeicher. Damit diese auf die
neue Diskette gespeichert werden, fragt Word nach dem Zugriff auf
MW260805.TMP (bei älteren Versionen noch Zugriff auf NEWFILE.TMP).
Das ist die Datei auf der neuen Diskette. Sie wechseln dann wieder die
Diskette, und Word speichert die Informationen ab. Wenn die Datei dann
vollständig gespeichert ist, beendet Word den Vorgang, ansonsten fragt das
Programm wieder nach dem Zugriff auf die Ursprungsdatei. Dieser Vorgang
wiederholt sich, bis alle Informationen auf der neuen Diskette gespeichert
sind.

3. Drücken Sie nun wieder die **ESC**-Taste, um ins Hauptbefehlsmenü
   zurückzugelangen.

12.2 Das Word-Lernziel:
Umbenennen von Dateien

Aufgabe:
Laden Sie die Datei 1029, und benennen Sie sie dann um auf 1031.

Ausführung:
1. Laden Sie Text 1029.

Dieser Text soll nun nicht mehr unter 1029, sondern unter 1031 abgespeichert werden. Würden Sie die Datei erneut speichern, und zwar unter 1031, so müßten Sie die Datei 1029 noch löschen. Das wäre sehr aufwendig.
Damit Sie diesen Arbeitsgang sparen können, gibt Word Ihnen die Möglichkeit, die Datei umzubenennen.

2. Um die Datei umzubenennen, wählen Sie folgende Befehlsfolge:

- <**ESC**>;

- Ü für **Übertragen;**

- U für **Umbenennen.**

3. Geben Sie den neuen Namen 1031 ein.

```
|≡[·········1·········2·········3·········4·········5·········6·····]···7·····
| Vorbildlich eleganter Schnitt in vollendet¶
| sauberer Verarbeitung, Spitzenklasse,¶
| Größen 36 - 46, weiß, beige, silbergrau¶
|                                                          21,80 DM¶
| ¶
| ===================================================================¶
| ¶
| Rekord, vorzügliches Mischgewebe, bequemer¶
| Einstück-Kragen, Universal-Manschette,¶
| Größen 36 - 46, weiß, beige, silbergrau¶
|                                                          17,80 DM¶
| ◆
```

üBERTRAGEN UMBENENNEN Dateiname: 1031▮

Geben Sie bitte einen Dateinamen ein oder wählen Sie einen!
Seite 1 ()   ?   Microsoft Word: 1029.TXT

4. Bestätigen Sie die Eingabe mit der **RETURN**-Taste.

Der Text wurde nun umbenannt und nicht noch einmal zusätzlich auf
Diskette gespeichert!

12.3 Das Word-Lernziel:
Löschen von Dateien

Aufgabe:
Löschen Sie die Datei 1001.SIK.

Ausführung:
1. Um die Datei zu löschen, wählen Sie folgende Befehlsfolge:

   - <**ESC**>;

   - **Ü** für **Übertragen**;

   - **D** für **Dateilöschen**;

   - drücken Sie eine Cursortaste.

Wenn Sie sich beim Dateilöschen das Inhaltsverzeichnis anzeigen lassen, zeigt Word Ihnen alle Dateien an, also nicht nur die Textdateien, sondern auch die Sicherungskopien und die Textbausteine (und später auch die Druckformatvorlagen).

2. Positionieren Sie den Cursor auf die Datei 1001.SIK.
3. Bestätigen Sie den Befehl durch Drücken der **RETURN**-Taste.

Die Datei ist nun von der Diskette gelöscht worden.
Dateien können nicht gelöscht werden, wenn Sie sich auf dem Bildschirm oder wenn sich Daten dieser Dateien im Arbeitsspeicher befinden. Löschen Sie aus diesem Grunde ab und zu den Bildschirm mit dem Befehl **Bildschirmlöschen Gesamt,** um den Arbeitsspeicher zu löschen!
Bei älteren Word-Versionen muß man zuerst die Arbeit mit Word beenden (siehe folgenden Abschnitt) und neu laden, bevor man Dateien löschen kann.

12.4 Das Word-Lernziel:
Befehl **Quitt**

Aufgabe:
Beenden Sie die Arbeit mit Word.

Ausführung:
1. Um die Arbeit mit Word zu beenden, wählen Sie folgende Befehlsfolge:

   – <**ESC**>;

   – **Q** für **Quitt.**

Wenn Sie einen noch nicht gespeicherten oder nach dem Speichern geänderten Text im Arbeitsspeicher haben (oder Textbausteine), fragt Word nach einer Entscheidung, ob Sie diesen Text speichern möchten oder nicht:

   Geben Sie ein J ein wenn sie Speichern möchten N wenn nicht oder unterbrechen Sie!

12.5 Übung XII
Starten Sie Word.
Wählen Sie, wenn nötig, das Laufwerk an.
Löschen Sie die Datei 1002.SIK von der Datendiskette.

Sollten Sie mit den Eingaben nicht zurechtkommen, sehen Sie sich die Lösung XII in AHANG A an.

13 Druckformatvorlagen

Sie lernen, Druckformate zu erstellen, in Druckformatvorlagen zu speichern, diese Texten zuzuordnen und die Druckformate anzuwenden.

13.1 Das Word-Lernziel:
Erstellen von Druckformaten

Sie haben bereits Texte, die Sie später wieder verwenden wollten, in Textbausteinen abgespeichert.
Dasselbe können Sie nun mit Formaten tun: Sie können also bestimmte Formate abspeichern und den Text mit Hilfe des Tastenschlüssels entsprechend formatieren.

Aufgabe:
Erstellen Sie untenstehenden Text und drei Druckformate, die ebenfalls im folgenden Text näher bestimmt werden.

Ausführung:
1. Schreiben Sie folgenden Text, und speichern Sie ihn unter 1032 ab:


```
Antrag auf Ladung zum Offenbarungseid

Ernst Koch, Gummersbach, Karlstraße 3, schuldet mir laut
beigefügtem Vollstreckungsbefehl vom 27. Februar 1984 den Betrag
von 594,-- DM.

Ich beantrage hiermit:

1. einen Termin zur Leistung des Offenbarungseides durch den
Schuldner nach Paragraph 899 ZPO zu bestimmen;

2. Haftbefehl zu erlassen und mir eine Ausfertigung davon zu
übermitteln, falls der Schuldner unentschuldigt ausbleibt oder den
Eid verweigert;

3. mir in allen anderen Fällen durch Protokollausfertigung den
Ausgang des Termins mitzuteilen;

4. den Schuldner genau zu vernehmen

Mein Antrag ist nichtig, wenn der Schuldner nach der Liste
innerhalb der letzten fünf Jahre den Offenbarungseid schon
geleistet hat.

Hochachtungsvoll
```


Sie können mit Word Formate abspeichern, die Sie öfter brauchen. Dieses
Abspeichern solcher Formate werden wir an diesem kurzen Text durch-
führen.
Sicherlich lohnt sich eine Druckformatvorlage für einen solchen Text nicht,
aber wir wollten Ihnen ein wenig Schreibarbeit ersparen; schließlich ist
dieser Text nur zum Üben der Erstellung von Druckformatvorlagen gedacht
und nicht zur Schreibübung.
Das Abspeichern von Formaten in Druckformate lohnt sich aber bereits,
wenn Sie nur ein Format in einem Text immer wieder benötigen, z. B. die
Einrückung von Absätzen, die mit Zahlen beginnen (1. ...).
In unserem Text möchten wir nun drei Druckformate erstellen:
1. ein Format für Fettdruck, Kursiv, Unterstreichung (für die Überschrift)
2. ein Format für die Einrückung der Absätze 1. bis 4. einschließlich
   Großschreibung dieses Textes
3. ein Format für den richtigen Satzspiegel und den richtigen Seitenvorschub

2. Um Druckformate zu erstellen, müssen Sie sich im Menü **Muster** befinden.
    Dazu wählen Sie folgende Befehlsfolge:

    — <**ESC**>;

    — **M** für **Muster**.

In der Muster-Ebene können Sie keinen Text direkt auf den Bildschirm schreiben, denn dort werden nur die Druckformate angezeigt. Aus diesem Grund brauchen Sie in dieser Ebene nicht mehr die **ESC**-Taste zu drücken.
Das erste Druckformat soll nun beinhalten, daß der Text, dem später dieses Druckformat zugeordnet wird, fett, unterstrichen und kursiv dargestellt wird.

3. Um nun das erste Druckformat zu erstellen, wählen Sie folgende Befehlsfolge:

   – **E** für **Einfügen**.

Es erscheint folgendes auf dem Bildschirm:

```
┣━[·········1·········2·········3·········4·········5·········6·····]···7·····┓
┃  ◻
┃
┃
┃
┃
┃
┃
┃
┃
┃
┃
┃
┃
┃
┃
┃
┃

EINFüGEN Tastenschlüssel: [��]▉ Verwendung:(Zeichen)Absatz Bereich
                              Variante: 1
                              Anmerkung:
Geben Sie bitte den Tastenschlüssel ein!
Muster    ()                          ?          Microsoft Word: STANDARD.DFV
```

Als erstes müssen Sie einen Tastenschlüssel vergeben. Den Tastenschlüssel benötigen Sie, um später das Druckformat zuordnen zu können. Ein Beispiel für einen standardmäßig in Word gespeicherten Tastenschlüssel ist:

<Alt> **x** **f** für Fettdruck.

Die beiden Zeichen xf sind also der Tastenschlüssel.
Der Tastenschlüssel ist frei wählbar, er sollte aber nach Möglichkeit aus zwei Zeichen bestehen, um die große Anzahl der möglichen Tastenschlüssel nicht zu begrenzen; denn wenn Sie z. B. ein a als Tastenschlüssel eingeben würden, könnten Sie keine anderen Druckformate mehr anlegen, deren Tastenschlüssel mit a beginnen sollte!

170

Damit die Tastenschlüssel einheitlich sind und keine Mißverständnisse entstehen können, haben wir jeweils einen möglichen Tastenschlüssel vorgegeben, der aber nicht zwingend ist, sondern nur ein Vorschlag.

4. Geben Sie als Tastenschlüssel zwei Zeichen an, z. B.:

    zf

5. Drücken Sie einmal die **Tabulator**-Taste, damit Sie sich im Befehlsfeld

    Verwendung: (Zeichen) Absatz Bereich

    befinden.

Sie können hier festlegen, welcher Art Ihre Formatierung sein soll, ob es eine Zeichen-, Absatz- oder Bereichsformatierung sein soll. Wenn Sie **(Zeichen)** angeben, so können Sie nur Zeichenformatierungen festlegen. Wenn Sie **(Absatz)** angeben, so können Sie Absatz-, Zeichenformatierungen und Tabulationen festlegen. Wenn Sie **(Bereich)** angeben, so können Sie nur Bereichsformatierungen angeben.
Bei älteren Versionen drücken Sie eine Cursortaste, und es werden Ihnen verschiedene Begriffe angezeigt. Diese Begriffe sind in 3 Kategorien eingeteilt. Die erste Gruppe sind Begriffe für Zeichenformatierungen, die zweite Absatzformatierungen und die dritte Bereichsformatierungen. Sie können aus den Kategorien (in diesem Fall aus der ersten) beliebige Ausdrücke wählen — nur einzelne sind „reserviert''. Diese entsprechen den Begriffen, die hier unter „Variante'' aufgeführt sind und erklärt werden.

6. Die Angaben für das erste Druckformat sind ausschließlich Zeichenformatierungen (fett, unterstrichen, kursiv), lassen Sie also **(Zeichen)** stehen.

7. Drücken Sie einmal die **Tabulator**-Taste, damit Sie sich im Befehlsfeld

    Variante: 1

    befinden.

Sie können nicht nur ein einziges Zeichen-Druckformat anlegen, sondern mehrere. Damit Word diese unterscheiden kann, geben Sie für jedes Druckformat mit demselben Begriff in Verwendung eine andere Variante an. Word gibt Ihnen immer die nächste Variante vor.

8. Um sich alle Varianten, die Ihnen zur Verfügung stehen, anzeigen zu lassen, drücken Sie eine Cursortaste.

Die Varianten sind also Zahlen von 1 bis 26. Nur zwei Varianten wurden anders benannt: Seitennummer und Fußnotenzeichen.

Wenn Sie einem Text mit Seitennumerierung eine Druckformatvorlage zuordnen, in der Sie ein bestimmtes Format mit dem Begriff Seitennummer in
Variante angegeben haben, so werden automatisch alle Seitennummern in
dem gesamten Text dementsprechend formatiert, ohne daß Sie das Format
jeder einzelnen Seitennummer zuordnen müßten.
Wenn Sie einem Text mit Fußnotenzeichen eine Druckformatvorlage zuordnen, in der Sie ein bestimmtes Format mit dem Begriff Fußnotenzeichen in
Variante angegeben haben, so werden automatisch alle Fußnotenzeichen in
dem gesamten Text dementsprechend formatiert, ohne daß Sie das Format
jedem einzelnen Fußnotenzeichen zuordnen müßten.
Bei älteren Versionen werden Zahlen und/oder Buchstaben angezeigt. Für
jeweils zwei Druckformate mit demselben Begriff in ,,Verwendung'' müssen
Sie unterschiedliche Varianten angeben. In diesen Versionen zählt Word
diese Varianten nicht automatisch, Sie müssen sie also selbst angeben.

9. Dieses Druckformat ist das erste Zeichen-Druckformat, für ,normalen'
   Text (also nicht nur für die Seitennummern oder nur für die Fußnoten-
   zeichen), die Variante 1 stimmt also.
   Wenn Sie keine ,,Sondervariante'' wählen möchten, zählt Word die
   ,,normalen'' automatisch durch, Sie brauchen sich dann nicht immer das
   Inhaltsverzeichnis anzeigen zu lassen.
   Positionieren Sie den Cursor auf die 1, und drücken Sie einmal die
   Tabulator-Taste, damit Sie sich im Befehlsfeld

   Anmerkung

   befinden.

In dieses Feld können Sie einen kurzen Text eingeben, damit Sie immer
wissen, wofür Sie dieses Druckformat erstellt haben.

10. Geben Sie z. B. als Text in die Anmerkung folgendes ein:

    Zeichen fett, unterstrichen, kursiv

So wissen Sie, daß der Text, dem dieses Druckformat zugeordnet wird, fett,
unterstrichen und kursiv dargestellt wird.
Sollte der Text für die Anmerkung zu lang sein, so werden die letzten Zeichen nicht mehr auf dem Bildschirm angezeigt.

11. Da Sie nun alle Angaben getätigt haben, bestätigen Sie durch Drücken
    der **RETURN**-Taste.

Auf dem Bildschirm werden die Druckformate durchnumeriert. Es erscheint:

Die Angaben bedeuten:

Nummer des Druckformates	Tasten- schlüssel	Variante	Anmerkung
		Format	

Sie haben nun die Angaben für dieses Druckformat eingegeben, nun müssen Sie noch das Format festlegen.

12. Wählen Sie dazu folgende Befehlsfolge:

> **F** für **Format**.

Da Sie angegeben haben, daß dieses Druckformat ein Zeichen-Druckformat sein soll, befinden Sie sich sofort im Unterbefehlsmenü für die Zeichenformatierung.

13. Geben Sie bei **Fett: Kursiv** und **Unterstrichen: Ja** an.

14. Bestätigen Sie die Formatierungen durch Drücken der **RETURN**-Taste.

Sie könnten aber auch direkt formatieren:
Um die Formatierungen direkt einzugeben, wählen Sie folgende Tastenkombinationen (in der Muster-Ebene geben Sie das 'x' nicht ein):

— <Alt> f für Fettdruck;

— <Alt> i für Kursiv;

— <Alt> u für Unterstreichen.

Sie haben nun das erste Druckformat erstellt (wobei die Schriftart variieren
kann).

Das zweite Druckformat soll später die Absätze 1. bis 4. im Text so einrücken, daß nur die erste Zeile am Anfang der Zeile steht, außerdem sollen
alle Zeichen in Großbuchstaben geschrieben werden. Das sind also eine Zei-
chen- und eine Absatzformatierung. Deshalb müssen wir nun ein Absatz-
Druckformat erstellen.

15. Damit das nächste Druckformat unter dem gerade erstellten eingefügt
    wird, positionieren Sie den Cursor auf die Schreibmarke. Ansonsten
    würde das neue Druckformat vor dem eben erstellten eingefügt werden.

16. Um nun die Angaben für das zweite Druckformat zu tätigen, wählen Sie folgende Befehlsfolge:

   E   für **Einfügen.**

17. Der Tastenschlüssel ist wieder frei wählbar, sollte nach Möglichkeit aus zwei Zeichen bestehen. Unser Vorschlag für diesen Tastenschlüssel wäre 1. (für einzurückende Absätze mit einer einstelligen Zahl, einem Punkt und einem Leerschritt davor). Geben Sie ein:

    1.

   So wissen Sie, daß dieses Druckformat für Absätze gelten soll, die hinter einer einstelligen Zahl und einem Punkt eingerückt werden sollen.

18. Drücken Sie einmal die **Tabulator**-Taste, damit Sie sich im Befehlsfeld

   Verwendung: (Zeichen) Absatz Bereich

   befinden.

19. Da Sie Zeichen- und Absatzformatierungen festlegen möchten, wählen Sie hier **Absatz** aus. Mit diesem Begriff können Sie, wie schon erwähnt, Absatz-, Zeichenformatierungen und Tabulatoren festlegen.
   Bei älteren Versionen wählen Sie hier einen Begriff aus der zweiten Gruppe.

   — Drücken Sie also einmal die **Leertaste,** damit **Verwendung: Zeichen (Absatz) Bereich** ausgewählt wird.

20. Drücken Sie einmal die **Tabulator**-Taste, damit Sie sich im Befehlsfeld

   Variante: 1

   befinden.

21. Um sich alle Varianten, die Ihnen zur Verfügung stehen, anzeigen zu lassen, drücken Sie eine Cursortaste.

Die Varianten umfassen also Zahlen von 1 bis 71. Nur zwei Varianten wurden anders benannt: Standard und Fußnote.
Wenn Sie einem Text eine Druckformatvorlage zuordnen, in der Sie ein bestimmtes Format mit dem Begriff Standard in **Variante** angegeben haben, so werden automatisch alle Absätze in dem gesamten Text dementsprechend formatiert, denen kein anderes Absatzformat zugeordnet wurde, ohne daß Sie das Format jedem einzelnen Absatz zuordnen müßten.
Wenn Sie einem Text mit Fußnoten eine Druckformatvorlage zuordnen, in der Sie ein bestimmtes Format mit dem Begriff Fußnote in **Variante** angegeben haben, so werden automatisch alle Fußnoten in dem gesamten Text dementsprechend formatiert, ohne daß Sie das Format jeder einzelnen Fuß-note zuordnen müßten.
Da dieses das erste Absatz-Druckformat ist, ist die Variante 1 korrekt, Sie hätten sie also direkt bestätigen können.

22. Positionieren Sie den Cursor auf die 1, und drücken Sie einmal die **Tabulator**-Taste, damit Sie sich im Befehlsfeld

   Anmerkung

   befinden.

23. Sie können nun wieder eine Anmerkung angeben, z. B.:

   1. Zeile: — 3 p 10, Großbuchstaben

24. Da Sie alle Angaben getätigt haben, bestätigen Sie durch Drücken der **RETURN**-Taste.

Sie haben nun die Angaben für das zweite Druckformat eingegeben, nun müssen Sie noch das Format festlegen.

25. Wählen Sie dazu folgende Befehlsfolge:

   F für **Format.**

Sie können nun wählen, ob Sie ein Zeichenformat, ein Absatzformat oder einen Tabulator eingeben möchten.

26. Um als erstes den Einzug festzulegen, wählen Sie folgende Befehlsfolge:
   - **A** für **Absatz**;
   - drücken Sie dreimal die **Tabulator**-Taste, damit Sie sich im Befehlsfeld **Linker Einzug** befinden;
   - geben Sie den Einzug an: je ein Zeichen für die einstellige Zahl, den Punkt und den Leerschritt, also: *3 p 10*;
   - drücken Sie einmal die **Tabulator**-Taste, damit Sie sich im Befehlsfeld **Erste Zeile** befinden;
   - geben Sie den Einzug für die erste Zeile an, die ganz links beginnen soll: *— 3 p 10*;
   - bestätigen Sie mit <**RETURN**>.

27. Um nun auch das Zeichenformat (die Großbuchstaben) festzulegen, wählen Sie folgende Befehlsfolge:
   - **F** für **Format**;
   - **Z** für **Zeichen**;
   - geben Sie bei **Großbuchstaben: (Ja)** an;
   - bestätigen Sie durch Drücken der **RETURN**-Taste.

Nun haben Sie auch das zweite Druckformat erstellt.

Um das dritte Druckformat zu erstellen, den richtigen Satzspiegel für unser Papier, gehen Sie genauso vor wie bei den vorigen.

28. Um die Angaben für dieses Druckformat festzulegen, wählen Sie folgende Befehlsfolge:

- Cursor auf die Schreibmarke positionieren (wegen der Reihenfolge);

- **E** für **Einfügen**;

- Tastenschlüssel angeben, z. B. b1 (für Bereich 1);

- drücken Sie einmal die **Tabulator**-Taste, damit Sie sich im Befehlsfeld **Verwendung** befinden;

- es soll das Seitenformat festgelegt werden, drücken Sie zweimal die **Leertaste**, damit **Verwendung: Zeichen Absatz (Bereich)** ausgewählt wird (bei älteren Versionen wählen Sie den Begriff „Standard" aus der dritten Gruppe — Erklärung siehe Variante);

- drücken Sie einmal die **Tabulator**-Taste, damit Sie sich im Befehlsfeld **Variante** befinden;

- drücken Sie eine Cursortaste, um sich das Inhaltsverzeichnis der möglichen Varianten anzeigen zu lassen.

Die Varianten sind Zahlen von 1 bis 21. Nur eine Variante wurde anders benannt: Standard.
Wenn Sie einem Text eine Druckformatvorlage zuordnen, in der Sie ein bestimmtes (Bereichs-)Format mit dem Begriff Standard in **Variante** angegeben haben, so werden automatisch alle Bereiche in dem gesamten Text dementsprechend formatiert, ohne daß Sie das Format jedem einzelnen Bereich zuordnen müßten.

29. Da Sie also Ihr eigenes Standard-Bereichsformat festlegen möchten, positionieren Sie den Cursor auf Standard.
30. Drücken Sie einmal die **Tabulator**-Taste, damit Sie sich im Befehlsfeld **Anmerkung** befinden.
31. Geben Sie dort eine Anmerkung ein, die Sie an die Aufgabe dieses Druckformates erinnert, z. B.

   Standardbereich

32. Bestätigen Sie durch Drücken der **RETURN**-Taste.
33. Legen Sie nun das Format fest. Dazu wählen Sie folgende Befehlsfolge:

   F für **Format**.

Da Sie den Begriff **Bereich** in **Verwendung** gewählt haben, befinden Sie sich sofort im Unterbefehlsmenü für die Bereichsformatierung.

34. Geben Sie hier das richtige Maß (z. B. in cm) für Ihr Papier an, so daß der
    Text an die richtige Stelle gedruckt und der Seitenvorschub korrekt
    vorgenommen wird.

In unserem Falle (Endlospapier ohne Aufdruck) sehen die Angaben für
unser Druckformat folgendermaßen aus:

```
╞══[········1·········2·········3·········4·······5·······1····6····]···7····⌐
  1  ZF Zeichen 1                                    Zeichen fett, unterstrichen,
        Courier (Modern a) 12 Fett Kursiv Unterstrichen.
  2  1. Absatz 1                                     1. Zeile: - 3 p10, Großbuchs
        Courier (Modern a) 12 Großbuchstabe. Linker Einzug, Einzug links 0,7
        (Einzug erste Zeile -0,76 cm).
  3  B1 Bereich Standard                             Standardbereich
        Seite: Wechsel der Seitenlänge 29,7 cm; Breite 21 cm. Pagina arabisc
        Ziffern. Seitenrand oben 2,5 cm; Seitenrand unten 2 cm; Links 2 cm;
        Rechts 2 cm. Abstand Kopfzeile von oben 1,25 cm. Abstand Fußzeile vo
        unten 1,25 cm. Fußnoten auf der selben Seite.
  ◆

FORMAT BEREICH Wechsel: Fortlaufend Spalte SEITE Ungerade Gerade
  Seitenlänge: 29,7 cm   Breite: 21 cm                Bundsteg: 0 cm
  Paginierung: Ja(Nein)  Abstand oben: 1,25 cm        Abstand links: 19 cm
  Pagina:(Fortlaufend)Beginn        Bei:              Form:(1)I i A a
  Seitenrand oben: 2,5 cm    Unten: 2,5         Links: 2 cm      Rechts: 2 cm
  Spaltenzahl: 1           Spaltenabstand: 1,25 cm    Fußnoten:(Selbe-Seite)Ende
  Abstand Kopfzeile von oben: 1,25 cm       Abstand Fußzeile von unten: 1,25 cm
Wählen Sie bitte eine Option!
Muster   ()                         ?            Microsoft Word: STANDARD.DFV
```

35. Bestätigen Sie die Eingaben durch Drücken der **RETURN**-Taste.

Die vollständige Druckformatvorlage erscheint nun folgendermaßen auf
dem Bildschirm:

```
=[········1·········2·········3·········4·········5·········6····]···7····
 1  ZF Zeichen 1                              Zeichen fett, unterstrichen,
       Courier (Modern a) 12 Fett Kursiv Unterstrichen.
 2  1. Absatz 1                               1. Zeile: - 3 p10, Großbuchs
       Courier (Modern a) 12 Großbuchstabe. Linker Einzug, Einzug links 0,7
       (Einzug erste Zeile -0,76 cm).
 3  B1 Bereich Standard                    Standardbereich
       Seite: Wechsel der Seitenlänge 29,7 cm; Breite 21 cm. Pagina arabisc
       Ziffern. Seitenrand oben 2,5 cm; Seitenrand unten 2,5 cm; Links 2 cm
       Rechts 2 cm. Abstand Kopfzeile von oben 1,25 cm. Abstand Fußzeile vo
       unten 1,25 cm. Fußnoten auf der selben Seite.



BEFEHL: Text Druck Einfügen Format Hilfe Kopie Löschen Name Rückgängig
        übertragen
Wählen Sie bitte eine Option oder geben Sie deren Anfangsbuchstaben ein!
Muster   ()                      ?              Microsoft Word: STANDARD.DFV
```

13.2 Das Word-Lernziel:
Speichern von Druckformatvorlagen

Aufgabe:
Speichern Sie Ihre Druckformate in eine Druckformatvorlage auf Diskette
ab.

Ausführung:
Die Druckformate sind bisher nur auf dem Bildschirm, d. h. nur im Arbeitsspeicher und noch nicht auf Diskette gespeichert. Um diese Druckformate
nun zu speichern, müssen sie in eine Datei geschrieben werden. Diese Datei
heißt Druckformatvorlage.

1. Um die Druckformate in eine Druckformatvorlage auf Diskette zu
    speichern, wählen Sie folgende Befehlsfolge:

    — Ü   für **Übertragen;**

    — S   für **Speichern.**

Standardmäßig steht Ihnen das Format zur Verfügung, das Microsoft auf der
Programmdiskette gespeichert hat. Dazu zählen unter anderem der Satz-
spiegel, das Papierformat, die Schriftart, die linksbündige Formatierung
der Absätze usw., also das Format, in dem nach dem Laden von Word ohne
eigene Formatierungen geschrieben wird.
Wenn Sie nun ein anderes Standardformat wünschen, z. B. einen anderen
Satzspiegel, ein anderes Papierformat, eine andere Schriftart, Blocksatz oder
ähnliches, so können Sie ein solches Standardformat selbst festlegen, indem
Sie Druckformate erstellen und in die Druckformatvorlage mit dem Namen
Standard auf Diskette speichern.
Wir möchten nun aber eine Druckformatvorlage erstellen, die nur für ganz
bestimmte Texte gilt, nämlich für Anträge, und nicht für alle auf dieser Dis-
kette gespeicherten Texte.

2. Geben Sie den Namen der Druckformatvorlage ein: *antrag*
3. Bestätigen Sie diesen Befehl durch Drücken der **RETURN**-Taste.

Die Druckformate sind nun in die Druckformatvorlage mit dem Namen
antrag auf Diskette gespeichert. Diese Datei hat automatisch den Anhang
.DFV bekommen für Druckformatvorlage.

13.3 Das Word-Lernziel:
Zuordnen einer Druckformatvorlage zu einem Text, Anmerkung
zur STANDARD.DFV

Aufgabe:
Ordnen Sie dem Text 1032 die Druckformatvorlage ANTRAG.DFV zu.

Ausführung:
Da Sie mehrere Druckformatvorlagen erstellen können und damit Ihnen für
den Text 1032 die Druckformate der Druckformatvorlage ANTRAG.DFV
zur Verfügung stehen, müssen Sie diesem Text die gewünschte Druckformatvorlage zuordnen.
1. Kehren Sie aus der Muster-Ebene in die Text-Ebene zurück:

    drücken Sie entweder **T** für **Text** oder die **RETURN**-Taste.

Um dem Text 1032 eine Druckformatvorlage zuzuordnen, müssen Sie den
Text 1032 geladen haben.

2. Ordnen Sie diesem Text 1032 die Druckformatvorlage ANTRAG.DFV
    zu. Wählen Sie dazu folgende Befehlsfolge:

    – **<ESC>**;

    – **F**   für **Format**;

    – **D**   für **Druckformat**;

    – **V**   für **Vorlage.**

3. Um sich das Inhaltsverzeichnis aller bisher erstellten Druckformatvor-
    lagen anzeigen zu lassen, drücken Sie eine Cursortaste.

Es werden alle von Ihnen erstellten Druckformatvorlagen angezeigt.

4. Laden Sie die Druckformatvorlage ANTRAG.DFV zu diesem Text in
    den Arbeitsspeicher, indem Sie den Cursor auf diesen Dateinamen posi-
    tionieren und mit <**RETURN**> bestätigen.

Die Druckformatvorlage ist nun diesem Text zugeordnet und in den Arbeitsspeicher geladen worden; Sie können die Druckformate aus dieser Datei
wieder verwenden.

Anmerkung zur STANDARD.DVF
Wenn Sie eine Druckformatvorlage erstellt und ihr den Namen STANDARD.
DFV gegeben haben, brauchen Sie diese Druckformatvorlage den Texten
nicht zuzuordnen, denn sie wird automatisch in den Arbeitsspeicher geladen
und jedem Text, dem keine andere Druckformatvorlage zugeordnet wurde,
zugewiesen.
Sollten Sie in dieser Standard-Druckformatvorlage Druckformate mit dem
Begriff **Standard** in **Variante** angelegt haben, so wird dieses Format standardmäßig für die Texte übernommen.
Sollten Sie diese Standardformate für einen Text nicht wünschen, sondern
soll dieser Text das von Microsoft vorgegebene Standardformat erhalten,
wählen Sie folgende Befehlsfolge:

- **F** für **Format**;

- **D** für **Druckformat**;

- **V** für **Vorlage**;

- löschen Sie die angegebene Druckformatvorlage durch Drücken der
  DEL-Taste;

- bestätigen Sie durch Drücken der **RETURN**-Taste.

So haben Sie automatisch das Format geladen, das von Microsoft vorgegeben
war.
Wenn Sie auf mehreren Disketten verschiedene Druckformatvorlagen mit
dem Namen STANDARD.DFV gespeichert haben, so löschen Sie nach dem
Diskettenwechsel auf jeden Fall immer den gesamten Bildschirm, damit das
Standard-Format von dieser Diskette in den Arbeitsspeicher geladen wird!

13.4 Das Word-Lernziel:
Formatieren eines Textes mit Hilfe einer Druckformatvorlage

Aufgabe:
Ordnen Sie dem Text 1032 die einzelnen Druckformate zu: der Überschrift
das erste, den vier einzurückenden Absätzen das zweite und dem gesamten
Text das dritte Druckformat.

Ausführung:
1. Das erste Druckformat ist ein Zeichenformat, markieren Sie also den
   gesamten zu formatierenden Text (die Überschrift: ‚Antrag auf Ladung
   zum Offenbarungseid').

Bei den Direktformatierungen, z. B. beim Fettdruck, haben Sie die **Alt**-Taste
gedrückt gehalten, **x** gedrückt, die **Alt**-Taste losgelassen und dann das zweite
Zeichen des Tastenschlüssels eingegeben, beim Fettdruck z. B. das **f**.
Genauso verfahren Sie mit den Druckformaten.

2. Formatieren Sie diese Überschrift in den Fettdruck, Kursivschrift und
   Unterstreichung, indem Sie den vergebenen Tastenschlüssel eingeben:

   — halten Sie die **Alt**-Taste gedrückt;

   — geben Sie das erste Zeichen des Tastenschlüssels ein: *z*;

   — lassen Sie die **Alt**-Taste los;

   — geben Sie das zweite Zeichen des Tastenschlüssels ein: *f*.

Die Überschrift wurde nun dem Druckformat entsprechend formatiert: fett,
unterstrichen und kursiv.
Es gibt auch eine lange Form des Formatierens mit einem Druckformat.
Nach dem Markieren der Überschrift würden Sie folgende Befehlsfolge
wählen:

   — <ESC>;

   — F   für **Format**;

   — D   für **Druckformat**;

   — Z   für **Zeichen**;

   — drücken Sie eine Cursortaste, um sich das Inhaltsverzeichnis anzeigen
     zu lassen.

Alle in der diesem Text zugeordneten Druckformatvorlage erstellten Zeichen-Druckformate werden angezeigt:
Es werden die Tastenschlüssel, die Verwendung, die Variante und die Anmerkung angezeigt.
Auf diese lange Art können Sie sich die für die gewählte Druckformatvorlage zur Verfügung stehenden Zeichen-Druckformate ansehen.
Angezeigt werden jeweils der Tastenschlüssel und der Text der Anmerkung. Sie können dann den Cursor auf das gewünschte Format positionieren und mit <**RETURN**> bestätigen.
Verlassen Sie dieses Unterbefehlsmenü durch Drücken der **ESC**-Taste.

3. Da Sie den vier Absätzen mit den Zahlen (1. bis 4.) allen dasselbe Druckformat zuordnen möchten, markieren Sie diese vier Absätze.

4. Ordnen Sie diesen Absätzen das zweite Druckformat (negative Einrückung der ersten Zeile und Großbuchstaben) zu. Verwenden Sie den Tastenschlüssel:

   — halten Sie die **Alt**-Taste gedrückt;

   — geben Sie das erste Zeichen des Tastenschlüssels ein: *1*;

   — lassen Sie die **Alt**-Taste los;

   — geben Sie das zweite Zeichen des Tastenschlüssels ein: .

Die vier Absätze wurden nun dem Druckformat entsprechend formatiert, d. h. die Zahlen stehen vor den Absätzen, und der Text der Absätze steht nun in Großbuchstaben auf dem Bildschirm.
Für die korrekte Seitenlänge, -breite und den Satzspiegel haben Sie ein Druckformat erstellt mit dem Begriff **Standard** in **Verwendung**. Die Angaben müssen also automatisch übernommen worden sein, ohne daß Sie dieses Druckformat zuordnen müssen.

5. Um zu prüfen, ob Word die Angaben für den Bereich aus der Druckformatvorlage übernommen hat, wählen Sie folgende Befehlsfolge:

   — <**ESC**>;

   — **F** für **Format**;

   — **B** für **Bereich**.

6. Kontrollieren Sie, ob die Angaben, die Sie in das Druckformat gespeichert haben, automatisch für diesen Text übernommen worden sind.

7. Dieses Unterbefehlsmenü verlassen Sie durch Drücken der **ESC**-Taste, da Sie keine Änderungen vorgenommen haben und das Standardformat, sollten Sie es noch ändern, auch in diesen Text übernommen werden soll.

Ändern von Druckformaten und An- und Abwählen der Druckformatspalte

Aufgabe:
Ändern Sie das Absatz-Druckformat: Heben Sie die Formatierung zu Großbuchstaben auf, so daß die Absätze nur noch eingerückt werden.

Ausführung:
Wenn der gesamte Text, dem Sie dieses Druckformat zugeordnet haben,
anders formatiert werden soll als bisher, so können Sie das Druckformat
ändern. Es werden dann alle Textstellen entsprechend umformatiert, die mit
diesem Druckformat formatiert worden sind.

1. Um das Absatz-Druckformat zu ändern, wählen Sie das Menü Muster aus.
   Dazu wählen Sie folgende Befehlsfolge:

   — <**ESC**>;

   — **M** für **Muster.**

2. Positionieren Sie den Cursor auf das zu ändernde Absatz-Druckformat
   (es wird jeweils ein ganzes Druckformat markiert), also auf das zweite
   Druckformat.

3. Um das Format zu ändern, wählen Sie folgende Befehlsfolge:

   — **F** für **Format;**

   — **Z** für **Zeichen;**

   — geben Sie bei **Großbuchstaben: (Nein)** an.

4. Bestätigen Sie die Eingaben durch Drücken der **RETURN**-Taste.

In der Anmerkung steht nun aber noch, daß dieses Druckformat den Text zu
Großbuchstaben formatiert.

5. Um diese Eintragung zu ändern, drücken Sie

   N für **Name**.

```
├═┆··[······1·········2·········3·········4·········5·········6····]···7····┐
┆ 1 ZF Zeichen 1                              Zeichen fett, unterstrichen,
      Courier (Modern a) 12 Fett Kursiv Unterstrichen.
  2 1. Absatz 1                          1. Zeile: - 3 p10, Großbuchs
      Courier (Modern a) 12. Linker Einzug, Einzug links 0,76 cm (Einzug e
      Zeile -0,76 cm).
  3 B1 Bereich Standard                      Standardbereich
      Seite: Wechsel der Seitenlänge 29,7 cm; Breite 21 cm. Pagina arabisc
      Ziffern. Seitenrand oben 2,5 cm; Seitenrand unten 2,5 cm; Links 2 cm
      Rechts 2 cm. Abstand Kopfzeile von oben 1,25 cm. Abstand Fußzeile vo
      unten 1,25 cm. Fußnoten auf der selben Seite.
  ↑


NAME Tastenschlüssel: 1. Variante: 1
                      Anmerkung: 1. Zeile: - 3 p10, Großbuchs
Geben Sie bitte den Tastenschlüssel ein!
Muster   ()                        ?          Microsoft Word: ANTRAG.DFV
```

Die Angaben für das Druckformat erscheinen auf dem Bildschirm, und Sie können Sie ändern. Sie können aber nicht aus einem Zeichenformat ein Absatzformat machen, deshalb ist das Feld **Verwendung** nicht aufgeführt.

6. Drücken Sie nun zweimal die **Tabulator**-Taste, damit Sie sich im Befehlsfeld **Anmerkung** befinden.

7. Die vollständige Anmerkung wird angezeigt. Da Sie diese Anmerkung nicht überschreiben, sondern nur etwas löschen möchten, drücken Sie die **F10**-Taste, damit Sie mit dem Cursor am Ende dieses Feldes stehen. (Durch Drücken der **F9**-Taste stehen Sie am Anfang des Feldes.)

Sie können sich innerhalb dieses Feldes mit der **F9**-Taste nach links und mit der **F10**-Taste nach rechts bewegen.

8. Positionieren Sie den Cursor hinter 'Großbuchs' (die restlichen Buchstaben werden nicht angezeigt, da das Feld für die Anmerkung in der Druckformatvorlage nicht lang genug ist), und löschen Sie dieses Wort (mit der **Rücktaste**).

9. Bestätigen Sie diese Änderung durch Drücken der **RETURN**-Taste.

10. Speichern Sie die Druckformatvorlage in der geänderten Fassung unter denselben Namen (ANTRAG.DFV) auf Diskette ab.

11. Drücken Sie die **RETURN**-Taste (zum Bestätigen des Befehls **Text**), um wieder in die Text-Ebene zurückzukehren.

Der Text wurde automatisch geändert, d. h. das Format aller Absätze, denen das Druckformat mit dem Tastenschlüssel 1. zugeordnet wurde, ist geändert worden.

12. Speichern Sie den Text in der geänderten Fassung erneut unter 1032 ab.

Sie können sich am linken Bildschirmrand die Tastenschlüssel der zugeordneten Absatz-Druckformate anzeigen lassen. Ein * kennzeichnet einen Absatz, dem kein anderes Absatz-Druckformat zugeordnet worden ist.

13. Um die Druckformatspalte anzuwählen, wählen Sie folgende Befehlsfolge:

    — <**ESC**>;

    — A für **Ausschnitt**;

    — O für **Optionen**;

    -- drücken Sie zweimal die **Tabulator**-Taste, damit Sie sich im Befehlsfeld **Druckformatspalte** befinden;

    — wählen Sie aus: **Druckformatspalte: (Ja)**.

14. Bestätigen Sie die Eingabe durch Drücken der **RETURN**-Taste.

Es werden nur die Tastenschlüssel der Absatzformate angezeigt, da Sie in einer Zeile mehrere Zeichenformate verwenden könnten und Word nur einen Tastenschlüssel am Bildschirmrand anzeigt. Ein * kennzeichnet einen Absatz, dem kein Absatz-Druckformat zugeordnet worden ist.

15. Speichern Sie den Text erneut unter 1032 ab.

16. Löschen Sie den gesamten Bildschirm.

13.6 Übung XIII

Erstellen Sie eine Druckformatvorlage. Geben Sie an, daß alle Zeichen des Textes, dem Sie diese Druckformatvorlage zuordnen werden, in Schriftgrad 8 gedruckt und daß alle Fußnotenzeichen hochgestellt (und in Schriftgrad 8 geschrieben) werden sollen.

Speichern Sie die Druckformatvorlage, und ordnen Sie diese Druckformatvorlage dem Text 1024 zu, und speichern Sie ihn erneut unter 1024 ab.

Lassen Sie den fertigen Text einmal ausdrucken.

Ihr Text sollte im Ausdruck folgendermaßen aussehen:

Dichter wie Wissenschaftler[1] beklagen, daß wir keine deklamatorische Überlieferung mehr haben[2]. Drach bezeichnete die zahlreichen Vortragslehren, die seit dem Altertum entwickelt wurden, als "eine wunderliche Kreuzung von phantastisch-gefühlsschwelgerischer Spekulation und hausbackener Regelsammlung".

Nur ein Beispiel: "Jambisch sprechen heißt, den Stil so einrichten, daß die Vokale zu ihrem Recht kommen. Fragen Sie sich, in welcher Anleitung Sie heute diesen fundamentalen Satz aller Rezitationskunst finden!" (R. Steiner[3]). Drach stellte dem seinen Grundsatz entgegen: "Vortragslehre ist angewandte Sprechkunde"[4].

Sollten Sie mit den Eingaben nicht zurechtkommen, sehen Sie sich die Lösung XIII in ANHANG A an.

188

14 Serienbrief

Sie lernen, Serienbriefe zu erstellen und alle Bedingungen anzuwenden, die Word Ihnen zur Verfügung stellt.

14.1 Das Word-Lernziel:

Schreiben eines Serienbriefes

Aufgabe:

Schreiben Sie folgenden Serienbrief einschließlich der Felder, die später beim Ausdruck durch verschiedene Informationen ersetzt werden sollen.
Der folgende Brief soll als Serienbrief ausgedruckt werden:

Herren- und Damenbademäntel

Sehr geehrte Damen und Herren,

nach langfristigen Wettervorhersagen ist ein sehr heißer Sommer zu
erwarten, und das verspricht ein gutes Geschäft in allen
Badeartikeln.

Was in diesem Sommer modern ist, zeigt der beigefügte Katalog.
Sehen Sie ihn in Ruhe durch, er wird Sie anregen, unsere
Erzeugnisse in Ihr Verkaufsprogramm aufzunehmen.

Uns gefallen einige Modelle besonders gut, wir würden Sie damit
gern beliefern. Deshalb unterbreiten wir Ihnen nachstehendes
Sonderangebot:

<u>Herrenbademäntel</u>
Modell "Dirk", reine Baumwolle, 32,80 DM je Stück
"   "Knut", "   "   46,20 " "   "

<u>Damenbademäntel</u>
Modell "Grit", reine Baumwolle, 59,60 DM je Stück
"   "Ruth", "   "   73,00 " "   "

Dieses Angebot ist sehr günstig, und wir hoffen, daß auch Sie uns
dies durch Ihre Bestellung bestätigen werden.

Seien Sie versichert, daß wir Sie stets pünktlich und bevorzugt
beliefern werden.

Mit bester Empfehlung

Aachener Textilwerk GmbH

Peucker   Leunig

<u>Anlage</u>

Ausführung:

1. Um mit der Eingabe des Serienbriefes zu beginnen, sollte Ihr Bildschirm gelöscht worden sein.

In diesem Serienbrief sollen verschiedene Felder erstellt werden, in die beim Ausdruck ein anderer (noch zu bestimmmender) Text eingefügt werden soll. Diese Felder werden markiert durch « und » .

   « erhalten Sie durch Drücken der Tastenkombination <**CTRL**> **a**;

   » erhalten Sie durch Drücken von <**CTRL**> **s**.

2. An den Anfang des Serienbriefes soll die Anschrift gedruckt werden. Sie müssen also ein Feld eingeben, in das beim Ausdruck die einzufügende Anschrift gedruckt wird. Diesem Feld müssen Sie einen Namen geben, z. B. *Anschrift*. (Word unterscheidet bei den Feldbezeichnungen zwischen Groß- und Kleinschreibung; um Mißverständnisse zu vermeiden und um die Eingabe zu vereinfachen, schreiben Sie alle Feldbezeichnungen in Kleinbuchstaben.) Geben Sie also als erstes ein:

   « anschrift»

3. Unter Anschrift geben Sie fünf Leerzeilen ein, die hier beim Ausdruck eingefügt werden sollen.

Anmerkung:

Wenn Sie Briefpapier mit einer vorgedruckten Bezugszeichenzeile verwenden, können Sie diese Leerzeilen unter der Anschrift in die Steuerdatei eingeben, um Verschiebungen durch unterschiedlich lange Anschriften zu vermeiden.

4. Schreiben Sie den Ort und das Datum *Aachen, 01.01.85*, und stellen Sie dies rechtsbündig (<**Alt**> **x r**).

5. Geben Sie unter dem Datum drei Leerzeilen ein.

6. Positionieren Sie den Cursor auf die Schreibmarke.

7. Geben Sie den Betreff ein:

   Herren- und Damenbademäntel

8. Geben Sie unter dem Betreff zwei Leerzeilen ein.

9. Die Anrede soll nun persönlicher sein als ‚Damen und Herren', es soll der Name mit ausgedruckt werden. Bei jeder Anrede ist der erste Teil gleich. Geben Sie ein:

   Sehr geehrte

10. Bei einem Herrn würde jetzt ein ‚r' hinter das Wort ‚geehrte' gehören und bei einer Dame ein Leerschritt. Damit das ‚r' im Bedarfsfalle ohne Leerschritt hinter ‚geehrte' steht, schreiben Sie direkt hinter dem ‚e' von ‚geehrte' weiter. Dort legen Sie ein Feld für die Anrede an. Nach der Anrede soll ein Komma gedruckt werden, das Sie hier in den Serienbrief eingeben können:

   « anrede »,

11. Geben Sie unter « anrede » eine Leerzeile ein.

12. Schreiben Sie den Brieftext:

   nach langfristigen Wettervorhersagen ist ein sehr heißer Sommer zu erwarten, und das verspricht ein gutes Geschäft in allen Badeartikeln.
   Was in diesem Sommer modern ist, zeigt der beigefügte Katalog. Sehen Sie ihn in Ruhe durch, er wird Sie anregen, unsere Erzeugnisse in Ihr Verkaufsprogramm aufzunehmen.
   Uns gefallen einige Modelle besonders gut, wir würden Sie damit gern beliefern. Deshalb unterbreiten wir Ihnen nachstehendes Sonderangebot:

13. Rücken Sie die Artikel 10 Zeichen ein:

   Herrenbademäntel
   Modell „Dirk",   reine Baumwolle, 32,90 DM je Stück
   Modell „Knut",   reine Baumwolle, 46,20 DM je Stück

   Damenbademäntel
   Modell „Grit",   reine Baumwolle, 59,60 DM je Stück
   Modell „Ruth",   reine Baumwolle, 73,00 DM je Stück.

14. Schreiben Sie den Rest des Briefes wieder im Standardformat (positionieren Sie den Cursor dazu auf die Schreibmarke, und geben Sie eine Leerzeile ein):

   Dieses Angebot ist sehr günstig, und wir hoffen, daß auch Sie uns dies durch Ihre Bestellung bestätigen werden.
   Seien Sie versichert, daß wir Sie stets pünktlich und bevorzugt beliefern werden.

   Mit bester Empfehlung

   Aachener Textilwerk GmbH

   Peucker   Leunig

   Anlage

15. Speichern Sie diesen Serienbrief unter dem Namen 'brief' auf Diskette ab.

16. Lassen Sie den Brief einmal ausdrucken (<**ESC**> **D D**).

Der Ausdruck des Briefes sollte folgendermaßen aussehen:

«anschrift»

                                              Aachen, 01.01.85

Herren- und Damenbademäntel

Sehr geehrte«anrede»,

nach langfristigen Wettervorhersagen ist ein sehr heißer Sommer zu
erwarten, und das verspricht ein gutes Geschäft in allen
Badeartikeln.

Was in diesem Sommer modern ist, zeigt der beigefügte Katalog.
Sehen Sie ihn in Ruhe durch, er wird Sie anregen, unsere
Erzeugnisse in Ihr Verkaufsprogramm aufzunehmen.

Uns gefallen einige Modelle besonders gut, wir würden Sie damit
gern beliefern. Deshalb unterbreiten wir Ihnen nachstehendes
Sonderangebot:

            Herrenbademäntel
            Modell "Dirk", reine Baumwolle, 32,80 DM je Stück
            "   "Knut", "   "   46,20 " " "

            Damenbademäntel
            Modell "Grit", reine Baumwolle, 59,60 DM je Stück
            "   "Ruth", "   "   73,00 " " "

Dieses Angebot ist sehr günstig, und wir hoffen, daß auch Sie uns
dies durch Ihre Bestellung bestätigen werden.

Seien Sie versichert, daß wir Sie stets pünktlich und bevorzugt
beliefern werden.

Mit bester Empfehlung

Aachener Textilwerk GmbH

Peucker   Leunig

Anlage

Aufgabe:
Erstellen Sie eine Steuerdatei mit Informationen für fünf Briefe.

Ausführung:
Sie haben den Serienbrief erstellt und gespeichert. Legen Sie nun eine Datei an, aus der Word die Informationen für die Felder entnehmen kann, also die Anschrift und die Anrede.

1. Um eine neue Datei zu erstellen, löschen Sie den Bildschirm.

Sie haben in den Serienbrief Felder geschrieben, in die beim Ausdruck etwas eingefügt werden soll: die Felder ‚anschrift' und ‚anrede'.
Die Steuerdatei ist eine normale Text-Datei. Zu Beginn der Steuerdatei geben Sie den Steuersatz ein.
Der Steuersatz besteht aus den Feldbezeichnungen, die Sie im Brief verwendet haben. Sie brauchen die Reihenfolge, in der die Felder im Serienbrief vorkommen, nicht in die Steuerdatei zu übernehmen, und Felder, die im Serienbrief mehr als einmal vorkommen, müssen nur einmal in die Steuerdatei geschrieben werden.
Im Steuersatz stehen also die Feldbezeichnungen. Diese Feldbezeichnungen werden untereinander durch Semikola getrennt. Am Ende eines Satzes drücken Sie die **RETURN**-Taste. Ein Satz beinhaltet die Informationen für einen gesamten Briefausdruck.

2. Erstellen Sie den Steuersatz. Dazu schreiben Sie die Feldbezeichnungen in die Datei, trennen diese untereinander durch Semikola und schließen den gesamten Steuersatz mit <**RETURN**> ab.
    In dem Serienbrief kommen nur zwei Felder vor (mit einem <**RETURN**> am Ende der Zeile):

    anschrift; anrede

Nun geben Sie die Informationen für den ersten Brief in die Steuerdatei ein. Innerhalb der Steuerdatei muß die Reihenfolge des Steuersatzes beibehalten werden, d. h. Sie müssen erst die Anschrift eingeben und dann die Anrede.
Die Anschrift und die Anrede müssen, wie auch im Steuersatz, durch ein Semikolon getrennt werden. Da danach alle Informationen für den ersten Brief gegeben sind, müssen Sie nach diesem Satz wieder die **RETURN**-Taste drücken.

Die Anschrift soll im Ausdruck in mehreren Zeilen erscheinen, Sie müssen also einen vorzeitigen Zeilenumbruch eingeben, wobei Sie diesen aber nicht mit <RETURN> eingeben können. Beenden Sie die Zeilen in der Anschrift vorzeitig durch Drücken von <SHIFT> <RETURN>.

3. Die Anschrift für den ersten Brief lautet folgendermaßen, wobei am Ende einer Zeile jeweils <SHIFT> <RETURN> gedrückt werden muß, außer nach ‚Nürnberg 1':

Modehaus
Hugo Schaper
Berliner Straße 23
8500 Nürnberg 1

4. Die Adresse ist nun die Information für das Feld ‚anschrift'. Nun kommt die Information für das zweite Feld: ‚anrede'. Die Felder müssen durch ein Semikolon voneinander getrennt werden. Der Übersichtlichkeit wegen geben Sie nach dem Semikolon einen Leerschritt ein und dann die Anrede, wobei ‚Sehr geehrte' schon im Serienbrief gespeichert ist:

; r Herr Schaper

5. Das Komma ist im Serienbrief gespeichert, Sie brauchen es deshalb nicht in die Steuerdatei einzugeben. Die Informationen für den ersten Brief sind nun gegeben, schließen Sie diesen Satz ab mit

<RETURN>

Ihre Steuerdatei sollte nun folgendermaßen aussehen:

```
╔══[·········1·········2·········3·········4·········5·········6·····]···7···╗
║*    anschrift; anrede¶
║*    Modehaus↓
║     Hugo Schaper↓
║     Berliner Straße 23↓
║     ↓
║     8500 Nürnberg 1; r Herr Schaper¶
║*    □
║
╚══════════════════════════════════════════════════════════════════════════╝
BEFEHL: Text Ausschnitt Bibliothek Druck Einfügen Format Gehezu Hilfe Kopie
        Löschen Muster Quitt Rückgängig Suchen übertragen Wechseln Zusätze
Bearbeiten Sie bitte Ihren Text oder unterbrechen Sie zum Hauptbefehlsmenü!
Seite 1  ()                                              Microsoft Word:
```

6. Es folgen die Eingaben für den zweiten Brief. Geben Sie als erstes die Adresse für den zweiten Brief ein, wobei Sie die Zeilenschaltungen durch Drücken von <SHIFT> <RETURN> eingeben müssen, um den Satz nicht vorzeitig zu beenden, um also nicht zu früh einzugeben, daß alle Informationen für diesen Brief eingegeben sind:

   Herta Haller
   Postfach 11 90 91
   6000 Frankfurt 1

7. Trennen Sie die Adresse von der folgenden Anrede durch Eingeben eines Semikolons und eines Leerschrittes.

8. Der Anfang der Anrede ist im Serienbrief gespeichert: ‚Sehr geehrte'. Da es sich bei diesem Brief um eine Frau handelt, geben Sie einen zusätzlichen Leerschritt ein, und zwar einen geschützten Leerschritt (<CTRL> <Leertaste>), und schreiben den Rest der Anrede, nach der Sie auch diesen Satz mit <RETURN> abschließen:

   Frau Haller

9. Geben Sie nun die Informationen für drei weitere Briefe ein:

   Heinz Groß
   Postfach 16 43 12
   4300 Essen 1   *r Herr Groß*

   Rhein-Main-Kaufhaus
   Einkaufsabteilung
   Postfach 49 28
   6093 Flörsheim   *Damen und Herren*

   Frau
   Margit Neumaier
   Am Rohmelbad 24
   3252 Bad Münder   *Frau Neumaier*

Ihre Steuerdatei sollte nun folgendermaßen aussehen:

```
═══[·······1·······2·······3·······4·······5·······6····]···7··
*    Herta Haller↓
     Postfach 11 90 91↓
     ↓
     6000 Frankfurt 1;  Frau Haller¶
*    Heinz Groß↓
     Postfach 16 43 12↓
     ↓
     4300 Essen 1; r Herr Groß¶
*    Rhein-Main-Kaufhaus↓
     Einkaufsabteilung↓
     Postfach 49 28↓
     ↓
     6093 Flörsheim;  Damen und Herren¶
*    Frau↓
     Margit Neumaier↓
     Am Rohmelbad 24↓
     ↓
     3252 Bad Minder;  Frau Neumaier¶
*    ↓
```

```
BEFEHL: Text Ausschnitt Bibliothek Druck Einfügen Format Gehezu Hilfe Kopie
        Löschen Muster Quitt Rückgängig Suchen übertragen Wechseln Zusätze
Bearbeiten Sie bitte Ihren Text oder unterbrechen Sie zum Hauptbefehlsmenü!
Seite 1  ()                                          Microsoft Word:
```

10. Da Sie nun alle Informationen für fünf Briefe eingegeben haben, speichern Sie die Steuerdatei auf Diskette ab <**ESC**> **Ü S**, z. B. unter *briefstd*
(für Brief-Steuerdatei, damit Sie wissen, zu welchem Text diese Steuerdatei erstellt worden ist).

14.3 Das Word-Lernziel:

Zuordnen einer Steuerdatei zu einem Serienbrief und Ausdrucken eines Serienbriefes

Aufgabe:

Ordnen Sie dem Serienbrief brief.txt die Steuerdatei briefstd.txt zu, und lassen Sie den Serienbrief ausdrucken.

Ausführung:

1. Laden Sie den Serienbrief (Datei brief.txt).

Sie müssen nun angeben, aus welcher Datei Word die Informationen für die einzelnen Felder laden soll.

Dazu müssen Sie ein Feld öffnen und den feststehenden Begriff Steuerdatei eingeben (Word unterscheidet bei diesen feststehenden Begriffen nicht zwischen Groß- und Kleinschreibung). Hinter diesen Begriff schreiben Sie den Namen der Steuerdatei und schließen das Feld.

2. Geben Sie an den Anfang des Serienbriefes ein:

    «*steuerdatei briefstd.txt*»

3. Der Übersichtlichkeit wegen geben Sie hinter dieser Anweisung eine Zeilenschaltung ein, die aber mit ausgedruckt wird, da sie nicht innerhalb der Anweisung steht.

Nun haben Sie die Datei angegeben, aus der Word beim Ausdruck die Informationen laden soll.

4. Lassen Sie den Brief einmal als Serienbrief ausdrucken. Wählen Sie dazu folgende Befehlsfolge:

    – <ESC>;

    – **D** für **Druck;**

    – **S** für **Serienbrief.**

Der Text wird nun nicht so gedruckt, wie er auf dem Bildschirm steht, sondern Word druckt anstelle der Felder ‚anschrift' und ‚anrede' die Informationen, die Sie in der Steuerdatei angegeben haben.

Anweisungen **Variable** und **Konstante**

Aufgabe:
Geben Sie in den Serienbrief ein, daß Word Sie beim Ausdrucken der Briefe
einmal nach dem Datum fragt.

Ausführung:
1. Löschen Sie das Datum ‚01.01.85', das auf das Wort ‚Aachen' folgt.

Der Computer soll beim Ausdruck das Datum abfragen. Dafür stehen Ihnen
zwei Möglichkeiten zur Verfügung: erstens, daß Sie für jeden Brief einzeln
gefragt werden und zweitens, daß Sie einmal für alle Briefe gefragt werden.
Zu dieser Abfrage stehen Ihnen die Anweisungen **Variable** und **Konstante**
zur Verfügung. Bei Verwendung der Anweisung **Variable** werden Sie für jeden Serienbriefausdruck erneut gefragt, und bei Verwendung der Anweisung
Konstante werden Sie nur einmal für alle Ausdrucke des Serienbriefes gefragt. Den Text der Frage legen Sie selber fest.

2. Positionieren Sie den Cursor auf das **RETURN**-Zeichen nach der Orts-
    angabe.
3. Geben Sie ein neues Feld mit dem Namen ‚datum' (der Name ist frei
    wählbar) ein, für das später an dieser Stelle das Datum ausgedruckt
    werden soll:

    Aachen, « datum»

Sie haben festgelegt, an welcher Stelle das Datum ausgedruckt werden soll.
Nun müssen Sie angeben, daß Ihr Computer Sie beim Ausdrucken nach dem
Datum fragt.

4. Positionieren Sie den Cursor auf die Zeilenschaltung hinter der Angabe
    der Steuerdatei in der ersten Zeile dieses Serienbriefes, und geben Sie der
    Übersichtlichkeit wegen einen Leerschritt ein. (Der Leerschritt und das
    RETURN-Zeichen hinter der Steuerdatei-Angabe werden mit ausge-
    druckt.)
5. Geben Sie ein neues Feld ein — da Sie nur einmal nach dem Datum ge-
    fragt werden möchten, verwenden Sie die Anweisung **Konstante**:

    « konstante datum=?Geben Sie bitte das Datum ein»

Diese Eingabe bedeutet, daß Ihr Computer Sie bei Erscheinen des Feldes
,datum' in Ihrem Serienbrief beim Ausdruck einmal (weil **Konstante** gewählt
wurde) für alle Texte fragt: ,Geben Sie bitte das Datum ein'.

6. Lassen Sie den Brief mit Hilfe des Befehls **Druck Serienbrief** ausdrucken.

Die Abfrage nach dem Datum erscheint in der vorletzten Bildschirmzeile:
    Text:
    Geben Sie bitte das Datum ein.

7. Geben Sie das Datum (hinter ,Text:') ein, und bestätigen Sie die Eingabe
   durch Drücken der **RETURN**-Taste.
8. Speichern Sie den Serienbrief erneut unter brief ab.

Den Druck eines Serienbriefes können Sie — wie den normalen Druck durch
den Befehl **Druck Drucker** — durch Betätigen der **ESC**-Taste unterbrechen
und/oder beenden.

14.5 Das Word-Lernziel:
Anweisungen **AWENN** und **EWENN**

Aufgabe:
Sie möchten den Brief nicht nur im Sonner, sondern auch im Winter verschicken, und zwar für Herren- und Damenmäntel. Ändern Sie den Serienbrief und die Steuerdatei dementsprechend ab.

Ausführung:
Sie möchten nun zwei Versionen dieses Serienbriefes verschicken — eine für
Bademäntel (im Sommer) und eine für Mäntel (im Winter):

1. Version des Serienbriefes:

Aachen, 01.01.85

Herren- und Damenbademäntel

Sehr geehrte Damen und Herren,

nach langfristigen Wettervorhersagen ist ein sehr heißer Sommer zu
erwarten, und das verspricht ein gutes Geschäft in allen
Badeartikeln.

Was in diesem Sommer modern ist, zeigt der beigefügte Katalog.
Sehen Sie ihn in Ruhe durch, er wird Sie anregen, unsere
Erzeugnisse in Ihr Verkaufsprogramm aufzunehmen.

Uns gefallen einige Modelle besonders gut, wir würden Sie damit
gern beliefern. Deshalb unterbreiten wir Ihnen nachstehendes
Sonderangebot:

   <u>Herrenbademäntel</u>
   Modell "Dirk", reine Baumwolle, 32,80 DM je Stück
   "   "Knut", "   "   46,20 " " "

   <u>Damenbademäntel</u>
   Modell "Grit", reine Baumwolle, 59,60 DM je Stück
   "   "Ruth", "   "   73,00 " " "

Dieses Angebot ist sehr günstig, und wir hoffen, daß auch Sie uns
dies durch Ihre Bestellung bestätigen werden.

Seien Sie versichert, daß wir Sie stets pünktlich und bevorzugt
beliefern werden.

Mit bester Empfehlung

Aachener Textilwerk GmbH

Peucker   Leunig

<u>Anlage</u>

2. Version des Serienbriefes:

Aachen, 01.01.85

Herren- und Damenmäntel

Sehr geehrte Damen und Herren,

nach langfristigen Wettervorhersagen ist ein sehr kalter Winter zu
erwarten, und das verspricht ein gutes Geschäft in allen
Winterartikeln.

Was in diesem Winter modern ist, zeigt der beigefügte Katalog.
Sehen Sie ihn in Ruhe durch, er wird Sie anregen, unsere
Erzeugnisse in Ihr Verkaufsprogramm aufzunehmen.

Uns gefallen einige Modelle besonders gut, wir würden Sie damit
gern beliefern. Deshalb unterbreiten wir Ihnen nachstehendes
Sonderangebot:

<u>Herrenmäntel</u>
Modell "Kurt", reine Schafswolle, 450,00 DM je Stück
  "   "Hans", "   "   490,00 " "   "

<u>Damenmäntel</u>
Modell "Rita", reine Schafswolle, 500,00 DM je Stück
  "   "Anna", "   "   530,00 " "   "

Dieses Angebot ist sehr günstig, und wir hoffen, daß auch Sie uns
dies durch Ihre Bestellung bestätigen werden.

Seien Sie versichert, daß wir Sie stets pünktlich und bevorzugt
beliefern werden.

Mit bester Empfehlung

Aachener Textilwerk GmbH

Peucker   Leunig

<u>Anlage</u>

1. Im ersten Absatz des Serienbriefes ist die Jahreszeit angegeben. Löschen Sie das Wort ‚Sommer' aus dem Text, und legen Sie dafür ein Feld an, das z. B. den Namen ‚jahreszeit' erhält:

   ‚... ein sehr heißer «jahreszeit» zu erwarten ...'

2. Im zweiten Absatz wird noch einmal die Jahreszeit angegeben, löschen Sie auch hier das Wort ‚Sommer', und geben Sie dafür ein Feld ein. Da dieses Feld denselben Inhalt erhalten soll wie das Feld im ersten Absatz, vergeben Sie den gleichen Namen: *jahreszeit.*

Sie haben ein neues Feld erstellt. Die Information für dieses Feld müssen Sie in die Steuerdatei nachtragen.

3. Speichern Sie den Serienbrief erneut unter brief ab.

4. Laden Sie die Steuerdatei (briefstd.txt).

5. Geben Sie in dem Steuersatz zusätzlich das Feld ‚jahreszeit' ein. Sie können dieses Feld als drittes in den Steuersatz einfügen. Positionieren Sie dazu den Cursor auf das **RETURN**-Zeichen in der ersten Zeile (in dem Steuersatz), geben Sie ein Semikolon und einen Leerschritt ein, und fügen Sie die dritte Feldbezeichnung hinzu: *jahreszeit*

   anschrift; anrede; jahreszeit
   modehaus

   ⋮

6. Die Information für dieses Feld schreiben Sie nun in jeden Satz dieser Steuerdatei. Positionieren Sie dazu den Cursor auf das **RETURN**-Zeichen des ersten Satzes, geben Sie ein Semikolon, einen Leerschritt und die Jahreszeit *Sommer* ein.

   8500 Nürnberg 1; r Herr Schaper; Sommer

7. Geben Sie für jeden Brief eine Jahreszeit an:

zweiter Brief	*Sommer*
dritter Brief	*Winter*
vierter Brief	*Sommer*
fünfter Brief	*Winter*

8. Speichern Sie die geänderte Steuerdatei erneut unter briefstd ab.

9. Laden Sie den Serienbrief (brief.txt).

Im ersten Absatz steht in der ersten Version des Serienbriefes ‚heißer Sommer', und in der zweiten Version des Serienbriefes soll dort ‚kalter Winter' stehen. Das Adjektiv ist also vom Inhalt des Feldes ‚jahreszeit' abhängig.

Wenn der Inhalt des Feldes ‚jahreszeit' in der Steuerdatei ‚Sommer' lautet, so soll das Adjektiv heißer eingesetzt werden, und wenn der Inhalt des Feldes ‚jahreszeit' ‚Winter' lautet, so soll das Adjektiv kalter eingesetzt werden.

Sie könnten aus dem Adjektiv ein einzelnes Feld machen, müßten dann aber die Information für dieses Feld für jeden Brief einzeln in die Steuerdatei schreiben.

Um dieses zu vermeiden, gibt es die Anweisungen **AWENN** und **EWENN**. Eigentlich sind diese Anweisungen nicht zwei, sondern eine Anweisung, da beide zusammengehören.

AWENN steht für Anfang Wenn, kennzeichnet also den Anfang einer Bedingung, und **EWENN** steht für Ende Wenn, kennzeichnet also das Ende einer Bedingung.

10. Löschen Sie das Wort ‚heißer' aus dem ersten Absatz.

11. Erstellen Sie ein neues Feld, und geben Sie an, daß an dieser Stelle das Wort heißer gedruckt werden soll, wenn die Jahreszeit ‚Sommer' lautet, und daß das Wort kalter gedruckt werden soll, wenn die Jahreszeit ‚Winter' lautet: Geben Sie fortlaufend ein:

   « awenn jahreszeit=,,Sommer''» heißer« ewenn»

   « awenn jahreszeit=,,Winter''» kalter« ewenn»

```
║═[ · · · · · · · · ·1· · · · · · · · ·2· · · · · · · · ·3· · · · · · · · ·4· · · · · · · · ·5· · · · · · · · ·6· · · · · ]· · ·7· · · · ·
                                                                                    ¶
                                                                                    ¶
                                                                                    ¶

 Herren- und Damenbademäntel¶
 ¶
 ¶
 Sehr geehrte«anrede»,¶
 ¶
 nach langfristigen Wettervorhersagen ist ein sehr «awenn
 jahreszeit="Sommer"»heißer«ewenn»«awenn
 jahreszeit="Winter"»kalter«ewenn» «jahreszeit» zu erwarten, und
 das verspricht ein gutes Geschäft in allen Badeartikeln.¶
 ¶
 Was in diesem «jahreszeit» modern ist, zeigt der beigefügte
 Katalog. Sehen Sie ihn in Ruhe durch, er wird Sie anregen, unsere
 Erzeunisse in Ihr Verkaufsprogramm aufzunehmen.¶
 ¶
 Uns gefallen einige Modelle besonders gut, wir würden Sie damit
 gern beliefern. Deshalb unterbreiten wir Ihnen nachstehendes
```

12. Wiederholen Sie diesen Vorgang; geben Sie für die Artikel im ersten Absatz die Bedingung ein, daß das Wort ‚Badeartikeln' gedruckt wird, wenn die Information für das Feld ‚jahreszeit' in der Steuerdatei ‚Sommer' lautet, und daß das Wort ‚Winterartikeln' gedruckt wird, wenn die Information für das Feld ‚jahreszeit' in der Steuerdatei ‚Winter' lautet. Löschen Sie das Wort ‚Badeartikeln' und geben Sie die Bedingung hintereinander an:

«awenn jahreszeit=„Sommer"» Badeartikeln «ewenn»
«awenn jahreszeit=„Winter"» Winterartikeln «ewenn»

13. Ohne die anderen Angaben zu beachten, die noch geändert werden müssen, speichern Sie diesen Text vorläufig in dieser Fassung unter brief ab.

14. Lassen Sie ihn einmal als Serienbrief ausdrucken (<**ESC**> **D S**). Sie werden bei dem ersten Ausdruck einmal nach dem Datum gefragt.

14.6 Das Word-Lernziel:
Anweisung **SONST**

Aufgabe:

Passen Sie den Betreff und die Waren in Ihrem Serienbrief der jeweiligen Jahreszeit an. Lassen Sie sich die Möglichkeit offen, eine weitere Jahreszeit einzufügen.

Ausführung:

In der Version Ihres Serienbriefes für den Winter wurden noch der Betreff und die Waren für den Sommer (Badeartikel) ausgedruckt. Sie könnten den Betreff wie auch die Waren mit den Anweisungen **AWENN** und **EWENN** der Jahreszeit anpassen. Wenn Sie aber zum Beispiel eine dritte Jahreszeit, z. B. den Herbst in einen Brief einfügen würden, so würde an dieser Stelle in dem Serienbrief nichts ausgedruckt werden, da Sie nur Text eingegeben haben, wenn eine der Bedingung erfüllt wurde: entweder die Jahreszeit Winter oder Sommer.

Sollten Sie also die Anweisungen **AWENN** und **EWENN** eingeben, z. B. in folgender Form:

«awenn jahreszeit=,,Sommer''» Text«ewenn»
«awenn jahreszeit=,,Winter''» Text«ewenn»

so würde bei einer anderen Jahreszeit, z. B. Herbst, kein Text ausgedruckt werden.

Handelt es sich um nur eine zusätzliche Jahreszeit, könnten Sie eine dritte Bedingung eingeben, aber schon da müßten Sie den einzufügenden Text zweimal eingeben.

Der Text für die Waren bleibt auch für den Herbst so wie für den Winter, so daß für den Sommer ein bestimmter Text gedruckt werden soll und für alle anderen ein weiterer Text.

Um diese Fallunterscheidung zu bewerkstelligen, verwenden Sie die Anweisung **SONST**.

1. Markieren Sie den Betreff ‚Herren- und Damenbadernäntel'; ohne die Absatzmarke.
2. Löschen Sie den Betreff durch Drücken der **DEL**-Taste in den Papierkorb.

Geben Sie die Anweisung ein, daß, wenn der Text für das Feld ‚jahreszeit'
Sommer lautet, der Betreff ‚Herren- und Damenbademäntel' gedruckt wird:

3. Beginnen Sie die Anweisung folgendermaßen
    «awenn jahreszeit=„Sommer"»

4. Fügen Sie den zu druckenden Text durch Drücken der **INS**-Taste aus dem
    Papierkorb ein:
    Herren- und Damenbademäntel

5. Geben Sie kein **EWENN** ein, da die Anweisung noch nicht beendet ist,
    sondern setzen Sie die Anweisung fort. Nun folgt der Text, der in jedem
    anderen Fall gedruckt werden soll:
    «sonst»

6. Geben Sie ein:
    Herren- und Damenmäntel.

7. Geben Sie am Ende der Bedingung das **EWENN** ein:
    «ewenn»

Die vollständige Bedingungsanweisung im Text sieht nun so aus:
    *«awenn jahreszeit=„Sommer"» Herren- und Damenbademäntel«sonst»
    Herren- und Damenmäntel«ewenn»*

(Zwischendurch eingegebene Leerschritte außerhalb der Felder werden ausgedruckt.)

8. Löschen Sie die Warenangaben in der Mitte des Serienbriefes in den
    Papierkorb (die Absatzmarke mit dem Format (10 Zeichen links einge-
    rückt) bleibt stehen):

```
┌─0·········[·········2·········3·········4·········5·········6·····]···7·····┐
│ Was in diesem «jahreszeit» modern ist, zeigt der beigefügte               │
│ Katalog. Sehen Sie ihn in Ruhe durch, er wird Sie anregen, unsere         │
│ Erzeunisse in Ihr Verkaufsprogramm aufzunehmen.¶                          │
│ ¶                                                                         │
│ Uns gefallen einige Modelle besonders gut, wir würden Sie damit           │
│ gern beliefern. Deshalb unterbreiten wir Ihnen nachstehendes              │
│ Sonderangebot:¶                                                           │
│ ¶                                                                         │
│         ¶                                                                 │
│ ¶                                                                         │
│ Dieses Angebot ist sehr günstig, und wir hoffen, daß auch Sie uns         │
│ dies durch Ihre Bestellung bestätigen werden.¶                           │
│ ¶                                                                         │
│ Seien Sie versichert, daß wir Sie stets pünktlich und bevorzugt           │
│ beliefern werden.¶                                                        │
│ ¶                                                                         │
│ Mit bester Empfehlung¶                                                    │
│ ¶                                                                         │
│ Aachener Textilwerk GmbH¶                                                 │
└───────────────────────────────────────────────────────────────────────────┘
BEFEHL: Text Ausschnitt Bibliothek Druck Einfügen Format Gehezu Hilfe Kopie
        Löschen Muster Quitt Rückgängig Suchen übertragen Wechseln Zusätze
Bearbeiten Sie bitte Ihren Text oder unterbrechen Sie zum Hauptbefehlsmenü!
Seite 1 (Herrenbadem...00·"··"··")                  Microsoft Word: BRIEF.TXT
```

Dieser Text soll gedruckt werden, wenn die Jahreszeit ‚Sommer' lautet, in jedem anderen Fall soll folgender Text gedruckt werden:

Herrenmäntel
Modell   „Kurt",   reine Schafswolle,   450,00 DM je Stück
''   „Hans",   ''   ''   490,00 DM ''   ''

Damenmäntel
Modell   „Rita",   reine Schafswolle,   500,00 DM je Stück
''   „Anna",   ''   ''   530,00 DM ''   ''

Die Anweisung müßte folgendermaßen aussehen (anstelle von TEXT1 müssen die Waren des Sommer-Angebotes, anstelle von TEXT2 die Waren des Winter-Angebotes aufgeführt werden):

«*awenn jahreszeit=„Sommer"*'TEXT1«*sonst*» TEXT2«*ewenn*»

9. Geben Sie den Beginn der Anweisung ein:

«*awenn jahreszeit=„Sommer"*»

10. Drücken Sie die **INS**-Taste, um den ersten Text einzufügen.

11. Setzen Sie die Anweisung fort:

«*sonst*»

12. Geben Sie den 2. Text ein:

Herrenmäntel
Modell   „Kurt",   reine Schafswolle,   450,00 DM je Stück
''   „Hans",   ''   ''   490,00 DM ''   ''

Damenmäntel
Modell   „Rita",   reine Schafswolle,   500,00 DM je Stück
''   „Anna",   ''   ''   530,00 DM ''   ''

13. Beenden Sie die Anweisung:

«*ewenn*»

Auf dem Bildschirm sieht die Anweisung vollständig so aus:

```
=0··········[········2·········3·········4·········5·········6·····]···7····
gern beliefern. Deshalb unterbreiten wir Ihnen nachstehendes
Sonderangebot:¶
¶
        «awenn jahreszeit="Sommer"»Herrenbademäntel¶
        Modell "Dirk", reine Baumwolle, 32,80 DM je Stück¶
        "     "Knut", "      "          46,20 "  "   "¶
        ¶
        Damenbademäntel¶
        Modell "Grit", reine Baumwolle, 59,60 DM je Stück¶
        "     "Ruth", "      "          73,00 "  "
        "«sonst»Herrenmäntel¶
        Modell "Kurt", reine Schafswolle, 450,00 DM je Stück¶
        "     "Hans", "      "            490,00 "  "   "¶
        ¶
        Damenmäntel¶
        Modell "Rita", reine Schafswolle, 500,00 DM je Stück¶
        "     "Anna", "      "            530,00 "  "   "«ewenn»
¶
Dieses Angebot ist sehr günstig, und wir hoffen, daß auch Sie uns

BEFEHL: Text Ausschnitt Bibliothek Druck Einfügen Format Gehezu Hilfe Kopie
        Löschen Muster Quitt Rückgängig Suchen übertragen Wechseln Zusätze
Bearbeiten Sie bitte Ihren Text oder unterbrechen Sie zum Hauptbefehlsmenü!
Seite 1  (Herrenbadem...00·"··"··")              Microsoft Word: BRIEF.TXT
```

14. Speichern Sie den Serienbrief erneut unter brief.txt auf Diskette ab.

15. Lassen Sie den Serienbrief mit dem Befehl **Druck Serienbrief** ausdrucken.

14.7 Das Word-Lernziel:
Anweisung EINFÜGEN

Aufgabe:

Da die Grußformel für jeden Brief dieselbe ist, speichern Sie sie in eine neue Datei. Geben Sie in den Serienbrief ein, daß Word die Grußformel beim Ausdruck automatisch einfügt.

Ausführung:

Sie möchten die Grußformel in eine gesonderte Datei speichern. Dazu löschen Sie die Grußformel in den Papierkorb, löschen nur den Textausschnitt, also nicht den Arbeitsspeicher, fügen den Text aus dem Papierkorb in den Textausschnitt ein und speichern nur diese Grußformel in die Datei gruss.

1. Markieren Sie die Grußformel (ohne die Anlage, da diese nicht unter jeden Brief geschrieben werden soll).

2. Löschen Sie die Grußformel in den Papierkorb.

3. Speichern Sie den Serienbrief in der geänderten Version unter brief.txt ab.

4. Löschen Sie den Textausschnitt, der Inhalt des Papierkorbes soll auf dem Bildschirm erhalten bleiben. Wählen Sie dazu folgende Befehlsfolge:

   – <**ESC**>;

   – Ü für **Übertragen**;

   – B für **Bildschirmlöschen**;

   – A für **Ausschnitt**.

5. Fügen Sie den Text durch Drücken der **INS**-Taste aus dem Papierkorb in den Textausschnitt ein.

6. Speichern Sie die Grußformel in die Datei gruss.

7. Löschen Sie den gesamten Bildschirm.

8. Laden Sie den Serienbrief (brief.txt).

9. Positionieren Sie den Cursor an die Stelle, an der Sie die Grußformel gelöscht haben, also auf die direkt vor dem Wort ‚Anlage' stehende Absatzmarke.

10. Geben Sie die Anweisung ein, daß an dieser Stelle der Text aus der Datei gruss.txt eingefügt werden soll. Dazu öffnen Sie ein Feld, geben die Anweisung ein und schließen das Feld:

« *einfügen gruss.txt*»

```
⌐═[··········1··········2··········3··········4··········5··········6·····]···7····¬
            "        "Hans", "        "              490,00 "  "   "¶
            ¶
            Damenmäntel¶
            Modell "Rita", reine Schafswolle, 500,00 DM je Stück¶
            "        "Anna", "        "              530,00 "  "   "«ewenn»¶
  ¶
  Dieses Angebot ist sehr günstig, und wir hoffen, daß auch Sie uns
  dies durch Ihre Bestellung bestätigen werden.¶
  ¶
  Seien Sie versichert, daß wir Sie stets pünktlich und bevorzugt
  beliefern werden.¶
  ¶
  «einfügen gruss.txt»¶
  Anlage◆




BEFEHL: Text Ausschnitt Bibliothek Druck Einfügen Format Gehezu Hilfe Kopie
        Löschen Muster Quitt Rückgängig Suchen übertragen Wechseln Zusätze
Bearbeiten Sie bitte Ihren Text oder unterbrechen Sie zum Hauptbefehlsmenü!
Seite 1  ()                                        Microsoft Word: BRIEF.TXT
```

Anmerkung zu den Anweisungen

Sie können die Anweisungen nicht nur einzeln eingeben, sondern auch miteinander verbinden. Sie können z. B. eingeben, daß der Text nur eingefügt werden soll, wenn die Jahreszeit ‚Winter' angegeben ist:

« *awenn jahreszeit=„Winter"* » « *einfügen gruss.txt* » « *ewenn* ».

11. Speichern Sie den Serienbrief erneut unter brief.txt ab.

12. Lassen Sie den Serienbrief ausdrucken (<**ESC**> **D S**).

Es werden dieselben Briefe gedruckt wie vorhin, nur wird die Grußformel nicht vom Bildschirm gelesen, sondern aus der Datei.

14.8 Das Word-Lernziel:
Anweisung, die sich nach einem Wert richtet

Aufgabe:

Die Briefe an Kunden, deren Umsatz über 5000 DM liegt, sollen einen Absatz beigefügt bekommen, der besagt, daß diese Kunden einen Bonus in Höhe von 2 % des Umsatzes, den sie mit den angebotenen Artikeln erzielt haben, erhalten.

Ausführung:

Da sich das Einfügen dieses Absatzes nach dem Umsatz richtet, müssen Sie in der Steuerdatei ein Feld (z. B. mit dem Namen umsatz) anlegen, nach dessen Inhalt Word sich beim Ausdruck des Serienbriefes orientieren kann, ob der Absatz gedruckt werden soll oder nicht.

1. Laden Sie die Steuerdatei (briefstd.txt).
2. Positionieren Sie den Cursor auf die Absatzmarke des Steuersatzes (nach ‚jahreszeit').
3. Geben Sie ein neues Feld ein (durch Semikolon und einem Leerschritt vom vorigen Feld getrennt): *umsatz*.
4. Positionieren Sie den Cursor auf die Absatzmarke des ersten Satzes, und geben Sie dort den Umsatz für diesen ersten Kunden ein (durch ein Semikolon und einen Leerschritt von dem vorigen Feld getrennt):

    ; 6000

5. Positionieren Sie den Cursor auf die Absatzmarke des zweiten Satzes, und geben Sie dort den Umsatz für diesen zweiten Kunden ein:

    ; 4999

6. Positionieren Sie den Cursor auf die Absatzmarke des dritten Satzes, und geben Sie den Umsatz für diesen dritten Kunden ein:

    ; 9940

7. Positionieren Sie den Cursor auf die Absatzmarke des vierten Satzes, und geben Sie den Umsatz für diesen vierten Kunden ein:

    ; 10094

8. Positionieren Sie den Cursor auf die Absatzmarke des fünften Satzes, und geben Sie den Umsatz für diese fünften Kunden ein:

    ; 5000

9. Speichern Sie die Steuerdatei erneut unter dem Namen briefstd.txt.
10. Laden Sie den Serienbrief (brief.txt).

11. Positionieren Sie den Cursor an die Stelle, an der dieser Absatz gedruckt werden soll — vor die Grußformel, also auf das «-Zeichen vor «einfügen gruss.txt»

12. Geben Sie folgende Anweisung ein (die Leerzeile muß in die Anweisung miteinbezogen werden, damit sie nicht ausgedruckt wird, wenn dieser Satz nicht gedruckt werden sollte, da die Bedingung nicht erfüllt ist):

> *«awenn umsatz>5000»Aufgrund unserer guten Geschäftsbeziehung sind wir in der Lage, Ihnen am Ende des Abrechnungszeitraumes einen Bonus in Höhe von 2 % Ihres Umsatzes gutzuschreiben.*
>
> *«ewenn»*

```
╔═══[·········1·········2·········3·········4·········5·········6·····]···7··╗
║              Modell "Rita", reine Schafswolle, 500,00 DM je Stück¶
║                     "Anna",   "       "        530,00 "  " "«ewenn»¶
║ *    ¶
║ *    Dieses Angebot ist sehr günstig, und wir hoffen, daß auch Sie uns
║      dies durch Ihre Bestellung bestätigen werden.¶
║ *    ¶
║ *    Seien Sie versichert, daß wir Sie stets pünktlich und bevorzugt
║      beliefern werden.¶
║ *    ¶
║ *    «awenn umsatz>5000»Aufgrund unserer guten Geschäftsbeziehungen
║      sind wir in der Lage, Ihnen am Ende des Abrechnungszeitraumes
║      einen Bonus in Höhe von 2 % Ihres Umsatzes gutzuschreiben.¶
║ *    ¶
║ *    «ewenn»«einfügen gruss.txt»¶
║ *    Anlage♦
║
╚══════════════════════════════════════════════════════════════════════════╝
BEFEHL: Text Ausschnitt Bibliothek Druck Einfügen Format Gehezu Hilfe Kopie
        Löschen Muster Quitt Rückgängig Suchen übertragen Wechseln Zusätze
Bearbeiten Sie bitte Ihren Text oder unterbrechen Sie zum Hauptbefehlsmenü!
Seite 1  ()                                    Microsoft Word: BRIEF.TXT
```

Diese Anweisung bedeutet, daß der Text bis zum **EWENN** gedruckt werden soll, wenn der Inhalt des Feldes ‚umsatz' größer ist als 5000.

13. Speichern Sie den Serienbrief unter brief ab.

14. Lassen Sie den Serienbrief ausdrucken (<**ESC**> **D S**).

Der erste, der dritte und der vierte Absatz erhalten beim Ausdruck den von der Höhe des Umsatzes abhängigen Absatz.

14.9 Beispiel für einen Serienbrief

Aufgabe:
Erstellen Sie nach den Anweisungen in diesem Abschnitt einen weiteren Serienbrief zur Steuerdatei briefstd.txt.

Ausführung:
 1. Löschen Sie den gesamten Bildschirm.
 2. Da feststeht, daß Sie die Steuerdatei briefstd.txt auch für diesen Serienbrief verwenden möchten, geben Sie die Steuerdatei an, aus der die Informationen gelesen werden sollen:

   « *steuerdatei briefstd.txt* »
 3. Geben Sie das erste Feld ein — das Adreßfeld:
   (Vor der Anschrift soll keine Leerzeile gedruckt werden, geben Sie das Feld also direkt hinter dem » -Zeichen der Steuerdatei-Angabe ein.)

   « *anschrift* »
 4. Geben Sie unter dem Feld fünf Leerzeilen ein.

Geben Sie ein, daß das Datum nach dem Ort rechtsbündig ausgedruckt und daß beim Ausdruck einmal für alle Briefe nach dem Datum gefragt werden soll:

 5. Geben Sie ein:

   Köln, « *datum* »
 6. Stellen Sie diese Zeile rechtsbündig (<**ALT**> **x r**).
 7. Positionieren Sie den Cursor auf das « -Zeichen des Feldes ‚anschrift', um an dieser Stelle anzugeben, daß Sie beim Ausdruck des Serienbriefes einmal für alle Briefe nach dem Datum gefragt werden.
 8. Geben Sie ein:

   « *konstante datum=?bitte heutiges Datum eingeben* »
 9. Positionieren Sie den Cursor mit <**CTRL**> <**Page Down**> an das Ende des Textes.
10. Fügen Sie drei Leerzeilen ein.
11. Geben Sie den Betreff ein:

   Kugelschreiber, Feuerzeuge und Brieföffner als Werbegeschenke für Ihre Stammkunden.
12. Geben Sie unter den Betreff zwei Leerzeilen ein.

13. Geben Sie die Zeile und das Feld für die Anrede ein (richten Sie sich dabei nach den Eintragungen in der Steuerdatei — der Serienbrief muß demnach den Anfang der Anrede und das Komma enthalten):

Sehr geehrte«anrede»,

14. Fügen Sie unter dieser Zeile eine Leerzeile ein.

Wenn der Kunde im November des vorhergehenden Jahres Werbegeschenke erhalten hat, soll folgender Text gedruckt werden:

im November v. J. hatten Sie von uns verschiedene Werbegeschenke für Ihre Stammkunden bezogen. Wir sind überzeugt, daß Ihre Werbegeschenke von Ihren Geschäftsfreunden gut aufgenommen wurden.

Damit nicht jeder Brief diesen Absatz erhält, muß sich der Ausdruck des Absatzes nach dem Inhalt eines Feldes in der Steuerdatei richten. Da ein solches Feld bisher nicht existiert, fügen Sie ein neues Feld hinzu.

15. Speichern Sie den Serienbrief unter brief2 auf Diskette ab.

16. Laden Sie die Steuerdatei briefstd.

17. Positionieren Sie den Cursor an das Ende des Steuersatzes (auf das **RETURN**-Zeichen nach ‚; umsatz').

18. Geben Sie ein neues Feld ein (durch Semikolon und Leerschritt vom vorhergehenden Feld getrennt:

; werbegeschenke

19. Positionieren Sie den Cursor auf die Absatzmarke des ersten Satzes mit den Informationen für den ersten Brief.

Wenn der Kunde im vorhergehenden Jahr Werbegeschenke erhalten hat, geben Sie in das Feld x ein, wenn nicht, lassen Sie das Feld frei.

20. Der erste Kunde hat Werbegeschenke erhalten, geben Sie als den Inhalt für das Feld ‚werbegeschenke' ein (denken Sie an das Semikolon und den Leerschritt):

; x

21. Positionieren Sie den Cursor auf die Absatzmarke des zweiten Satzes.

22. Dieser Kunde hat keine Werbegeschenke erhalten, geben Sie ein leeres Feld ein (Sie können den Leerschritt nach dem Semikolon eingeben, müssen dieses aber nicht tun; wir haben ihn nicht eingegeben):

;

23. Geben Sie folgendes für die verbleibenden drei Briefe an:

3. Brief	*hat Werbegeschenke erhalten*
4. Brief	*hat Werbegeschenke erhalten*
5. Brief	*hat keine Werbegeschenke erhalten.*

24. Speichern Sie die Steuerdatei erneut unter briefstd ab.

25. Laden Sie den Serienbrief (brief2).

26. Positionieren Sie den Cursor auf die Schreibmarke (<**CTRL**> <**Page Down**>).

27. Geben Sie die Anweisung ein, daß der obenerwähnte Absatz nur dann gedruckt werden soll, wenn der Kunde Werbegeschenke erhalten hat (der
Druck richtet sich nach dem Feld ‚werbegeschenke' in der Steuerdatei):

   *«awenn werbegeschenke=,,x''» im November v. J. hatten Sie von uns
   verschiedene Werbegeschenke für Ihre Stammkunden bezogen. Wir
   sind überzeugt, daß Ihre Werbegeschenke von Ihren Geschäftsfreunden
   gut aufgenommen wurden.*

   «ewenn»

Die Leerzeilen sind in die Bedingung verknüpft; wenn die Bedingung erfüllt
ist, wird der Text als einzelner Absatz gedruckt, wenn die Bedingung nicht
erfüllt ist, wird nichts ausgedruckt, auch keine Leerzeilen.
Nun soll der nächste Absatz des Briefes folgen. Da dieser Absatz in einigen
Fällen der erste Absatz in diesem Brief ist (was sich nach den Werbegeschen-
ken richtet), wird das erste Wort im einen Fall mit einem großen Anfangsbuchstaben geschrieben und im anderen Fall nicht.
Sie können nach der Anrede ein Ausrufungszeichen eingeben und auch den
Absatz über die Werbegeschenke des vorhergehenden Jahres mit einem großen Anfangsbuchstaben beginnen.
Die zweite Möglichkeit ist, daß Sie das erste Wort des nächsten Absatzes mit
der Bedingung verknüpfen, ob Werbegeschenke geschickt worden sind oder
nicht.
Wir wählen die zweite Möglichkeit:

28. Ohne eine Leerzeile oder ein Leerzeichen einzugeben, beginnen Sie die
neue Anweisung:

   «awenn werbegeschenke=,,x''» seit «sonst» Seit «ewenn»

29. Geben Sie nun einen Leerschritt ein, und schreiben Sie den Brief (ab
    ‚Jahren'):

«ewenn»«awenn werbegeschenke="x"»seit«sonst»Seit«ewenn» Jahren
erfreuen sich unsere Kugelschreiber und Feuerzeuge großer
Beliebtheit. Als Werbegeschenke sind diese praktischen,
formschönen Artikel jederzeit willkommen. Nun ist die Nachfrage so
stark gestiegen, daß wir unsere Fabrikation erweitert haben. Neben
Kugelschreibern und Feuerzeugen können wir Ihnen jetzt

         Brieföffner

in einer geschmackvollen Ausführung liefern. Mit getrennter Post
erhalten Sie je ein Ansichtsstück der drei Modelle. Obwohl wir
dieses Werbegeschenk erst seit Januar d. J. herstellen, konnten
wir schon über hunderttausend Stück davon verkaufen. Die Kunden
sind begeistert. Tagtäglich berichten uns Großabnehmer, daß ihre
Geschäftsfreunde diesen Artikel gut aufgenommen haben.

Für alle drei Ausführungen haben wir besonders günstige Preise
kalkuliert. Wir bitten Sie, alle Einzelheiten der beiliegenden
Druckschrift zu entnehmen. Dort finden Sie auch eine Übersicht
über die vorteilhaften Mengenrabatte, die wir dem Großabnehmer
bieten. Wir werden Sie

An dieser Stelle soll nun bei den Kunden, die bereits Werbegeschenke erhal-
ten haben, folgender Text gedruckt werden:
    — wie immer —
Dieser Ausdruck ist also auch vom Inhalt des Feldes ‚werbegeschenke' in der
Steuerdatei abhängig.

30. Nachdem Sie nach dem Wort ‚Sie' einen Leerschritt eingegeben haben,
    geben Sie die entsprechende Anweisung ein:
    «awenn werbegeschenke=„x"» — wie immer — «ewenn»
Wenn diese Worte nicht gedruckt werden, wird nur der Leerschritt vor der
Anweisung ausgedruckt, nicht aber der Leerschritt innerhalb der Anweisung.

31. Schreiben Sie weiter den Brief, ohne nach dem ‚»'-Zeichen einen Leerschritt einzugeben:

sehr sorgfältig beliefern.

Mit freundlichen Grüßen

Kölner Werbegeschenke AG

Richter

32. Speichern Sie diesen Serienbrief unter brief2 auf Diskette ab.
33. Lassen Sie den Serienbrief ausdrucken (<**ESC**> **D S**).

Dieser Serienbrief zeigt, daß Sie in einem Serienbrief nicht alle Felder der
Steuerdatei verwenden müssen, daß aber in der Steuerdatei alle Felder vorhanden sein müssen, die im Serienbrief abgefragt werden. Außerdem wird ge-
zeigt, daß Sie für verschiedene Serienbriefe eine Steuerdatei verwenden
können.

Anmerkung zu den Anweisungen
Sie können die Anweisungen miteinander verknüpfen und verbinden. Zum
Beispiel können Sie mit den Anweisungen **AWENN** und **EWENN** etwas ge-
nauer definieren, indem Sie mehrere Bedingungen hintereinander eingeben.

Beispiel:
Der Text ‚Das Haus ist weiß, und der Garten ist grün.' soll nur gedruckt werden, wenn in der Steuerdatei für das Feld mit dem Namen ‚haus' die Farbe
‚weiß' und wenn für das Feld mit dem Namen ‚garten' die Farbe ‚grün' angegeben ist. Wenn nur eine Bedingung erfüllt ist, soll nichts gedruckt werden.
Die Anweisung sähe folgendermaßen aus:

«awenn haus=„weiß"» «awenn garten=„grün"» Das Haus ist weiß, und
der Garten ist grün.«ewenn» «ewenn»

Sie müssen darauf achten, daß jedes **AWENN** ein **EWENN** erhält, da sonst die
Bedingung nicht beendet ist!

14.10 Übung XIV

Löschen Sie den gesamten Bildschirm.

Erstellen Sie einen Serienbrief, wobei die Adresse, das Datum und die Anrede als Felder wiedergegeben werden sollen; lassen Sie den Serienbrief nur für die Personen ausdrucken, die in Hamburg (Postleitzahl 2000) wohnen:
(Hinweis: Es ist besser, ein zusätzliches Feld für die Postleitzahl anzulegen als die Anschrift aufzuteilen.)


```
Feld für die
Anschrift




                                        Flensburg,   Feld für
                                                     das Datum



Sehr geehrte   Feld für    ,
               die Anrede

nach Rücksprache mit unserer Geschäftsleitung gewähren wir Ihnen
den gewünschten Zalungsaufschub für 3 Monate.

Mit freundlichen Grüßen.

MODEHAUS BEAUTY

Buchhaltung
```

Speichern Sie den Serienbrief unter brief3 ab.

Erstellen Sie eine Steuerdatei für den Serienbrief über folgende Kunden:

Herrn	*Frau*
Peter Schwarz	*Petra Weiß*
Bahnhofstraße 6	*Königsallee 2*
2000 Hamburg	*2160 Stade*
Firma	*Herrn*
Nietnagel	*Paul Roth*
Schwalbenweg 4	*Birkengasse 9*
5810 Witten	*2000 Hamburg*

Speichern Sie die Steuerdatei unter steuerd1 (für Steuerdatei 1) ab.

Lassen Sie den Serienbrief nur an die Kunden ausdrucken, die in Hamburg (PLZ 2000) wohnen.

Sollten Sie mit den Eingaben nicht zurechtkommen, sehen Sie sich die Lösung XIV in ANHANG A an.

15 Bibliothek

Sie lernen den Befehl **Bibliothek** mit seinen Unterbefehlen **Betriebssystem,
Trennhilfe** und **Spell** kennen und anwenden.

15.1 Das Word-Lernziel:
Der Befehl **Betriebssystem**

Aufgabe:
Formatieren Sie eine Diskette.

Ausführung:
Wenn Ihre Diskette voll ist, müssen Sie eine neue formatieren. Sie können
einmal alle gekauften Disketten sofort formatieren, oder Sie können die Disketten auch während der Arbeit mit Word formatieren. (Selbstverständlich
können Sie nicht nur den Befehl zur Formatierung eingeben, sondern jeden
MS-DOS-Befehl!)

1. Löschen Sie den gesamten Bildschirm, so daß auch der Arbeitsspeicher
   vollständig gelöscht ist.
2. Um eine neue Diskette zu formatieren, wählen Sie folgende Befehlsfolge:

   – <**ESC**>;

   – B für **Bibliothek**;

   – B für **Betriebssystem**.

   geben Sie den MS-DOS-Befehl zur Formatierung einer Diskette ein:
   format b:
   (Mit diesem Befehl geben Sie die Anweisung, die Diskette in Laufwerk B
   zu formatieren.)
3. Bestätigen Sie den Befehl durch Drücken der **RETURN**-Taste.

Wenn Sie an einem Computer mit Festplatte arbeiten, können Sie MS-DOS auf die Festplatte kopieren. Das Programm zum Formatieren wird dann automatisch geladen.

Wenn Sie an einem Computer mit zwei Diskettenlaufwerken arbeiten, können Sie versuchen, MS-DOS auf die Programmdiskette zu kopieren. Das hängt davon ab, wieviel Speicherplatz durch Druckertreiber und andere Dateien schon beansprucht wurde. Wenn MS-DOS nicht auf die Word-Programmdiskette paßt, müssen Sie die Disketten zu gegebener Zeit wechseln. Wir gehen von einem Computer mit zwei Diskettenlaufwerken aus.

4. In der vorletzten Bildschirmzeile erscheint folgende Meldung:

5. Nehmen Sie die Word-Programmdiskette aus dem Laufwerk A, und legen Sie die MS-DOS-Diskette in das Laufwerk A ein.

6. Bestätigen Sie nach dem Diskettenwechsel mit *j*.

7. Das Programm zum Formatieren von Disketten wird von der MS-DOS-Diskette geladen. Legen Sie — wie auf dem Bildschirm aufgelistet — die zu formatierende Diskette in das Laufwerk B, und drücken Sie eine Taste (z. B. <RETURN>).

8. Nach Beenden des Formatiervorgangs erscheint die Frage auf dem Bildschirm, ob Sie weitere Disketten formatieren möchten. In diesem Fall möchten Sie es nicht; beantworten Sie die Frage mit *n*.

9. Es erscheint die Meldung, daß Sie die MS-DOS-Diskette aus dem Laufwerk A nehmen und die Word-Programmdiskette in das Laufwerk A einlegen sollen.
10. Nach Auswechseln der Disketten drücken Sie *j*.

Sie kehren wieder in das Programm Word zurück und können die Arbeit fortsetzen.

15.2 Das Word-Lernziel:
Die **Trennhilfe**

Aufgabe:
1. Löschen Sie den gesamten Bildschirm.
2. Erstellen Sie folgenden Text, formatieren Sie ihn in den Blocksatz
   (markieren, <Alt> x b) und speichern Sie ihn unter 1033 ab.

```
[·········1·········2·········3·········4·········5·········6····]···7··
In dem größten Bestreben, unsere langjährige und angenehme
Geschäftsverbindung zu vertiefen, möchten wir Ihnen die
allergrößten Vorteile des bargeldlosen Zahlungsverkehrs der
öffentlichen Sparkassen und Girozentralen besonders aufzeigen.¶
¶
Die bargeldlose Zahlung durch Spargiro ist einfach, schnell und
sicher. Man zahlt vom eigenen Schreibtisch aus, empfängt
eingehende Zahlungen am Schreibtisch, überweisungsaufträge werden
am Eingangstag ausgeführt. Verluste durch Diebstahl, Feuer,
Annahme von Falschgeld oder Zahlungsversehen werden vermieden.¶
¶
Wir würden es begrüßen, wenn Sie unser Schreiben zum Anlaß nähmen,
Ihr Spargirokonto noch mehr als bis jetzt für Ihren
überweisungsverkehr zu benutzen. Gern beraten wir Sie.¶
*  []




BEFEHL: Text Ausschnitt Bibliothek Druck Einfügen Format Gehezu Hilfe Kopie
        Löschen Muster Quitt Rückgängig Suchen übertragen Wechseln Zusätze
Bearbeiten Sie bitte Ihren Text oder unterbrechen Sie zum Hauptbefehlsmenü!
Seite 1  ()                                       Microsoft Word: 1033.TXT
```

Durch die Formatierung in den Blocksatz sind in dem Text große Lücken
entstanden. Sie könnten den Text durchlesen und die Wörter, die nicht mehr
in die vorhergehende Reihe passen, trennen. Sie könnten auch beim Schreiben darauf achten und die Wörter sofort bei Eingabe trennen (<**CTRL**>
Bindestrich), das wäre aber etwas mühsam.
Word stellt Ihnen eine Trennhilfe zur Verfügung, die Ihre Wörter automatisch trennt. Wenn Sie den Befehl zur Trennhilfe wählen, wird der Text ab
der Cursorposition bis zum Dateiende nach Trennmöglichkeiten überprüft.
Soll nur ein bestimmter Textteil überprüft werden, so können Sie den
entsprechenden Text markieren. Dann wird nur dieser Text nach Trennmöglichkeiten überprüft.

224

3. Um sich für den gesamten Text Trennvorschläge aufzeigen zu lassen, positionieren Sie den Cursor an den Anfang des Textes und wählen folgende Befehlsfolge:

— <ESC>;

— B für **Bibliothek**;

— T für **Trennhilfe**.

```
‖═══[·········1·········2·········3·········4·········5·········6·····]···7···
In dem größten Bestreben, unsere langjährige und angenehme
Geschäftsverbindung zu vertiefen, möchten wir Ihnen die
allergrößten Vorteile des bargeldlosen Zahlungsverkehrs der
öffentlichen Sparkassen und Girozentralen besonders aufzeigen.¶
¶
Die bargeldlose Zahlung durch Spargiro ist einfach, schnell und
sicher. Man zahlt vom eigenen Schreibtisch aus, empfängt
eingehende Zahlungen am Schreibtisch. überweisungsaufträge werden
am Eingangstag ausgeführt. Verluste durch Diebstahl, Feuer,
Annahme von Falschgeld oder Zahlungsversehen werden vermieden.¶
¶
Wir würden es begrüßen, wenn Sie unser Schreiben zum Anlaß nähmen,
Ihr Spargirokonto noch mehr als bis jetzt für Ihren
überweisungsverkehr zu benutzen. Gern beraten wir Sie.¶

*    ♦
```

```
BIBLIOTHEK TRENNHILFE Trennvorschlag bestätigen: Ja Nein

Wählen Sie bitte eine Option!
Seite 1 ()                              Microsoft Word: 1033.TXT
```

Sie können angeben, ob Word die Wörter automatisch an allen vorgeschlagenen Stellen trennen soll oder ob Sie sicherheitshalber jede Trennung bestätigen möchten.

4. Da es evtl. einige Wörter gibt (Word geht nach amerikanischen Trennregeln vor), die nicht getrennt oder an einer anderen Stelle getrennt werden sollen, wählen Sie

   Trennvorschlag bestätigen: (Ja).

5. Bestätigen Sie die Eingabe durch Drücken der **RETURN**-Taste.

6. Auf dem Bildschirm wird der erste Trennvorschlag angezeigt:

```
╓══[·········1·········2·········3·········4·········5·········6·····]···7···╖
║ In dem  größten  Bestreben,  unsere  langjährige   und  angenehme
║ Geschäftsverbindung  zu  vertiefen,  möchten  wir  Ihnen  die
║ allergrößten  Vorteile  des  bargeldlosen  Zahlungsverkehrs  der
║ öffentlichen Sparkassen und Girozentralen besonders aufzeigen.¶
║ ¶
║ Die bargeldlose Zahlung durch Spargiro ist  einfach,  schnell  und
║ sicher.  Man  zahlt  vom  eigenen  Schreibtisch  aus,  empfängt
║ eingehende Zahlungen am Schreibtisch. überweisungsaufträge  werden
║ am  Eingangstag  ausgeführt.  Verluste  durch  Diebstahl,  Feuer,
║ Annahme von Falschgeld oder Zahlungsversehen werden vermieden.¶
║ ¶
║ Wir würden es begrüßen, wenn Sie unser Schreiben zum Anlaß nähmen,
║ Ihr  Spargirokonto  noch  mehr  als  bis  jetzt  für  Ihren
║ überweisungsverkehr zu benutzen. Gern beraten wir Sie.¶
║
║ *   ◆
```

BIBLIOTHEK TRENNHILFE Trennvorschlag bestätigen:(Ja)Nein

Geben Sie J für Trennen ein, N, für nicht oder benutzen Sie die Pfeiltasten! ▮
Seite 1 ()   Microsoft Word: 1033.TXT

7. Bestätigen Sie die Trennung mit *j*.

8. Der Cursor zeigt nun die nächste vorgeschlagene Trennstelle an; verschie-
    ben Sie diesen Trennvorschlag mit Hilfe der Cursortaste nach rechts auf
    das ‚l‘ und bestätigen Sie mit *j*, so daß das Wort getrennt wird: ‚öffent-
    lichen‘.

9. Der nächste Trennvorschlag wird angezeigt. In diesem Fall verneinen Sie
    den Trennvorschlag mit *n*.

10. Unterbrechen Sie diesen Trennvorgang durch Drücken der **ESC**-Taste. In
    der vorletzten Bildschirmzeile wird angezeigt, wieviele Wörter getrennt
    worden sind.

11. Speichern Sie den Text erneut unter 1033 ab.

12. Löschen Sie den gesamten Bildschirm.

15.3 Das Word-Lernziel:
Der Befehl **Spell**

Mit Hilfe dieses Befehls können Sie Ihren Text auf die richtige Schreibweise der Wörter überprüfen. Das Wörterbuch, das sich auf der Spell-Diskette befindet, ist (bisher) nur für die Überprüfung englischsprachiger Texte geeignet. Sie können sich aber selbst ein Wörterbuch erstellen, anhand dessen Sie auch deutsche Texte überprüfen können.
Sie können den Befehl **Spell** nur aufrufen und ausführen, wenn Sie einen Text geladen haben, der überprüft werden kann, es sei denn, Sie rufen **Spell** direkt aus der Systemebene (A>*spell*) auf. Wenn Sie dann einen Text überprüfen lassen möchten, fragt Word nach dem Dateinamen (Filename:), den Sie eingeben und mit <**RETURN**> bestätigen.

Aufgabe:
Geben Sie folgenden fehlerhaften Text ein, erstellen Sie ein kleines Wörterbuch für diesen Text, lassen Sie den Text auf seine Richtigkeit überprüfen und korrigieren Sie ihn.

Ausführung:
1. Schreiben Sie folgenden Text, und speichern Sie ihn unter 1034 ab.

    Spell abeitet naceinander mit bis 6zu drei Wörtrbüchern und bitet somit eine große Einsatzflexibilitet. Jedes Wörterbuch kann einem bestimten Zweck zugeortnet werdem.

2. Löschen Sie den gesamten Bildschirm, um ein Wörterbuch für diesen Text zu erstellen.

3. Schreiben Sie nun die Wörter dieses Textes in korrekter Form untereinander auf den Bildschirm; geben Sie nach jedem Wort <**RETURN**> ein.

Die Liste sollte folgendermaßen aussehen:

    spell
    arbeitet
    nacheinander
    mit
    bis
    zu
    drei
    wörterbüchern
    und
    bietet
    somit
    eine
    große
    einsatzflexibilität
    jedes
    wörterbuch
    kann
    einem
    bestimmten
    zweck
    zugeordnet
    werden

4. Wählen Sie die Befehlsfolge:

   − <**ESC**>;

   − **B** für **Bibliothek**;

   − **S** für **Spell**.

Word erstellt nun eine Arbeitsdatei, in die der zu überprüfende und zu korrigierende Text geschrieben wird.

5. Es erscheint folgende Meldung auf dem Bildschirm (bei einem Computer mit zwei Diskettenstationen):

   ‚Geben Sie J ein, wenn Sie die SPELL-Diskette eingelegt haben!'

6. Nehmen Sie die Word-Programmdiskette aus dem Laufwerk, legen Sie die Spell-Diskette in dasselbe Laufwerk und bestätigen Sie mit *J*.

7. Um diese Wörter in ein Wörterbuch aufzunehmen, wählen Sie:

   D für **Dictionary**.

8. Geben Sie einen Namen für das Wörterbuch ein, z. B.:

   Buch1

9. Bestätigen Sie den Namen mit <**RETURN**>.

10. Um die Wörter prüfen zu lassen, drücken Sie

    P für **Proof.**

11. Die Wörterbücher werden überprüft, und es werden nacheinander alle
    unbekannten Wörter auf dem Bildschirm angezeigt. Da alle Wörter un-
    bekannt sind, werden in alphabetischer Reihenfolge alle Wörter nachein-
    ander aufgelistet. Alle diese Wörter sollen in das Wörterbuch mit dem
    Namen Buch1 gespeichert werden.

    Um die Wörter in das Wörterbuch zu speichern, wählen Sie bei Erschei-
    nen jedes einzelnen Wortes die Befehlsfolge:

    A für **Add (word to:)**

Es stehen Ihnen drei Arten von Wörterbüchern zur Verfügung, in die Sie
Wörter einfügen oder die Sie neu erstellen können:

– Haupt-Wörterbuch (STANDARD)

– Text-Wörterbuch (DOCUMENT)

– Benutzer-Wörterbuch (USER)

Im Haupt-Wörterbuch (STANDARD) befinden sich ca. 80 000 Wörter
(englisch), die beim Prüfvorgang zuerst gelesen werden. Wenn ein Wort sehr
häufig vorkommt, sollten Sie es in dieses Wörterbuch aufnehmen.
Das Text-Wörterbuch (DOCUMENT) können Sie während des Prüfens und
zur Korrektur eines Textes erstellen. Dieses Wörterbuch wird unter demselben Namen gespeichert wie der Text, es erhält den Anhang .CMP. In diesem
Wörterbuch sind dann die in diesem Text verwendeten Fachausdrücke gespeichert. Sollten Sie noch keinen Namen vergeben haben, vergibt Word
automatisch den Namen ‚Specials.CMP.'
Das Benutzer-Wörterbuch (USER) können Sie in der Word-Text-Ebene erstellen, also bevor Sie **Spell** aufrufen. Die Wörter werden geschrieben und in
eine Datei gespeichert. Anschließend wählen Sie den Befehl **Bibliothek Spell**
und speichern die Wörter in ein Wörterbuch, dessen Namen Sie selbst festlegen. Wenn Sie den Befehl **Proof** aufrufen, wird nur dieses Wörterbuch zur
Überprüfung und Korrektur des Textes verwendet.

12. Unser Wörterbuch soll nicht zu diesem Text gespeichert werden, weil es
    sich nicht um Fremdwörter handelt.
    Wählen Sie deshalb:

    U für **User.**

13. Wiederholen Sie diesen Vorgang (**A U**) für jedes Wort, damit alle Wörter
    in das Wörterbuch gespeichert werden.

14. Nachdem alle Wörter geprüft und in das Wörterbuch Buch1 gespeichert
    worden sind, erscheint folgende Meldung auf dem Bildschirm:

    'Enter Y to process, N to discard changes, or Esc for previous'.

15. Bestätigen Sie mit **Y**, da das Wörterbuch gespeichert werden soll.
    (Durch Eingabe von **N** für **No** würden Sie den Prüfvorgang beenden, ohne
    etwas zu speichern.)
    (Durch Drücken der **ESC**-Taste würden Sie zum vorher angezeigten Wort
    zurückkehren.)

Während der Korrekturphase kehren Sie zum vorausgehenden Wort zurück,
indem Sie

     P für **Previous**

drücken, zum nachfolgenden Wort gelangen Sie, indem Sie

     N für **Next**

drücken; aber nur, wenn Sie vorher zum vorausgehenden Wort geblättert
haben.

16. Es erscheint die Aufforderung, die Disketten zu wechseln und nach Be-
    endigung dieses Vorgangs ein *J* einzugeben.
    Nehmen Sie also die Spell-Diskette aus dem Laufwerk, legen Sie die
    Word-Programmdiskette in das Laufwerk, und bestätigen Sie mit *J*.

Sie haben nun ein Wörterbuch erstellt. Anhand dieses Wörterbuches werden
wir nun den Text 1034 auf seine Richtigkeit überprüfen.

17. Laden Sie Text 1034. (Bestätigen Sie den Verlust der Daten, da Sie die
    Liste nicht als Datei speichern möchten.)
18. Um den Text überprüfen zu lassen, wählen Sie folgende Befehlsfolge:

    – <**ESC**>;

    – **B** für **Bibliothek**;

    – **S** für **Spell**.

19. Wechseln Sie nach der entsprechenden Anzeige die Disketten, und bestä-
    tigen Sie mit *J*.
20. Da der Text nicht nur mit den Wörtern aus dem Standard-Wörterbuch
    (englisch) verglichen werden soll, geben Sie das gewünschte Wörterbuch
    (Buch1) an. Wählen Sie dazu folgende Befehlsfolge:

    – **D** für **Dictionary**;

    – drücken Sie eine Cursortaste, um sich das Inhaltsverzeichnis aller bis-
    her erstellten Wörterbücher anzeigen zu lassen;

    – positionieren Sie den Cursor auf das Wörterbuch Buch1.CMP und be-
    stätigen Sie mit <**RETURN**>.

Nun können Sie verschiedene Optionen für die Überprüfung festlegen:

21. Wählen Sie die Befehlsfolge:
    O für **Options**.

Wenn Sie voraussetzen, daß die ersten Buchstaben jedes Wortes korrekt eingegeben worden sind, können Sie den Korrekturvorgang dadurch beschleu-
nigen, indem Sie angeben, daß Word nicht die ersten Buchstaben überprüfen
soll, sondern nur die folgenden. Sie würden also eingeben:
    lookup: quick.

Wenn die Wörter vollständig überprüft werden sollen, auch die ersten Buchstaben, wählen Sie:
    lookup: complete.

22. Geben Sie an: **lookup: quick**.
23. Drücken Sie einmal die **Tabulator**-Taste, damit Sie sich im Befehlsfeld
    ignore all caps befinden.

Wenn alle Wörter, die nur aus Großbuchstaben bestehen, bei der Überprüfung
übersprungen werden sollen, geben Sie an:
    ignore all caps: yes.
Wenn alle Wörter überprüft werden sollen, auch die, die nur aus Großbuchstaben bestehen, geben Sie an:
    ignore all caps: no.

24. Geben Sie an: **ignore all caps: no**.

Sie können später Wörter, die Sie nicht sofort korrgieren können, markieren.
Unter dem Befehl **marking character** können Sie das Zeichen, mit dem markiert werden soll, festlegen. Dieses Zeichen sollte nach Möglichkeit im Text
nicht vorkommen, damit Sie es später mit dem Befehl **Suchen** direkt anzeigen lassen können.

25. Bestätigen Sie alle Eingaben (und die Standardvorgabe für das Markie-
    rungszeichen *) durch Drücken der **RETURN**-Taste.
26. Um nun den Text prüfen zu lassen, drücken Sie
    P für **Proof**.

Während der Prüfphase wird der Text mit dem Inhalt des Wörterbuches verglichen. Dazu wird zuerst auf das Hauptwörterbuch und, sofern man ein weiteres Wörterbuch angegeben hat, auf zusätzliche Wörterbücher zugegriffen.
Bei der Prüfphase erstellt Word eine Liste der fehlerhaften Wörter. Dann beginnt die Korrekturphase. Ein Wort nach dem anderen wird in alphabetischer Reihenfolge zur Korrektur vorgeschlagen, wobei Sie sich Ersatzbegriffe aus den Wörterbüchern anzeigen lassen können.
Das erste unbekannte (fehlerhafte) Wort wird im dritten Bildschirmsegment und in der Mitte des ersten Segmentes angezeigt:

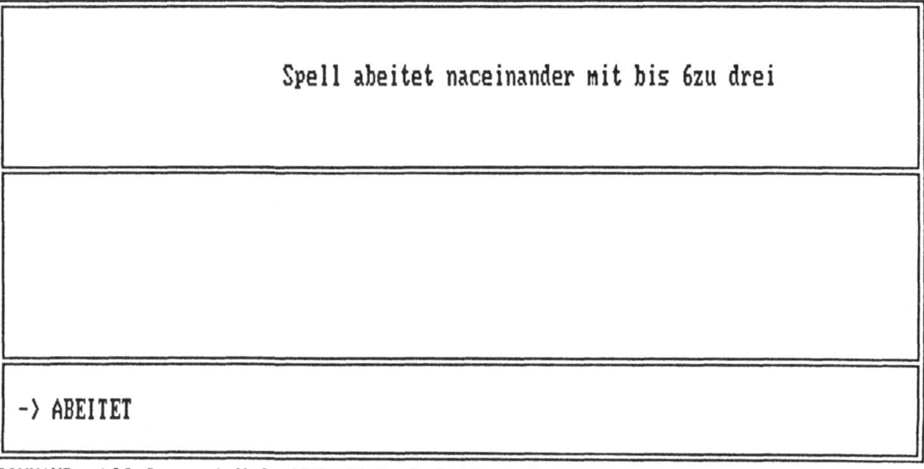

Bevor Sie das Wort korrigieren, können Sie noch weitere Optionen festlegen:

27. Wählen Sie:

O für **Optionen.**

Nun können Sie festlegen, ob Sie eine schnelle oder eine vollständige Überprüfung des Textes vornehmen wollen. Mit dem Befehl **complete** werden alle Buchstaben eines Wortes überprüft. Geben Sie **quick** ein, setzen Sie voraus, daß von jedem Wort im Text die ersten beiden Buchstaben auf jeden Fall richtig sind. Unter der Verwendung des Befehls **quick** werden aus dem Ersatzwörterbuch nur die Wörter angezeigt, die mit denselben zwei Buchstaben beginnen wie das jeweilige Wort im Text.

28. Wählen Sie:

lookup: complete,

und bestätigen Sie durch Drücken der **RETURN**-Taste.

29. Um nun das erste fehlerhafte Wort, das noch immer angezeigt wird, zu korrigieren, wählen Sie:

C für **Correct**.

30. Sie können nun das korrekte Wort eingeben oder sich eine Liste Ersatzbegriffe im zweiten Bildschirmausschnitt anzeigen lassen. Hierzu drücken Sie eine Cursortaste.

Sollte die Tabelle der Ersatzbegriffe (im mittleren Bildschirmausschnitt) größer sein als der Suchausschnitt, können Sie die **RETURN**-Taste drücken, um sich weitere Ersatzbegriffe anzeigen zu lassen.

31. Positionieren Sie den Cursor auf das korrekte Wort, und bestätigen Sie es mit <**RETURN**>.

Wenn das korrigierte Wort so übernommen werden soll, wie es eingegeben (oder vorgeschlagen als Ersatzwort) worden ist, geben Sie bei **adjust case:** (Graphie:) **No** an. Normalerweise sollen aber die Großbuchstaben so übernommen werden, wie sie im Text eingegeben waren, wie sie also im fehlerhaften Wort geschrieben sind. Deshalb ist standardmäßig **adjest case: Yes** angegeben, damit also die Groß- und Kleinschreibung der korrekten Wörter entsprechend der fehlerhaften Wörter übernommen wird.

32. Korrigieren Sie nun ein Wort nach dem anderen.

33. Sollten Sie ein Wort nicht korrigieren wollen, z. B. wenn es richtig geschrieben, nur im Wörterbuch noch unbekannt ist und deshalb angezeigt wird, können Sie dieses Wort mit dem Befehl **Ignore** überspringen.

Es kann vorkommen, daß Sie in dieser Korrekturphase ein Wort nicht korrigieren können, nämlich wenn Sie z. B. ein Wort in zwei Wörtern geschrieben haben (z. B. ‚Korrektur phase‘ statt ‚Korrekturphase‘). Einen Leerschritt können Sie nicht löschen, da nur Wörter angezeigt werden und ein Leerschritt das Ende eines Wortes kennzeichnet. Sie würden dieses Wort markieren, in Word mit Hilfe des Befehls **Suchen** das Wort anzeigen lassen und den Leerschritt löschen.

34. Wenn Sie ein Wort im Moment nicht korrigieren können, können Sie es mit Hilfe des Befehls **Mark** markieren (das Markierungszeichen wurde vor dem Befehl **Proof** in **Options** festgelegt). Dieses Markierungszeichen können Sie später mit Hilfe des Befehls **Suchen** im Text anzeigen lassen und dann korrigieren.
Den Befehl **Mark** können Sie z. B. bei Korrektur des Wortes ‚Einsatzflexibilität‘ verwenden, denn es gibt im Englischen (Amerikanischen) kein ä, ö, ü und ß.

35. Wenn alle fehlerhaften Wörter angezeigt und korrigiert worden sind, erscheint folgende Meldung:
    ‚Enter Y to process, N to discard changes, or Esc for previous‘.

36. Drücken Sie **Y**, um den Text in der korrigierten Fassung auf dem Bildschirm anzeigen zu lassen.
(**N** würde den Text in der unkorrigierten Fassung zeigen; alle Korrekturen wären zurückgenommen worden.)
(<**ESC**>) würde das letzte zu korrigierende Wort wieder auf den Bildschirm rufen.)

Sollten Sie ein Wort falsch korrigiert, es aber als korrigiert bestätigt haben, gelangen Sie zu diesem Wort zurück, indem Sie **P** für **Previous** drücken.
Auf das nächste Wort gelangen Sie wieder, indem Sie **N** für **Next** drücken.
Wenn Sie einige Wörter zurückgeblättert haben und wieder an die Position zurück möchten, an der Sie mit der Korrektur aufgehört und mit dem Zurückblättern begonnen haben, drücken Sie **R** für **Resume** (Wiederaufnahme).

37. Sie werden (bei zwei Diskettenstationen) zum Diskettenwechsel aufgefordert. Nehmen Sie also die Spell-Diskette aus dem Laufwerk heraus, legen Sie die Word-Programmdiskette in das Laufwerk ein, und bestätigen Sie den Wechsel mit *J*.

38. Ihr Text erscheint nun in der korrigierten Fassung auf dem Bildschirm.

39. Wie Sie sehen, ist das Wort ‚6zu‘ nicht angezeigt und korrigiert worden, da Sie im Befehl **Options** bei **lookup: quick** angegeben haben, was bedeutet, daß Sie voraussetzen, daß die ersten Buchstaben jedes Wortes korrekt geschrieben worden sind.
Löschen Sie nun die ‚6‘ vor ‚zu‘.

40. Das Wort ‚Einsatzflexibilität‘ ist markiert worden (*). Löschen Sie nun das Markierungszeichen (*), und korrigieren Sie das Wort.

41. Speichern Sie den Text erneut unter 1034 ab.

42. Löschen Sie den gesamten Bildschirm.

15.4 Übung XV

Schreiben Sie folgenden englischen Text, speichern Sie ihn unter 1035 ab, und überprüfen Sie ihn mit Hilfe des Befehls **Spell** auf seine korrekte Schreibweise. Da es sich um einen englischen Text handelt, können Sie das Standard-Wörterbuch verwenden, brauchen also kein weiteres anzugeben.

> *An eldery spinser bougt a television set in a department stohre. A few weeks later the adjustment manager of the stor recieved the folowing leter from this ladi:*
>
> *"Dear Sir: The television set I bought in your stor works all right, but the program is very bad. Could you exchange the set for one with a beter program?"*

Nach der Korrektur sollte Ihr Text folgendermaßen aussehen:

> *An elderly spinster bought a television set in a department store. A few weeks later the adjustment manager of the store received the following letter from this lady:*
>
> *"Dear Sir: The television set I bought in your store works all right, but the program is very bad. Could you exchange the set for one with a better program?"*

Sollten Sie mit den Eingaben nicht zurechtkommen, sehen Sie sich die Lösung XV in ANHANG A an.

Anhang A

In diesem Anhang finden Sie die Lösungen zu den Übungsaufgaben in den
einzelnen Kapiteln. Zum Beispiel befindet sich die Lösung zur Übungsaufgabe **Übung I** des Kapitels 1 in diesem Anhang unter der Überschrift
Lösung I, die Lösung zur Übungsaufgabe **Übung II** des Kapitels 2 unter
der Überschrift **Lösung II** usw.

Lösung I

1. Schreiben Sie den Text, wobei Sie nur jeden Absatz mit <RETURN>
   abschließen und nicht jede Zeile. Damit wird der Zeilenumbruch automatisch vorgenommen.

2. Markieren Sie das Wort ‚heute‘ (mit der **F7**- oder **F8**-Taste, je nach
   Standort des Cursors) im ersten Absatz, und löschen Sie das Wort durch
   Drücken der **DEL**-Taste in den Papierkorb.

3. Löschen Sie den Leerschritt vor dem Komma durch Betätigen der **Rücktaste**, da der Cursor hinter dem zu löschenden Wort steht.

4. Positionieren Sie den Cursor auf das ‚a‘ des Wortes ‚am‘, und geben Sie
   zehn Leerschritte ein, drücken also 10 mal die **Leertaste.**

5. Markieren Sie die Worte ‚am Montag‘ im letzten Absatz. Dazu markieren
   Sie zuerst das Wort ‚am‘ durch Drücken der **F7**- oder **F8**-Taste, je nach
   Standort des Cursors, anschließend drücken Sie die **F6**-Taste, um den
   Erweiterungsmodus einzuschalten. Drücken Sie einmal die **F8**-Taste, um
   auch das Wort ‚Montag‘ zu markieren.

6. Löschen Sie die zwei markierten Wörter durch Drücken der **DEL**-
   Taste in den Papierkorb.

7. Positionieren Sie den Cursor auf die ‚1‘ der Zahl ‚12‘ des Datums
   (‚12. November 1984‘).

8. Fügen Sie an dieser Stelle die Wörter ‚am Montag‘ durch Betätigen der
   INS-Taste ein.

9. Löschen Sie durch Drücken der **Rücktaste** den Leerschritt nach dem
   Wort ‚Montag‘, und fügen Sie das fehlende Komma, den Leerschritt,
   das Wort ‚dem‘ und einen weiteren Leerschritt ein.

10. Markieren Sie die Wörter ‚um 20 Uhr‘ im letzten Absatz. Dazu markie-
    ren Sie zuerst das Wort ‚um‘ (**F7**- oder **F8**-Taste), erweitern die Markie-
    rung durch Drücken der **F6**-Taste und nachfolgend zweimal der **F8**-
    Taste, um auch die Uhrzeit zu markieren.

11. Löschen Sie die Wörter durch Drücken der **DEL**-Taste in den Papier-
    korb.

12. Positionieren Sie den Cursor auf das **RETURN**-Zeichen nach der Jahres-
    zahl (‚1984').

13. Geben Sie ein Komma und einen Leerschritt ein, und fügen Sie die Uhr-
    zeit durch Drücken der **INS**-Taste aus dem Papierkorb in den Text
    ein.

14. Positionieren Sie den Cursor auf das ‚V' des ersten Wortes des Hotel-
    namens ‚Vier Jahreszeiten'.

15. Geben Sie die Anführungszeichen ein.

16. Positionieren Sie den Cursor auf den Leerschritt nach dem Wort ‚Jahres-
    zeiten', und geben Sie auch dort Anführungszeichen ein.

17. Um den Text zu speichern, wählen Sie folgende Tastenfolge:

    – **ESC**-Taste;

    – drücken Sie die **Leertaste**, bis der Befehl **Übertragen** markiert ist;

    – bestätigen Sie mit der **RETURN**-Taste;

    – drücken Sie die **Leertaste**, bis der Befehl **Speichern** markiert ist;

    – bestätigen Sie mit der **RETURN**-Taste;

    – geben Sie den Dateinamen ein: *10011*;

    – bestätigen Sie den Befehl mit der **RETURN**-Taste.

18. Um den Bildschirm vollständig zu löschen, wählen Sie folgende Tasten-
    folge:

    – **ESC**-Taste;

    – drücken Sie die **Leertaste**, bis der Befehl **Übertragen** markiert ist;

    – bestätigen Sie mit der **RETURN**-Taste;

    – drücken Sie die **Leertaste**, bis der Befehl **Bildschirmlöschen** markiert
      ist;

    – bestätigen Sie mit der **RETURN**-Taste;

    – drücken Sie die **Leertaste**, bis der Befehl **Gesamt** markiert ist;

    – bestätigen Sie mit der **RETURN**-Taste.

Lösung II

 1. Löschen Sie den gesamten Bildschirm. Verwenden Sie dazu folgende
    Befehlsfolge:

    – **ESC**-Taste;

    – Ü für **Übertragen**;

    – B für **Bildschirmlöschen**;

    – G für **Gesamt**.

2. Da der als erstes einzugebende Text fett geschrieben werden soll, drücken
Sie einmal die Tastenkombination

<Alt> x f,

um den folgenden Text fett einzugeben.

3. Geben Sie die Anrede ein:

Sehr geehrte Damen und Herren,

4. Um den Fettdruck wieder aufzuheben, drücken Sie einmal die Tastenkombination zum Aufheben aller Zeichenformatierungen:

<Alt> x Leertaste.

5. Drücken Sie, um eine Leerzeile einzugeben, zweimal die RETURN-
Taste.

6. Geben Sie weiter folgenden Text ein:

*wir freuen uns mit Ihnen, daß Sie die Möglichkeit haben, durch einen
Anbau*

7. Da Sie die folgenden Wörter unterstreichen möchten, geben Sie den
Tastenschlüssel für die Unterstreichung ein:

<Alt> x u.

8. Geben Sie folgende zwei Wörter (unterstrichen) ein:

Ihre Gardinenabteilung

9. Heben Sie die Unterstreichung wieder auf:

<Alt> x Leertaste.

10. Geben Sie weiter folgenden Text ein:

zu vergrößern.

Bisher haben Sie von uns vor allem

11. Um das folgende Wort doppelt zu unterstreichen, geben Sie die entsprechende Tastenkombination ein:

<Alt> x d.

12. Schreiben Sie das Wort (doppelt unterstrichen):

Meterware

13. Heben Sie die doppelte Unterstreichung wieder auf:

<Alt> x Leertaste.

14. Schreiben Sie weiter folgenden Text:

bezogen, weil die Kunden aber immer mehr

15. Um das folgende Wort kursiv zu schreiben, geben Sie die entsprechende
Tastenkombination ein:

<Alt> x i.

16. Geben Sie das Wort (kursiv) ein:

Fertiggardinen

17. Heben Sie die Formatierung wieder auf mit der Tastenkombination:

<Alt> **x Leertaste.**

18. Geben Sie weiter den Text ein:

bevorzugen, empfehlen wir Ihnen besonders

19. Da es für die Formatierung zu Großbuchstaben keine Kurzform gibt, schreiben Sie erst das Wort:

Fertigstores

20. Markieren Sie dieses Wort durch Drücken der

F7-Taste.

21. Formatieren Sie dieses Wort zu Großbuchstaben mit der folgenden Befehlsfolge:

– <**ESC**>;

– **F** für **Format;**

– **Z** für **Zeichen;**

– drücken Sie viermal die **Tabulator**-Taste, damit Sie sich im Befehlsfeld **Großbuchstaben** befinden;

– drücken Sie einmal die **Leertaste,** damit **Großbuchstaben: (Ja)** angegeben ist;

– bestätigen Sie den Befehl mit <**RETURN**>.

22. Positionieren Sie den Cursor auf die Schreibmarke.

23. Schreiben Sie weiter den Text:

und

24. Da es für die Formatierung zu Großbuchstaben keine Kurzform gibt, schreiben Sie wieder erst das Wort:

Raffgardinen

25. Markieren Sie dieses Wort durch Drücken der

F7-Taste.

26. Formatieren Sie das Wort zu Großbuchstaben mit der Befehlsfolge:

– <**ESC**>;

– **F** für **Format;**

– **Z** für **Zeichen;**

– drücken Sie viermal die **Tabulator**-Taste, damit Sie sich im Befehlsfeld **Großbuchstaben** befinden;

- drücken Sie einmal die **Leertaste,** damit **Großbuchstaben: (Ja)** angegeben ist;
- bestätigen Sie den Befehl mit <**RETURN**>.

27. Positionieren Sie den Cursor auf die Schreibmarke.

28. Drücken Sie nach Eingabe eines Punktes für das Satzende zweimal die **RETURN**-Taste, um eine Leerzeile einzugeben.

29. Schreiben Sie weiter den Text:

    Damit Sie sich über alle Einzelheiten unterrichten können — auch über unser Angebot an

30. Um folgende Wörter fett zu schreiben, geben Sie den entsprechenden Tastenschlüssel ein:

    <**Alt**> **x f.**

31. Schreiben Sie den Text (fett):

    Übergardinen und Zubehör

32. Heben Sie die Formatierung zum Fettdruck auf mit der folgenden Tastenkombination:

    <**Alt**> **x Leertaste.**

33. Schreiben Sie weiter den Text:

    —, fügen wir einen Katalog als Anlage

34. Die nachfolgende Zahl soll hochgestellt werden, geben Sie den entsprechenden Tastenschlüssel ein:

    <**Alt**> **x h,**

35. Geben Sie die Zahl ein:

    1

36. Heben Sie die Formatierung zur Hochstellung auf:

    <**Alt**> **x Leertaste.**

37. Geben Sie den weiteren Text ein:

    bei.

    Mit freundlichen Grüßen

38. Speichern Sie den Text unter 10121 auf Diskette mit der Befehlsfolge:
    - <**ESC**>;
    - **Ü** für **Übertragen;**
    - **S** für **Speichern;**
    - geben Sie den Dateinamen ein: 10121
    - bestätigen Sie den Befehl mit <**RETURN**>.

39. Um in dem gesamten Text ausschließlich die Formatierung zur Fettschrift aufzuheben, gehen Sie folgendermaßen vor:

— Markieren Sie den gesamten Text durch Drücken von
<**SHIFT**><**F10**>;

— <**ESC**>;

— **F** für **Format**;

— **Z** für **Zeichen**;

— drücken Sie zweimal die **Leertaste**, damit **Fett: (Nein)** ausgewählt
ist;

— bestätigen Sie den Befehl mit <**RETURN**>.

40. Speichern Sie den Text erneut unter 10121 ab. Gehen Sie dazu folgendermaßen vor:

— <**ESC**>;

— **Ü** für **Übertragen**;

— **S** für **Speichern**;

— bestätigen Sie den Dateinamen mit <**RETURN**>.

41. Löschen Sie den gesamten Bildschirm mit folgender Befehlsfolge:

— <**ESC**>;

— **Ü** für **Übertragen**;

— **B** für **Bildschirmloschen**;

— **G** für **Gesamt**.

Lösung III

1. Löschen Sie den gesamten Bildschirm. Wählen Sie dazu:

— <**ESC**>;

— **Ü** für **Übertragen**;

— **B** für **Bildschirmlöschen**;

— **G** für **Gesamt**.

2. Beginnen Sie mit der Texteingabe:

Firma
Blasius & Co.
Postfach

5900 Siegen 1

3. Geben Sie unter der Adresse drei Leerzeilen ein (drücken Sie nach der
   ‚1' viermal die **RETURN**-Taste).

4. Schreiben Sie den Ort und das Datum:

   Bielefeld, 23.09.83

5. Stellen Sie diesen Absatz mit der Kurzform rechtsbündig:

   <Alt> **x r.**

6. Positionieren Sie den Cursor auf die Schreibmarke.

7. Geben Sie zwei Leerzeilen ein.

8. Da der Betreff fett geschrieben wird, geben Sie die Kurzform für den
   Fettdruck ein:

   <Alt> **x f.**

9. Schreiben Sie den Betreff:

   Angebot für Oberhemden

10. Zentrieren Sie den Betreff mit der Kurzform:

    <Alt> **x z.**

11. Positionieren Sie den Cursor auf die Schreibmarke.

12. Geben Sie eine Leerzeile ein.

13. Schreiben Sie die Anrede:

    Sehr geehrter Herr Vogel,

14. Geben Sie unter der Anrede eine Leerzeile ein.

15. Der folgende Text soll im Blocksatz geschrieben werden; geben Sie die
    Kurzform ein:

    <Alt> **x b.**

16. Schreiben Sie den folgenden Text:

*wir danken Ihnen für Ihre Anfrage und freuen uns, daß Sie nach einer länge-
ren Pause von uns wieder Oberhemden beziehen wollen. Aus unserem um-
fangreichen Produktionsprogramm bieten wir Ihnen heute zwei Artikel an,
die für Ihr Geschäft besonders geeignet sein dürften. Es sind unsere be-
währten Fabrikate*

17. Geben Sie nach dem letzten Wort einen Leerschritt ein.

18. Das nächste Wort soll unterstrichen werden. Geben Sie die Kurzform ein:

    <Alt> **x u.**

19. Schreiben Sie das Wort:

    Perfekt

20. Heben Sie die Unterstreichung auf:

    <Alt> **x Leertaste.**

21. Geben Sie einen Leerschritt, das Wort

und

und einen Leerschritt ein.

22. Geben Sie erneut die Kurzform zur Unterstreichung ein:

<Alt> **x u.**

23. Schreiben Sie das Wort:

Rekord

24. Heben Sie die Formatierung zur Unterstreichung auf:

<Alt> **x Leertaste.**

25. Geben Sie einen Leerschritt ein, und schreiben Sie folgenden Text:

mit ihren Vorzügen:

26. Geben Sie unter diesem Absatz eine Leerzeile ein.

27. Geben Sie die Einrückung ein, daß der Bindestrich 10 Zeichen eingerückt ist und der Text hinter dem Bindestrich bündig geschrieben wird,
und setzten Sie den Zeilenabstand auf 1,5 zg:

— <**ESC**>;

— **F** für **Format**;

— **A** für **Absatz**;

— dürcken Sie dreimal die **Tabulator**-Taste;

— geben Sie ein: **Linker Einzug:** *12p10*;

— drücken Sie einmal die **Tabulator**-Taste;

— geben Sie ein: **Erste Zeile:** *-2p10*;

— bestätigen Sie mit <**RETURN**>.

28. Schreiben Sie folgenden Text:

— *hochelegant und angenehm zu tragen*

— *spielend leicht zu waschen und nach dem Trocknen ohne Bügeln glatt
wie neu*

29. Positionieren Sie den Cursor auf die Schreibmarke.

30. Geben Sie eine Leerzeile ein.

31. Schreiben Sie folgenden Text:

Trotzdem gibt es Unterschiede:

32. Markieren Sie den gesamten Absatz durch drücken der **F10**-Taste.

33. Wählen Sie in **Druck Optionen** den Drucker Epsonfx an:

  − <**ESC**>;

  − D für **Druck**;

  − O für **Optionen**;

  − drücken Sie eine Cursortaste, um sich das Inhaltsverzeichnis der Druckertreiber anzeigen zu lassen;

  − positionieren Sie den Cursor auf den Druckertreiber EPSONFX;

  − bestätigen Sie mit <**RETURN**>.

34. Formatieren Sie den Absatz wie folgt:

  − <**ESC**>;

  − F für **Format**;

  − Z für **Zeichen**;

  − **Fett: (Ja)**;

  − **Doppelt unterstrichen: (Ja)**;

  − **Schriftart:** *Pica*;

  − **Schriftgrad:** *16*;

  − bestätigen Sie mit <**RETURN**>.

35. Positionieren Sie den Cursor auf die Schreibmarke.

36. Geben Sie unter dem Absatz eine Leerzeile ein.

37. Geben Sie für den nächsten Absatz eine Einrücken von 5 Zeichen und einen Zeilenabstand von 1,5 ein:

  − <**ESC**>;

  − F für **Format**;

  − A für **Absatz**;

  − **Linker Einzug:** *5p10*;

  − **Zeilenabstand:** *1,5*;

  − bestätigen Sie mit <**RETURN**>.

38. Schreiben Sie folgenden Text:

PERFEKT, seidenweicher Baumwollstoff, vorbildlich eleganter Schnitt in vollendet sauberer Verarbeitung, Spitzenklasse, Größen 36−46, weiß, beige, silbergrau

39. Geben Sie unter den Absatz eine Leerzeile ein.

40. Schreiben Sie den Preis:

  21,80 DM.

41. Stellen Sie den Preis rechtsbündig mit der Kurzform:

   <Alt> **x r**.

42. Geben Sie eine Leerzeile ein.

43. Stellen Sie den Absatz linksbündig, da die Einrückung und der Zeilen-
    abstand bestehen bleiben sollen:

   <Alt> **x l**.

44. Schreiben Sie weiter folgenden Text:

*REKORD, vorzügliches Mischgewebe, bequemer Einstück-Kragen, Universal-
Manschette, Größen 36—46, weiß, beige, silbergrau*

45. Geben Sie unter den Absatz eine Leerzeile ein.

46. Schreiben Sie den Preis:

   17,80 DM.

47. Stellen Sie den Preis rechtsbündig:

   <Alt> **x r**.

48. Geben Sie eine Leerzeile ein.

49. Positionieren Sie den Cursor auf die Schreibmarke.

50. Formatieren Sie nachfolgenden Absatz in den Blocksatz:

   <Alt> **x b**.

51. Schreiben Sie den Text:

*Beim Abschluß für mindestens 6 Dutzend von einem dieser Artikel gewähren
wir Ihnen wieder einen Mengenrabatt von 5 %. Im übrigen gelten unsere
alten Liefer- und Zahlungsbedingungen.*

Hochachtungsvoll

52. Speichern Sie den Text unter 10201 ab:

   − <**ESC**>;

   − **Ü** für **Übertragen**;

   − **S** für **Speichern**;

   − *10201*;

   − <**RETURN**>.

53. Löschen Sie den gesamten Bildschirm:

   − <**ESC**>;

   − **Ü** für **Übertragen**;

   − **B** für **Bildschirmlöschen**;

   − **G** für **Gesamt**.

Lösung IV

1. Löschen Sie den gesamten Bildschirm:

   – <ESC>;

   – Ü für **Übertragen**;

   – B für **Bildschirmlöschen**;

   – G für **Gesamt.**

2. Schreiben Sie den folgenden Text:

*,,Ach, Herr Doktor, ich weiß gar nicht, was mit mir eigentlich los ist!"
Immer mehr Patienten erzählen dem Arzt mit bewegten Worten, daß sie
zwar nicht ,,richtig" krank, aber auch keinesfalls wirklich gesund seien,
immer mehr klagen darüber, daß sie sich dauernd müde und abgespannt
fühlen, daß sie schlecht schlafen und wenig Appetit haben.*

3. Geben Sie unter den Absatz eine Leerzeile ein.

4. Markieren Sie den gesamten Text durch Drücken von

   <SHIFT><F10>.

5. Löschen Sie den gesamten Text in den Papierkorb durch Drücken der

   DEL-Taste.

6. Fügen Sie den Text 20mal wieder ein: Drücken Sie 20mal die

   INS-Taste.

7. Damit Word weiß, welche Seite die Seite 3 ist, nehmen Sie einen Druck
   Seitenumbruch vor:

   – <ESC>;

   – D für **Druck**;

   – drücken Sie einmal die **Rücktaste**, damit **Seitenumbruch** markiert ist;

   – <RETURN>.

8. Da wir den Seitenumbruch nicht beeinflussen möchten, bestätigen Sie
   das (Nein) mit

   <RETURN>

9. Speichern Sie den Text unter 10211 ab. Wählen Sie dazu folgende Befehlsfolge:

   – <ESC>;

   – Ü für **Übertragen**;

   – S für **Speichern**;

   – *10211*;

   – <RETURN>.

10. Lassen Sie nur die Seite 3 ausdrucken:

 – <**ESC**>;

 – D für **Druck**;

 – O für **Optionen**;

 – drücken Sie dreimal die **Tabulator**-Taste, damit Sie sich im Befehlsfeld **Umfang** befinden;

 – geben Sie an: **Umfang: (Seiten)**;

 – drücken Sie einmal die **Tabulator**-Taste, damit Sie sich im Befehlsfeld **Seitenzahlen** befinden,

 – geben Sie die Seitenzahl ein: *3*;

 – bestätigen Sie mit <**RETURN**>.

11. Bestätigen Sie den Befehl **Drucker** durch Betätigen der

 RETURN-Taste.

12. Stellen Sie die Druckoptionen wieder auf **(Alles)**:

 – <**ESC**>;

 – D für **Druck**;

 – O für **Optionen**;

 – drücken Sie dreimal die **Tabulator**-Taste, damit Sie sich im Befehlsfeld **Umfang** befinden;

 – geben Sie an: **Umfang: (Alles)**;

 – bestätigen Sie mit <**RETURN**>;

 – drücken Sie einmal die **ESC**-Taste, da Sie nicht drucken möchten.

13. Löschen Sie den gesamten Bildschirm:

 – <**ESC**>;

 – Ü für **Übertragen**;

 – B für **Bildschirmlöschen**;

 – G für **Gesamt**.

Lösung V

1. Löschen Sie den gesamten Bildschirm. Wählen Sie folgende Befehls-
   folge:
   – <ESC>;
   – Ü für **Übertragen**;
   – B für **Bildschirmlöschen**;
   – G für **Gesamt**.

2. Schreiben Sie folgenden Text:

Wunschgemäß gebe ich Ihnen eine Übersicht der Kosten, die bei dem Ver-
fahren entstehen könnten.

I. Schlichtungsstelle

3. Geben Sie unter dem Absatz eine Leerzeile ein.

4. Geben Sie für den nachfolgenden Absatz die Einrückung von 3 Zeichen
   ein:
   – <ESC>;
   – F für **Format**;
   – A für **Absatz**;
   – 3mal die **Tabulator**-Taste drücken;
   – **Linker Einzug**: *3p10*;
   – <RETURN>.

5. Schreiben Sie den folgenden Text, und geben Sie unter der Zeile eine
   Leerzeile ein:
   a) Verfahrensgebühren:

6. Geben Sie für den nächsten Absatz die Einrückung von insgesamt 6 Zei-
   chen ein:
   – <ESC>;
   – F für **Format**;
   – A für **Absatz**;
   – 3mal die **Tabulator**-Taste drücken;
   – **Linker Einzug**: *6p10*;
   – <RETURN>.

7. Schreiben Sie den Text (Sie können dann sehen, wie lang dieses Wort ist,
   um den Tab-Stop zu setzen):
   1. Prozeßgebühr

8. Legen Sie den Tab-Stop fest:

   – **<ESC>**;

   – **F** für **Format**;

   – **T** für **Tabulator**;

   – **S** für **Setzen**;

   – Cursortaste nach rechts drücken, bis Cursor auf der ‚4' im Zeilenlineal
   steht;

   – einmal die **Tabulator**-Taste drücken;

   – drücken Sie die Leertaste, bis **Ausrichtung: (Dezimal)** angegeben ist,
   damit die DM-Beträge dezimal (nach dem Komma) ausgerichtet
   werden;

   – einmal die **Tabulator**-Taste drücken;

   – **Füllzeichen: (.)**;

   – **<RETURN>** (da es der einzige Tab-Stop ist, können Sie ihn sofort
   bestätigen).

9. Geben Sie, daß die Punkte (Füllzeichen) nicht direkt an den Text und
   nicht direkt an die DM-Beträge geschrieben werden sollen, einen Leerschritt ein, drücken Sie einmal die **Tabulator**-Taste, und geben Sie noch
   einen Leerschritt ein.

10. Schreiben Sie den DM-Betrag:

    6,00 DM

11. Schließen Sie die Zeile mit

    <SHIFT><RETURN>

    ab, da Sie den Tab-Stop evtl. verschieben müssen.

12. Geben Sie die nächsten zwei Zeilen ein:

    2. Beweisgebühr .... *6,00 DM*

    3. Urteilsgebühr .... *6,00 DM*

13. Da Sie bei dem nächsten Absatz den Einzug verändern möchten, schließen
    Sie die letzte Zeile ab mit

    <RETURN>.

14. Geben Sie eine Leerzeile ein.

15. Geben Sie die Einrückung von drei Zeichen ein:

    – **<ESC>**;

    – **F** für **Format**;

    – **A** für **Absatz**;

    – 3mal die **Tabulator**-Taste drücken;

    – **Linker Einzug:** *3p10*;

    – **<.RETURN>**.

16. Schreiben Sie folgende Zeile, und schließen Sie diese mit <RETURN>
ab:

b) Anwaltskosten:

17. Da Sie nun dasselbe Format (Einrückung und Tab-Stops) benötigen wie
unter Punkt ‚a)', positionieren Sie den Cursor auf die Absatzmarke mit
dem entsprechenden Format:

```
╓═0·····[···1·········2·········3·········,D·········5·········6·····]···7·····╖
║ Wunschgemäß gebe ich Ihnen eine übersicht der Kosten, die dem
║ Verfahren entstehen könnten.¶
║ ¶
║ I. Schlichtungsstelle¶
║ ¶
║    a) Verfahrensgebühren:¶
║       ¶
║       1. Prozeßgebühr ................ 6,-- DM↓
║       2. Beweisgebühr ................ 6,-- DM↓
║       3. Urteilsgebühr ............... 6,-- DM↓
║          ¶
║    b) Anwaltskosten:¶
║       ¶
║  ◆
║
╙
BEFEHL: Text Ausschnitt Bibliothek Druck Einfügen Format Gehezu Hilfe Kopie
        Löschen Muster Quitt Rückgängig Suchen übertragen Wechseln Zusätze
Bearbeiten Sie bitte Ihren Text oder unterbrechen Sie zum Hauptbefehlsmenü!
Seite 1  (¶)                                      Microsoft Word:
```

18. Löschen Sie diese Absatzmarke durch Drücken der

DEL-Taste

in den Papierkorb, und fügen Sie die Absatzmarke sofort an derselben
Position wieder ein durch Drücken der

INS-Taste.

19. Positonieren Sie den Cursor an das Ende Ihres Textes durch Drücken von
<**CTRL**><**PG DN**>.

20. Fügen Sie das Format auch an dieser Stelle ein durch Betätigen der

INS-Taste.

21. Positionieren Sie den Cursor auf die soeben eingefügte Absatzmarke (einmal Cursortaste nach links), und schreiben Sie die folgenden drei Zeilen, wobei Sie wieder die ersten zwei Zeilen mit

<SHIFT><RETURN>

abschließen und nur die letzte Zeile mit

<RETURN>.

22. Um den Strich unter den DM-Betrag einzugeben, können Sie nicht die **Tabulator**-Taste drücken, da sonst auch die Punkte (Füllzeichen) erscheinen würden.

Geben Sie also so viele Leerschritte ein, bis Sie mit dem Cursor an der Position stehen, an der der erste Bindestrich gedruckt werden soll (ein Zeichen vor der ,6').

23. Geben Sie 8 Bindestriche ein.

24. Schließen Sie die Zeile ab mit

<RETURN>.

25. Geben Sie die letzte Zeile ein:

Gesamtbetrag .... 42,00 DM.

26. Speichern Sie den Text unter 10221 ab:

– <**ESC**>;

– **Ü** für **Übertragen**;

– **S** für **Speichern**;

– *10221*;

– <**RETURN**>.

27. Löschen Sie den gesamten Bildschirm:

– <**ESC**>;

– **Ü** für **Übertragen**;

– **B** für **Bildschirmlöschen**;

– **G** für **Gesamt**.

Lösung VI

1. Schreiben Sie folgenden Text:

```
╔═[········1········2········3········4········5········6·····]···7····╗
║ Mit dem Textverarbeitungsprogramm WORD können Sie elektronisch
║ erledigen, was bisher zeitraubende "Handarbeit" war: Texte
║ redigieren und archivieren, Serienbriefe schreiben,
║ Dokumentationen erstellen und vieles mehr.¶
║ ¶
║ Wie bei allen Microsoft-Programmen ist eine der angenehmen Seiten
║ von WORD seine konsequente Benutzerfreundlichkeit. Die meisten
║ Befehle lassen sich mit nur einem Tastendruck aufrufen. Wird ein
║ falscher Befehl eingegeben, läßt er sich rückgängig machen. In den
║ unteren vier Zeilen des Bildschirmes zeigt Ihnen WORD - was bei
║ Textverarbeitungsprogrammen nicht selbstverständlich ist - in klar
║ verständlichem Deutsch, welche Befehle Sie geben können und was
║ als nächstes zu tun ist. WORD übernimmt die laufende Neuanordnung
║ Ihrer Texte. So werden Worte, die nicht mehr in die Zeile passen,
║ automatisch auf die nächste Zeile vorgerückt. Und wenn Sie eine
║ Änderung vornehmen, die sein äußeres Erscheinungsbild beeinflußt,
║ richtet WORD sofort alles neu aus. Sie kümmern sich um den Inhalt,
║ WORD um die perfekte Form.▯
╚════════════════════════════════════════════════════════════════════╝
BEFEHL: Text Ausschnitt Bibliothek Druck Einfügen Format Gehezu Hilfe Kopie
        Löschen Muster Quitt Rückgängig Suchen übertragen Wechseln Zusätze
Bearbeiten Sie bitte Ihren Text oder unterbrechen Sie zum Hauptbefehlsmenü!
Seite 1 ()                                           Microsoft Word:
```

2. Formatieren Sie den Text zum 3-Spalten-Text mit Numerierung in kleinen römischen Ziffern:

   — <**ESC**>;

   — F   für **Format**;

   — B   für **Bereich**;

   — 4mal die **Tabulator**-Taste drücken;

   — **Paginierung: (Ja)**;

   — 1mal die **Tabulator**-Taste drücken;

   — **Abstand oben:** *5 cm*;

   — 1mal die **Tabulator**-Taste drücken;

   — **Abstand links:** *10 cm*;

   — 1mal die **Tabulator**-Taste drücken;

   — **Pagina: (Beginn)**;

   — 1mal die **Tabulator**-Taste drücken;

252

- **Bei:** *33*;
- 1mal die **Tabulator**-Taste drücken;
- **Form:** (i);
- 1mal die **Tabulator**-Taste drücken;
- **Seitenrand oben:** *8 cm*;
- 1mal die **Tabulator**-Taste drücken;
- **Unten:** *8 cm*;
- 3mal die **Tabulator**-Taste drücken;
- **Spaltenzahl:** *2*;
- <**RETURN**>.

3. Sehen Sie sich den Text noch einmal an, und geben Sie vorgegebene
   Trennstriche (<**CTRL**> **Bindestrich**) ein, wo sie angebracht sind (vgl.
   Bild 6.4).

4. Speichern Sie den Text unter 10231 ab:
   - <**ESC**>;
   - **Ü**   für **Übertragen**;
   - **S**   für **Speichern**;
   - *10231*;
   - <**RETURN**>.

5. Lassen Sie den Text einmal ausdrucken:
   - <**ESC**>;
   - **D**   für **Druck**;
   - **D**   für **Drucker**;

6. Löschen Sie den gesamten Bildschirm:
   - <**ESC**>;
   - **Ü**   für **Übertragen**;
   - **B**   für **Bildschirm**;
   - **G**   für **Gesamt**.

Lösung VII

1. Löschen Sie den gesamten Bildschirm:

   − <ESC>;

   − Ü für **Übertragen**;

   − B für **Bildschirmlöschen**;

   − G für **Gesamt.**

2. Schreiben Sie folgenden Text:

   Wir bieten eine große Palette verschiedener Produkte an, unter anderem Word

3. Erstellen Sie die erste Fußnote:

   − <ESC>;

   − F für **Format**;

   − F für **Fußnote**;

   − <RETURN>.

4. Geben Sie einen Leerschritt und den folgenden Fußnotentext ein:

   Textverarbeitungsprogramm

5. Geben Sie durch Drücken der **RETURN**-Taste eine Leerzeile ein.

6. Springen Sie mit dem Cursor auf das Fußnotenzeichen im Text zurück:

   − <ESC>;

   − G für **Gehezu**;

   − F für **Fußnote.**

7. Stellen Sie das Fußnotenzeichen mit der Kurzform hoch — es handelt sich um die Formatierung eines einzelnen Zeichens, Sie müssen die Kurzform zweimal eingeben:

   <Alt> x h <Alt> x h.

8. Positionieren Sie den Cursor auf der Absatzmarke: drücken Sie einmal die

   Cursortaste nach rechts.

9. Geben Sie weiter den Text ein:

   , MULTIPLAN

10. Erstellen Sie die zweite Fußnote:

    − <ESC>;

    − F für **Format**;

    − F für **Fußnote**;

    − <RETURN>.

11. Geben Sie einen Leerschritt und den folgenden Fußnotentext ein:

    Tabellenkalkulationsprogramm

12. Geben Sie durch Drücken der **RETURN**-Taste eine Leerzeile ein.

13. Springen Sie mit dem Cursor auf das Fußnotenzeichen im Text zurück:

    – <**ESC**>;

    – **G** für **Gehezu**;

    – **F** für **Fußnote**;

14. Stellen Sie das Fußnotenzeichen hoch:

    <**Alt**> **x h** <**Alt**> **x h.**

15. Positionieren Sie den Cursor auf die Absatzmarke.

16. Geben Sie weiter den Text ein:

    , PROJECT

17. Erstellen Sie die dritte Fußnote:

    – <**ESC**>;

    – **F** für **Format**;

    – **F** für **Fußnote**;

    – <**RETURN**>.

18. Geben Sie einen Leerschritt und den folgenden Fußnotentext ein:

    Netzplantechnik

19. Springen Sie mit dem Cursor auf das Fußnotenzeichen im Text zurück:

    – <**ESC**>;

    – **G** für **Gehezu**;

    – **F** für **Fußnote**.

20. Stellen Sie das Fußnotenzeichen hoch:

    <**Alt**> **x h** <**Alt**> **x h.**

21. Positionieren Sie den Cursor auf die Absatzmarke.

22. Geben Sie einen Leerschritt und den Rest des Textes ein:

    usw.

23. Speichern Sie den Text unter 10241 ab:

    – <**ESC**>;

    – **Ü** für **Übertragen**;

    – **S** für **Speichern**;

    – *10241*;

    – <**RETURN**>.

24. Löschen Sie den gesamten Bildschirm:

   – <ESC>;

   – Ü für **Übertragen**;

   – B für **Bildschirmlöschen**;

   – G für **Gesamt**.

Lösung VIII

1. Schreiben Sie die Kopfzeile:

Anbau und Umbau des Wohnhauses Carl-Maria-von-Weber-Straße 13

2. Positionieren Sie den Cursor in die Zeile (nicht auf die Schreibmarke).
3. Formatieren Sie diese Zeile zur Kopfzeile:

   – <ESC>;

   – F für **Format**;

   – K für **Kopf-/Fußzeile**.

4. Da alle Angaben stimmen, bestätigen Sie mit

   <RETURN>

5. Um die Kopfzeile linksbündig mit dem Text zu formatieren, sehen Sie sich den linken Rand für den Text an:

   – <ESC>;

   – F für **Format**;

   – B für **Bereich**;

   – sehen Sie sich den linken Rand bei **Seitenrand links:** an (in unserem Fall 2,5 cm);

   – da Sie nichts verändern möchten, verlassen Sie dieses Unterbefehlsmenü mit <ESC>.

6. Geben Sie den linken Rand für die Kopfzeile ein (2,5 cm Seitenrand links – 0,5 cm standardmäßiger Seitenrand links für Kopfzeilen (bei älteren Versionen 0) = 2 cm zusätzlich):

   – <ESC>;

   – F für **Format**;

   – A für **Absatz**;

   – 3mal die **Tabulator**-Taste drücken;

   – **Linker Einzug:** *2 cm*;

   – <RETURN>.

7. Positionieren Sie den Cursor auf die Schreibmarke.
8. Schreiben Sie den Text:

Grundstück Carl-Maria-von-Weber-Straße 13 hier: Anbau und Umbau des Wohnhauses

Sehr geehrter Herr Direktor,

der Herr Stadtamtmann Klaus Wern, Carl-Maria-von-Weber-Straße 13, Einbeck, hat einen Bauantrag eingereicht, weil er sein Wohnhaus umbauen und zwei Zimmer anbauen will.

Gemäß Paragraph 72 der Hamburger Bauordnung vom 23.07.73 geben wir Ihnen Gelegenheit, bis spätestens zum 17.03.85 die Zeichnungen einzusehen und Stellung zu der Bauplanung zu nehmen.

9. Geben Sie unter den Absatz einer Leerzeile ein.
10. Setzen Sie einen Tab-Stop auf 50 p10:
   - <**ESC**>;
   - **F**   für **Format**;
   - **T**   für **Tabulator**;
   - **S**   für **Setzen**;
   - **Position**: *50 p10*;
   - <**RETURN**>.
11. Drücken Sie einmal die

   Tabulator-Taste

   und geben Sie ein:

   ...

12. Positionieren Sie den Cursor auf die Schreibmarke.
13. Geben Sie einen Seitenumbruch ein (und löschen Sie den evtl. erscheinenden Doppelpfeil):

   <**SHIFT**><**CTRL**><**RETURN**>.

14. Schreiben Sie weiter den Text:

Wir bitten Sie, dienstags, donnerstags oder freitags zwischen 9.00 und 12.00 Uhr im Zimmer 25 des Rathauses, Einsteiner Straße 89, vorzusprechen. Gern sind wir bereit, Ihnen Auskünfte über die geplante Baumaßnahme zu erteilen.

Hochachtungsvoll

15. Speichern Sie den Text unter 10251 ab:

   – <ESC>;

   – Ü für **Übertragen**;

   – S für **Speichern**;

   – *10251*;

   – <RETURN>.

16. Lassen Sie den Text einmal ausdrucken:

   – <ESC>;

   – D für **Druck**;

   – D für **Drucker**.

17. Löschen Sie den gesamten Bildschirm:

   – <ESC>;

   – Ü für **Übertragen**;

   – B für **Bildschirmlöschen**;

   – G für **Gesamt**.

Lösung IX

1. Schreiben Sie die Kopfzeile:

   Bargeldloser Zahlungsverkehr Seite

2. Geben Sie einen Leerschritt ein.

3. Schreiben Sie den Textbausteinnamen für die Seitenzahl:

   seite

4. Fügen Sie den Textbaustein ein durch Drücken der

   F3-Taste.

5. Positionieren Sie den Cursor in diese Zeile (nicht auf die Absatzmarke).

6. Formatieren Sie die Zeile zur Kopfzeile, die auf allen Seiten erscheint:

   – <ESC>;

   – F für **Format**;

   – K für **Kopf-/Fußzeile**;

   – **Position: (Oben)**;

   – drücken Sie einmal die **Tabulator**-Taste;

   – wählen Sie: **Ungerade Seiten: (Ja)**;

- drücken Sie einmal die **Tabulator**-Taste;
- wählen Sie: **Gerade Seiten: (Ja)**;
- drücken Sie einmal die **Tabulator**-Taste;
- wählen Sie: **Erste Seite: (Ja)**;
- <**RETURN**>.

7. Um die Kopfzeile linksbündig mit dem Text zu formatieren, sehen Sie sich den linken Rand für den Text an:

   - <**ESC**>;
   - **F** für **Format**;
   - **B** für **Bereich**;
   - sehen Sie sich den linken Rand bei **Seitenrand links:** an (in unserem Fall 2,5 cm);
   - da Sie nichts geändert haben, verlassen Sie dieses Unterbefehlsmenü mit <**ESC**>.

8. Geben Sie den linken Rand für die Kopfzeile ein (2,5 cm Seitenrand links − 0,5 cm standardmäßiger Seitenrand links für Kopfzeilen (bei älteren Versionen 0 cm) = 2 cm zusätzlich):

   - <**ESC**>;
   - **F** für **Format**;
   - **A** für **Absatz**;
   - 3mal die **Tabulator**-Taste drücken;
   - **Linker Einzug:** *2 cm*;
   - <**RETURN**>.

9. Positionieren Sie den Cursor auf die Schreibmarke.

10. Schreiben Sie folgenden Text:

Sehr geehrter Geschäftsfreund,

in dem Bestreben, unsere jahrelange angenehme Geschäftsverbindung weiter zu vertiefen, möchten wir Ihnen heute die Vorteile des bargeldlosen Zahlungsverkehrs der öffentlichen Sparkassen und Girozentralen besonders aufzeigen.

11. Schließen Sie den Absatz ab mit

   <**RETURN**>.

12. Geben Sie einen Seitenwechsel ein (und löschen Sie den evtl. erscheinenden Doppelpfeil):

   <**SHIFT**><**CTRL**><**RETURN**>.

13. Schreiben Sie weiter den Text:

Die bargeldlose Zahlung durch Spargiro ist einfach, schnell und sicher.

14. Schließen Sie den Absatz ab mit
    <RETURN>.

15. Geben Sie einen Seitenwechsel ein (und löschen Sie den evtl. erscheinenden Doppelpfeil):
    <SHIFT><CTRL><RETURN>.

16. Schreiben Sie den Rest des Textes:

Wir würden es begrüßen, wenn Sie unser Schreiben zum Anlaß nähmen, Ihr Girokonto noch mehr als bisher für Ihren gesamten Geld- und Überweisungsverkehr zu benutzen.

17. Speichern Sie den Text unter 10261 ab:
    – **<ESC>**;
    – **Ü** für **Übertragen**;
    – **S** für **Speichern**;
    – *10261*;
    – **<RETURN>**.

18. Lassen Sie den Text ausdrucken:
    – **<ESC>**;
    – **D** für **Druck**;
    – **D** für **Drucker**;

19. Löschen Sie den gesamten Bildschirm:
    – **<ESC>**;
    – **Ü** für **Übertragen**;
    – **B** für **Bildschirmlöschen**;
    – **G** für **Gesamt**.

Lösung X

1. Teilen Sie den Ausschnitt senkrecht:

   — <**ESC**>;

   — **A** für **Ausschnitt**;

   — **T** für **Teilen**;

   — **S** für **Senkrecht**;

   — drücken Sie die Cursortaste nach rechts, bis der Cursor auf der 5 im Zeilenlineal steht;

   — <**RETURN**>.

2. Teilen Sie den zweiten Ausschnitt waagerecht:

   — <**ESC**>;

   — **A** für **Ausschnitt**;

   — **T** für **Teilen**;

   — **W** für **Waagerecht**;

   — positionieren Sie den Cursor auf Zeile 5;

   — <**RETURN**>.

Sie könnten nun drei Texte laden und unabhängig voneinander bearbeiten.

3. Um zum nächsten Kapitel überzugehen, löschen Sie den gesamten Bildschirm:

   — <**ESC**>;

   — **Ü** für **Übertragen**;

   — **B** für **Bildschirmlöschen**;

   — **G** für **Gesamt**.

Lösung XI

1. Laden Sie Text 1017:

   — <**ESC**>;

   — **Ü** für **Übertragen**;

   — **L** für **Laden**;

   — *1017*;

   — <**RETURN**>.

2. Um das Wort ‚Rechenmaschinen' durch das Wort ‚Computer' ersetzen zu
lassen, geben Sie folgendes ein:

– <**ESC**>;

– **W** für **Wechseln**;

– **Ersetze:** *Rechenmaschinen*;

– **Durch:** *Computer*;

– <**RETURN**>.

3. Bestätigen Sie die Frage, ob Sie wirklich wechseln möchten, durch Eingeben von

    J.

4. Um herauszufinden, wie oft die Zeichenfolge ‚liefer' im Text vorkommt,
gehen Sie folgendermaßen vor:

– <**ESC**>;

– **W**;

– **Ersetze:** ‚liefer';

– **Durch:** *liefer*;

– **Mit Bestätigung:** (Nein);

– <**RETURN**>.

Die Anzahl, wie oft das Wort durch sich selbst ersetzt worden ist, erscheint
in der vorletzten Bildschirmzeile!

5. Speichern Sie den Text unter 1030 ab:

– <**ESC**>;

– **Ü** für **Übertragen**;

– **S** für **Speichern**;

– *1030*;

– <**RETURN**>.

6. Löschen Sie den gesamten Bildschirm:

– <**ESC**>;

– **Ü** für **Übertragen**;

– **B** für **Bildschirmlöschen**;

– **G** für **Gesamt**.

Lösung XII

1. Laden Sie Word, indem Sie in der MS-DOS-Betriebssystemebene

   word

   eingeben und bestätigen Sie mit

   <RETURN>.

2. Prüfen Sie, welches Laufwerk angewählt ist:
   - <ESC>;
   - Ü für **Übertragen**;
   - O für **Optionen**;
   - **Laufwerk/Inhaltsverzeichnis:** *B:*;
   - <RETURN>.

3. Löschen Sie die Datei 1002.SIK:
   - <ESC>;
   - Ü für **Übertragen**;
   - D für **Dateilöschen**;
   - eine Cursortaste drücken, um sich das Inhaltsverzeichnis anzeigen zu lassen;
   - Cursor auf Datei 1002.SIK positionieren;
   - <RETURN>.

Lösung XIII

1. Um eine Druckformatvorlage zu erstellen, müssen Sie die Muster-Ebene anwählen:
   - <ESC>;
   - M für **Muster**.

2. Um ein Druckformat anzulegen, gehen Sie folgendermaßen vor:
   - E für **Einfügen**;
   - geben Sie einen Tastenschlüssel von 2 Zeichen ein, z.B. *zl*;
   - drücken Sie einmal die **Tabulator**-Taste;
   - wählen Sie: **Verwendung: (Absatz)**;
   - drücken Sie einmal die **Tabulator**-Taste;
   - lassen Sie sich das Inhaltsverzeichnis der Varianten anzeigen durch Drücken einer Cursortaste;

- positionieren Sie, da alle Zeichen dieses Format erhalten sollen, den Cursor auf **Standard**;
- drücken Sie einmal die **Tabulator**-Taste;
- geben Sie nach Bedarf eine Anmerkung ein, z.B.: *Schriftgrad 8*;
- <RETURN>.

3. Um dem Druckformat das entsprechende Format zuzuweisen, gehen Sie folgendermaßen vor:

- **F** für **Format**;
- **Z** für **Zeichen**;
- **Schriftgrad: 8**;
- <RETURN>.

4. Um das Druckformat für die Fußnotenzeichen zu erstellen, gehen Sie folgendermaßen vor:

- **E** für **Einfügen**;
- **Tastenschlüssel**: 2 beliebige Zeichen, z.B. *fh*;
- drücken Sie einmal die **Tabulator**-Taste;
- wählen Sie: **Verwendung: (Zeichen)**;
- drücken Sie einmal die **Tabulator**-Taste;
- drücken Sie, um sich das Inhaltsverzeichnis der Varianten anzusehen, eine Cursortaste;
- positionieren Sie, da alle Fußnotenzeichen dementsprechend formatiert werden sollen, den Cursor auf **Fußnotenzeichen**;
- drücken Sie einmal die **Tabulator**-Taste;
- geben Sie nach Bedarf eine Anmerkung ein, z.B. *Fußnotenzeichen hochgestellt*;
- <RETURN>.

5. Um auch diesem Druckformat das entsprechende Format zuzuweisen, geben Sie folgendes ein:

- **F** für **Format**;
- **Position: (Hochgestellt)**;
- **Schriftgrad: 8**;
- <RETURN>.

6. Um die Druckformatvorlage zu speichern, gehen Sie folgendermaßen vor:

- **Ü** für **Übertragen**;
- **S** für **Speichern**;
- geben Sie einen beliebigen Namen ein, z.B. *Fußnoten*;
- <RETURN>.

7. Um in die Text-Ebene zurückzugelangen, drücken Sie

   – T   für **Text.**

8. Laden Sie Text 1024:

   – <**ESC**>;

   – Ü   für **Übertragen**;

   – L   für **Laden**;

   – *1024*;

   – <**RETURN**>.

9. Ordnen Sie diesem Text Ihre soeben erstellte Druckformatvorlage zu:

   – <**ESC**>;

   – F   für **Format**;

   – D   für **Druckformat**;

   – V   für **Vorlage**;

   – drücken Sie eine Cursortaste, um sich das Inhaltsverzeichnis anzeigen zu lassen;

   – positionieren Sie den Cursor auf die Datei Fußnoten.DFV;

   – <**RETURN**>.

10. Speichern Sie den Text erneut unter 1024 ab:

   – <**ESC**>;

   – Ü   für **Übertragen**;

   – S   für **Speichern**;

   – *1024*;

   – <**RETURN**>.

11. Lassen Sie den Text einmal ausdrucken:

   – <**ESC**>;

   – D   für **Druck**;

   – D   für **Drucker.**

12. Löschen Sie den gesamten Bildschirm:

   – <**ESC**>;

   – Ü   für **Übertragen**;

   – B   für **Bildschirmlöschen**;

   – G   für **Gesamt.**

Lösung XIV

1. Löschen Sie den gesamten Bildschirm:

    — <**ESC**>;

    — **Ü** für **Übertragen**;

    — **B** für **Bildschirmlöschen**;

    — **G** für **Gesamt**.

2. Geben Sie die Steuerdatei an, aus der Word die Informationen laden soll (die Datei wird später erstellt) — für die Doppelpfeile drücken Sie:
   ≪ = **CTRL a**,
   ≫ = **CTRL s:**;

    ≪steuerdatei steuerd1≫.

3. Wenn das Datum bei Erscheinen des Feldes ‚datum' nur einmal abgefragt werden soll, geben Sie die Anweisung **Konstante** ein, wenn das Datum für jeden Brief einzeln abgefragt werden soll, geben Sie die Anweisung **Variable** ein:

    ≪konstante datum=?heutiges Datum≫

    oder

    ≪variable datum=?heutiges Datum≫.

4. Geben Sie das Feld für die Anschrift ein:

    ≪anschrift≫

5. Geben Sie unter dem Feld für die Anschrift fünf Leerzeilen ein.

6. Schreiben Sie den Ort und das Feld für das Datum:

    Flensburg, ≪datum≫

7. Stellen Sie die Zeile mit der Kurzform rechtsbündig:

    <**Alt**> **x r**.

8. Positionieren Sie den Cursor auf die Schreibmarke.

9. Geben Sie drei Leerzeilen ein.

10. Geben Sie die Anrede in Verbindung mit einem Feld für den Namen ein:

    Sehr geehrte≪anrede≫,

11. Geben Sie unter der Anrede eine Leerzeile ein.

12. Schreiben Sie den Brieftext:

nach Rücksprache mit unserer Geschäftsleitung gewähren wir Ihnen den gewünschten Zahlungsaufschub für 3 Monate

Mit freundlichen Grüßen

MODEHAUS BEAUTY

Buchhaltung

13. Um einzugeben, daß der Brief nur ausgedruckt werden soll, wenn die Postleitzahl 2000 ist

   — positionieren Sie den Cursor auf das ≪-Zeichen in der ersten Zeile vor ‚konstante datum'...

14. Geben Sie ein:

   ≪awenn PLZ=2000≫

15. Positionieren Sie den Cursor an das Ende des Textes (<**CTRL**> <**Page Down**>).

16. Geben Sie das Ende der Bedingung ein:

   ≪ewenn≫

17. Speichern Sie den Text unter brief3 ab:

   — <**ESC**>;

   — **Ü**   für **Übertragen**;

   — **S**   für **Speichern**;

   — *brief3*;

   — <**RETURN**>.

18. Um die Steuerdatei zu erstellen, löschen Sie den gesamten Bildschirm:

   — <**ESC**>;

   — **Ü**   für **Übertragen**;

   — **B**   für **Bildschirmlöschen**;

   — **G**   für **Gesamt**.

19. Geben Sie den Steuersatz für den Serienbrief ein; da sich der Ausdruck des Briefes nach dem Inhalt des Feldes PLZ richtet, müssen wir auch ein solches Feld anlegen:

   anschrift; PLZ; anrede

20. Der Steuersatz muß mit einem <**RETURN**> abgeschlossen werden.

21. Geben Sie die Daten für diese Steuerdatei ein. Die Felder müssen voneinander durch Semikola, die Sätze voneinander durch <**RETURN**> getrennt werden.

   (Zeilenschaltung in der Adresse = <**Shift**><**RETURN**>, geschützter Leerschritt vor ‚Frau' und vor ‚Damen und Herren' = <**CTRL**> **Leertaste**)

```
|═══[·········1·········2·········3·········4·········5·········6·····]···7···
|  Bahnhofstraße 6↓
|  ↓
|  2000 Hamburg; 2000; r Herr Schwarz¶
|* Frau↓
|  Petra Weiß↓
|  Königsallee 2↓
|  ↓
|  2160 Stade; 2160;  Frau Weiß¶
|* Firma↓
|  Nietnagel↓
|  Schwalbenweg 4↓
|  ↓
|  5810 Witten; 5810;  Damen und Herren¶
|* Herrn↓
|  Paul Roth↓
|  Birkengasse 9↓
|  ↓
|  2000 Hamburg; 2000; r Herr Roth¶
|* [
```

BEFEHL: Text Ausschnitt Bibliothek Druck Einfügen Format Gehezu Hilfe Kopie
        Löschen Muster Quitt Rückgängig Suchen übertragen Wechseln Zusätze
Bearbeiten Sie bitte Ihren Text oder unterbrechen Sie zum Hauptbefehlsmenü!
Seite 1 ()   Microsoft Word:

22. Speichern Sie die Datei unter steuerd1 ab:

   – <ESC>;

   – Ü für **Übertragen**;

   – S für **Speichern**;

   – *steuerd1*;

   – <RETURN>.

23. Laden Sie den Serienbrief:

   – <ESC>;

   – Ü für **Übertragen**;

   – L für **Laden**;

   – *brief3*;

   – <RETURN>.

24. Lassen Sie den Brief als Serienbrief ausdrucken:

   – <ESC>;

   – D für **Druck**;

   – S für **Serienbrief**.

Sie erhalten zwei Briefe ausgedruckt, da nur zwei Personen in Hamburg
wohnen.

25. Löschen Sie den gesamten Bildschirm:

- <ESC>;

- Ü   für **Übertragen**;

- B   für **Bildschirmlöschen**;

- G   für **Gesamt**.

Lösung XV

1. Schreiben Sie folgenden Text:

*An eldery spinser bougt a television set in a department stohre. A few weeks
later the adjustment manager of the stor recieved the folowing leter from
this ladi:*

*"Dear Sir: The television set I bought in your stor works all right, but the
programm is very bad. Could you exchange the set for one with a beter
program?"*

2. Speichern Sie den Text unter 1035 ab:

- <ESC>;

- Ü   für **Übertragen**;

- S   für **Speichern**;

- *1035*;

- <RETURN>.

3. Um den Text auf seine Richtigkeit hin prüfen zu lassen, wählen Sie
folgenden Befehl:

- <ESC>;

- B   für **Bibliothek**;

- S   für **Spell**.

4. Nach der Aufforderung zum Diskettenwechsel nehmen Sie die Word-
Programmdisketten aus dem Laufwerk, legen die Spell-Diskette in
dasselbe Laufwerk ein und bestätigen mit *j*.

5. Lassen Sie den Text prüfen. Wählen Sie dazu:

P für **Proof**.

6. Wenn das erste falsche Wort angezeigt wird, drücken Sie

C   für **Correct**,

um es zu korrigieren. Sie können sich die Ersatzbegriffe ansehen: drücken
Sie eine

Cursortaste

wählen Sie mit dem Cursor den gewünschten Ersatzbegriff aus, und
bestätigen Sie mit

<**RETURN**>.

Sollte kein Ersatzbegriff vorhanden sein, geben Sie das korrekte Wort
selbst ein.

Hier eine Liste aller zu korrigierender Wörter mit den korrekten Ersatz-
begriffen:

beter	better
bougt	bought
eldery	elderly
folowing	following
ladi	lady
leter	letter
programm	program
recieved	received
spinser	spinster
stohre	store
stor	store

7. Da Sie den Text in der korrigierten Fassung speichern möchten, geben
Sie auf die Frage

Enter Y to process, N to discard changes, or Esc for previous

ein *y* ein.

8. Nehmen Sie bei Erscheinen der Aufforderung zum Diskettenwechsel die
Spell-Diskette aus dem Laufwerk, legen Sie die Word-Programmdiskette
ein und bestätigen Sie mit *j*.

9. Speichern Sie den Text erneut unter 1035 ab:

   – <**ESC**>;

   – **Ü** für **Übertragen**;

   – *1035*;

   – <**RETURN**>.

10. Löschen Sie den gesamten Bildschirm:

   – <**ESC**>;

   – **Ü** für **Übertragen**;

   – **B** für **Bildschirmlöschen**;

   – **G** für **Gesamt**.

Anhang B

Word mit der MOUSE

Es soll eine kurze Einführung in die wichtigsten Handhabungen der MOUSE in Verbindung mit Word gegeben werden.

Um die MOUSE einzusetzen, muß zuerst die entsprechende Software geladen werden. Dabei ist zu beachten, ob es sich um eine serielle oder eine parallele MOUSE handelt.

Wie die MOUSE im einzelnen bei den unterschiedlichen Programmen zu laden ist, kann dem MOUSE-Handbuch von Microsoft entnommen werden.

Für Word mit MOUSE, einen PC mit 2 Laufwerken und dem MS-DOS-Betriebssystem sieht der Ladevorgang folgendermaßen aus:

1. Das Betriebssystem MS-DOS muß geladen werden.
2. Die MOUSE-Diskette wird in Laufwerk A eingelegt.
3. Der Befehl **mouse** (oder **mouse/1**) wird eingegeben und mit <RETURN> bestätigt.
4. Der Name word für das Anwenderprogramm kann eingegeben werden.

Word ist jetzt mit dem entsprechenden MOUSE-Driver geladen.

B.1 Das MOUSE-Lernziel für diesen Abschnitt:
  die Cursorsteuerung mit der MOUSE

Um den Cursor in dem im Textausschnitt befindlichen Text auf eine andere Stelle zu positionieren, zeigen Sie mit der Spitze des MOUSE-Zeigers auf die neue Position und drücken einmal den linken MOUSE-Knopf (siehe Abschnitt B.2).

Um den Text am Bildschirm umzublättern oder nur um einige Zeilen zu verschieben, schieben Sie den MOUSE-Zeiger auf den linken Ausschnittrand, so

daß der MOUSE-Zeiger zu einem Pfeil nach oben und unten wird. Wenn Sie
dann den linken MOUSE-Knopf drücken, wird der Text nach oben geblättert,
bei Betätigen des rechten MOUSE-Knopfes der Text nach unten.
Die Anzahl der Zeilen, die auf dem Bildschirm durchlaufen werden, richtet
sich nach dem Abstand des MOUSE-Zeigers von der linken oberen Ecke:
kurzer Abstand bedeutet wenige Zeilen blättern; langer Abstand ist gleich
viele Zeilen bzw. eine ganze Bildschirmseite blättern.
Wenn Ihr Text breiter als der Textausschnitt ist, können Sie den Bildschirm-
inhalt verschieben, so daß Sie auch den Text lesen können, der aus dem Bildschirm ‚gerutscht‘ ist. Wenn Sie den MOUSE-Zeiger auf den unteren Ausschnittrahmen positionieren, wird der MOUSE-Zeiger zu einem Pfeil der mit
den Spitzen nach links und rechts zeigt. Sie können nun den Text auf dem
Bildschirm nach links (linker MOUSE-Knopf) bzw. nach rechts verschieben
(rechter MOUSE-Knopf). Die Anzahl der Zeichen, um die Sie den Text
verschieben, richtet sich nach dem Abstand des MOUSE-Zeigers zu der Ecke,
in deren Richtung Sie den Text verschieben möchten. Zum Beispiel: Wenn
Sie den Text lesen möchten, der auf der rechten Bildschirmseite nicht mehr
zu sehen ist, drücken Sie den rechten MOUSE-Knopf. Wenn der MOUSE-
Zeiger weit von der rechten Bildschirmecke entfernt ist, wird der Text entsprechend weit verschoben, ist er nahe dieser Ecke, wird der Text nur einige
Zeichen verschoben. (Das funktioniert nur dann, wenn der Text tatsächlich
breiter ist als der Bildschirmausschnitt, sonst wird kein Pfeil nach links und
rechts angezeigt.)
Um mit dem Cursor an den Anfang des Textes zu springen, positionieren
Sie den MOUSE-Zeiger in die obere linke Bildschirmecke (der MOUSE-
Zeiger wird zu einem Pfeil, der nach oben und unten zeigt), drücken beide
MOUSE-Knopfe gleichzeitig (der Pfeil wird zu einem Dreieck) und lassen
wieder los.
Um mit dem Cursor an das Ende des Textes zu springen, positionieren Sie
den MOUSE-Zeiger in die untere linke Bildschirmecke (Ecke des Rahmens;
der MOUSE-Zeiger wird zu einem Pfeil der nach oben und unten zeigt),
drücken beide MOUSE-Knöpfe gleichzeitig (der Pfeil wird zu einem Dreieck)
und lassen wieder los.
Auf diese Weise können Sie sich eine bestimmte Textstelle auf dem Bildschirm abbilden lassen. Wenn Sie zum Beispiel die Mitte Ihres Textes anzeigen lassen möchten, positionieren Sie den MOUSE-Zeiger am linken
Bildschirmrand (Pfeil nach oben und unten) auf die Mitte des Ausschnitt-
rahmens, drücken beide MOUSE-Knöpfe gleichzeitig (der MOUSE-Zeiger
wird zu einem Dreieck) und lassen los. Sofort wird Ihnen die Mitte Ihres
Textes angezeigt.

B.2 Das MOUSE-Lernziel:
Markieren mit der MOUSE

Sie markieren Text mit der MOUSE aus demselben Grund wie mit den Funktionstasten. Wir führen hier nur auf, wie markiert werden kann.

Wenn der MOUSE-Zeiger nach links zeigt (im Textausschnitt):

linker MOUSE-Knopf   ein Zeichen
rechter MOUSE-Knopf   ein Wort
beide MOUSE-Knöpfe   ein Satz

Sie können die Markierung erweitern, indem Sie den entsprechenden MOUSE-Knopf gedrückt halten und den MOUSE-Zeiger durch den Text ‚ziehen'. Wenn Sie mehr Text markieren möchten als auf dem Bildschirm zu sehen ist, halten Sie zur Erweiterung weiterhin den entsprechenden MOUSE-Knopf fest und zeigen mit dem MOUSE-Zeiger auf den unteren Bildschirmrand (Markierung nach unten) oder auf das Zeilenlineal bzw. den oberen Bildschirmrand (Markierung nach oben). Dann wird der Text um jeweils vier Zeilen weiter in den Bildschirmtextausschnitt geschoben und markiert, bis Sie den MOUSE-Zeiger von diesem Rahmen herunternehmen. Positionieren Sie den MOUSE-Zeiger weiter nach links bis zwischen den linken Bildschirmausschnitt und den Text — der MOUSE-Zeiger zeigt nicht mehr nach links, sondern nach rechts auf den Text.

Wenn der MOUSE-Zeiger nach rechts zeigt:

linker MOUSE-Knopf   eine Zeile
rechter MOUSE-Knopf   ein Absatz
beide MOUSE-Knöpfe   der gesamte Text

Auch hier können Sie die Markierung erweitern, indem Sie den entsprechenden MOUSE-Knopf gedrückt halten und den MOUSE-Zeiger durch den Text ‚ziehen'.

B.3 Das MOUSE-Lernziel:
   Löschen, Verschieben und Kopieren von Text und Formaten mit der
   MOUSE

Wenn Sie Text löschen möchten, so müssen Sie ihn erst markieren, den
MOUSE-Zeiger auf den Befehl **Löschen** zeigen lassen und durch Drücken des
rechten MOUSE-Knopfes bestätigen (es werden gleich die Klammern im
Unterbefehlsmenü **Löschen in: ( )** für das Löschen in den Papierkorb be-
stätigt).
Wenn Sie Text verschieben möchten, müssen Sie ihn erst markieren, den
MOUSE-Zeiger auf das Zeichen positionieren, vor das der Text verschoben
werden soll, die **CTRL**-Taste gedrückt halten und den linken MOUSE-
Knopf drücken.
Wenn Sie Text kopieren möchten, müssen Sie ihn erst markieren, den
MOUSE-Zeiger auf das Zeichen positionieren, vor das der Text kopiert
werden soll, die **SHIFT**-Taste gedrückt halten und den linken MOUSE-
Knopf drücken.
Wenn Sie Formate kopieren möchten, markieren Sie den zu formatierenden
Text, zeigen mit dem MOUSE-Zeiger auf ein Zeichen mit dem entsprechenden
Format, halten die **Alt**-Taste gedrückt und betätigen einen MOUSE-Knopf.

B.4 Das MOUSE-Lernziel:
Befehlsauswahl mit der MOUSE

Sie können einen Befehl wählen, indem Sie mit dem MOUSE-Zeiger im Befehlsmenü auf den entsprechenden Befehl zeigen und mit dem linken MOUSE-Knopf bestätigen. Dabei sparen Sie sich das Drücken der **ESC**-Taste.

Wenn Sie in einem Unterbefehl angelangt sind und sich ein Inhaltsverzeichnis anzeigen lassen möchten, zeigen Sie mit dem MOUSE-Zeiger auf das leere Feld nach dem : (Doppelpunkt) in der Befehlszeile und drücken den rechten MOUSE-Knopf.

Die einzelnen Antworten in einem Unterbefehlsmenü geben Sie, indem Sie den MOUSE-Zeiger auf die richtige Antwort zeigen lassen und mit dem linken MOUSE-Knopf bestätigen.

Sie bestätigen einen Befehl, um ihn ausführen zu lassen, indem Sie den rechten MOUSE-Knopf drücken — entweder auf einem Antwortfeld oder links in der Befehlszeile, wo der Befehl, den Sie gewählt haben, aufgeführt ist.

Ohne MOUSE haben Sie zum Verlassen eines Unterbefehlsmenüs die **ESC**-Taste gedrückt (sei es, um das Unterbefehlsmenü zu verlassen, ohne eine Eingabe getätigt zu haben, oder sei es, um das Unterbefehlsmenü zu verlassen, ohne die getätigten Eingaben bestätigen zu wollen). Das Drücken der **ESC**-Taste in einem Unterbefehlsmenü ersetzt nun ein gleichzeitiges Drücken beider MOUSE-Knöpfe.

Wenn Sie im Befehlsmenü den rechten MOUSE-Knopf drücken, so ‚springt‘ Word gleich bis in die letzte Ebene und nimmt immer den im Unterbefehlsmenü als ersten aufgeführten Befehl. Zum Beispiel: Wenn Sie mit der MOUSE den Befehl **Übertragen** mit dem rechten MOUSE-Knopf auswählen, so wählt Word automatisch aus dem nächsten Unterbefehlsmenü den Befehl **Laden**. Wenn Sie mit der MOUSE den Befehl **Format** mit dem rechten MOUSE-Knopf auswählen, so wählt Word automatisch aus dem nächsten Unterbefehlsmenü den Befehl **Zeichen**.

Möchten Sie eine Frage in der vorletzten Bildschirmzeile (zum Beispiel die Frage nach der Bestätigung des Verlustes Ihrer Daten) mit ‚J‘ bestätigen, zeigen Sie mit dem MOUSE-Zeiger auf den Cursor in dieser Zeile und bestätigen durch Drücken eines MOUSE-Knopfes.

Für einige Befehle gibt es Besonderheiten, die die Befehlseingabe noch weiter vereinfachen. Folgende Befehle werden in Verbindung mit der MOUSE in den nächsten Abschnitten dieses Anhangs genauer aufgeführt:

**Ausschnitt   Bildschirmlöschen   An- und Abwählen des Zeilenlineals
Format Tabulator Hilfe**

B.5 Das MOUSE-Lernziel:
Einrichten, Verschieben und Löschen von Ausschnitten

Wenn Sie einen senkrechten Ausschnitt einrichten möchten, so positionieren Sie den MOUSE-Zeiger auf den oberen Bildschirmrahmen an die Stelle, an der der Bildschirm geteilt werden soll, und drücken einen MOUSE-Knopf.
Möchten Sie einen waagerechten Ausschnitt einrichten, positionieren Sie den MOUSE-Zeiger auf den rechten Bildschirmrahmen an die Stelle, an der der Bildschirm geteilt werden soll — der MOUSE-Zeiger wird zu einem Quadrat —, und drücken den linken MOUSE-Knopf.
Zum Einrichten eines Fußnotenausschnitts positionieren Sie den MOUSE-Zeiger auf den rechten Bildschirmrahmen an die Stelle, an der der Bildschirm geteilt werden soll — der MOUSE-Zeiger wird zu einem Quadrat —, und drücken den rechten MOUSE-Knopf.
Um einen Ausschnitt zu verschieben, positionieren Sie den MOUSE-Zeiger auf die untere rechte Ecke eines Ausschnittes, so daß zwei gekreuzte Pfeile (Spitzen nach oben, unten, links und rechts) erscheinen, halten einen MOUSE-Knopf gedrückt, ziehen die gekreuzten Pfeile nach oben oder nach unten, also an die Stelle, an die der Ausschnitt verschoben werden soll, und lassen den MOUSE-Knopf los.
Zum Löschen eines Ausschnitts positionieren Sie den MOUSE-Zeiger an den rechten oder oberen Bildschirmrahmen, so daß der MOUSE-Zeiger zu einem Quadrat wird, und drücken beide MOUSE-Knöpfe gleichzeitig, so daß das Quadrat durchgekreuzt wird. Wenn Sie die MOUSE-Knöpfe dann loslassen, wird der Ausschnitt gelöscht.
Sollten Sie sich kurzfristig dazu entschließen, diesen Ausschnitt doch nicht löschen zu wollen, so können Sie, solange Sie noch beide MOUSE-Knöpfe gedrückt halten, den MOUSE-Zeiger in den Text ziehen, so daß der MOUSE-Zeiger kein Quadrat mehr ist, und dort die MOUSE-Knöpfe loslassen. In diesem Fall passiert nichts.

B.6 Das MOUSE-Lernziel:
   Bildschirm löschen

Um den Bildschirm zu löschen, positionieren Sie den MOUSE-Zeiger auf den
oberen oder rechten Bildschirmrahmen, so daß der MOUSE-Zeiger zu einem
Quadrat wird, drücken beide MOUSE-Knöpfe gleichzeitig, so daß das Quadrat
durchkreuzt wird, und lassen beide MOUSE-Knöpfe wieder los. Der Bildschirm wird gelöscht.
Sollten Sie sich kurzfristig dazu entschließen, den Bildschirm nicht löschen
zu wollen, so können Sie, solange Sie noch beide MOUSE-Knöpfe gedrückt
halten, den MOUSE-Zeiger in die Befehlszeile ziehen, so daß das Quadrat
nicht mehr durchkreuzt ist, und dort die MOUSE-Knöpfe loslassen. In diesem
Fall passiert nichts.
Wenn Sie aber den Befehl zum Bildschirmlöschen schon bestätigt, also die
MOUSE-Knöpfe gedrückt haben sollten und es erscheint die Frage nach der
Bestätigung des Verlustes Ihrer Daten, noch einmal beide MOUSE-Knöpfe
gleichzeitig (entspricht der Funktion der **ESC**-Taste).

B.7 Das MOUSE-Lernziel:
   Tabulator setzen, verschieben und löschen

Um einen Tabulator zu setzen, wählen Sie den Befehl **Format Tabulator
Setzen**, positionieren den MOUSE-Zeiger auf die gewünschte Ausrichtung
(sofern Sie nicht die Standard-Ausrichtung Links wünschen), drücken den
linken MOUSE-Knopf, positionieren den MOUSE-Zeiger auf das gewünschte
Füllzeichen (sofern Sie nicht das Standard-Füllzeichen Leerzeichen wünschen),
drücken den linken MOUSE-Knopf, positionieren den MOUSE-Zeiger in das
Zeilenlineal auf die Stelle, an der der Tab-Stop eingerichtet werden soll, und
bestätigen mit dem linken MOUSE-Knopf. Wenn Sie einen linksbündigen
Tab-Stop mit Leerzeichen als Füllzeichen setzen möchten, so können Sie den
MOUSE-Zeiger direkt in das Zeilenlineal positionieren und den linken
MOUSE-Knopf drücken.

Wenn Sie nur linksbündige Tab-Stops setzen möchten, so brauchen Sie nicht unbedingt den Befehl **Format Tabulator Setzen** zu wählen, sondern können diese Tab-Stops auch unter **Format Absatz** durch Drücken des linken MOUSE-Knopfes setzen, wenn sich der MOUSE-Zeiger dabei im Zeilenlineal befindet.

Das Setzen des letzten Tab-Stops bestätigen Sie, indem Sie den MOUSE-Zeiger auf den Befehl an den Anfang der Befehlszeile (vor dem Doppelpunkt) positionieren und zum Ausführen des Befehls den rechten MOUSE-Knopf drücken.

Um einen Tabulator zu verschieben, wählen Sie den Befehl **Format Tabulator Setzen** (oder **Format Absatz,** wenn Sie ausschließlich linksbündige Tab-Stops setzen möchten). Positionieren Sie den MOUSE-Zeiger im Zeilenlineal auf den zu verschiebenden Tab-Stop, halten den rechten MOUSE-Knopf gedrückt, verschieben den MOUSE-Zeiger auf die Position, an der der Tab-Stop stehen soll, und lassen den MOUSE-Knopf los.

Das Verschieben des letzten Tab-Stops bestätigen Sie, indem Sie den MOUSE-Zeiger auf den Befehl an den Anfang der Befehlszeile (vor dem Doppelpunkt) positionieren und zum Ausführen des Befehls den rechten MOUSE-Knopf drücken.

Um einen Tabulator zu löschen, wählen Sie den Befehl **Format Tabulator Setzen** oder **Format Tabulator Löschen** oder **Format Absatz**, positionieren den MOUSE-Zeiger auf den zu löschenden Tab-Stop und bestätigen mit beiden MOUSE-Knöpfen gleichzeitig.

Das Löschen des letzten Tab-Stops bestätigen Sie, indem Sie den MOUSE-Zeiger auf den Befehl an den Anfang der Befehlszeile (vor dem Doppelpunkt) positionieren und zum Ausführen des Befehls den rechten MOUSE-Knopf drücken.

B.8 Das MOUSE-Lernziel:
    Aufruf der Hilfe-Datei

Sie können an beliebiger Stelle die Hilfe-Datei aufrufen, indem Sie mit dem MOUSE-Zeiger auf das Fragezeichen in der untersten Bildschirmzeile zeigen und einen MOUSE-Knopf drücken.

B.9 Das MOUSE-Lernziel:

An- und Abwählen des Zeilenlineals

Sie können das Zeilenlineal anwählen, indem Sie den Cursor in die rechte obere Ecke des jeweiligen Ausschnittes positionieren und einen MOUSE-Knopf drücken.

Sie können das Zeilenlineal abwählen, indem Sie den Cursor in die rechte obere Ecke des jeweiligen Ausschnitts positionieren und beide MOUSE-Knöpfe gleichzeitig drücken.

Anhang C

Die Verbindung zwischen den Standard Softwarepaketen Word und Multiplan

Es ist möglich, Dateien, die in Multiplan erstellt worden sind, in Word aufzurufen und zu bearbeiten. So können Sie z.B. Masken für Rechnungsformulare in Word erstellen, Textstellen hervorheben (z.B. durch Fettdruck) oder nur bestimmte Teile einer Multiplan-Datei (evtl. einzelne Zahlenwerte) in Word übernehmen.

Allerdings kann nicht einfach irgendeine beliebige Multiplan-Datei in Word hinein übernommen werden; es ist eine besondere Art der Abspeicherung erforderlich.

In Multiplan gehen Sie folgendermaßen vor:

1. Ein Multiplan Arbeitsblatt wird erstellt.
2. Die Befehlsfolge **ÜBERTRAGEN OPTIONEN Format:** wird angewählt.
3. Das Format **Symbolisch** wird ausgewählt und der Befehl mit der **RETURN**-Taste bestätigt.
4. Danach wird die Befehlsfolge **DRUCK: Platte Diskette** angewählt.
5. In das Unterbefehlsmenü **DRUCK Ausgabe auf Platte Diskette:** wird der Dateiname eingegeben, den Sie für das entsprechende Arbeitsblatt vergeben wollen.

Es handelt sich also um eine andere Art der Abspeicherung. Eine Multiplan-Datei, die wie oben beschrieben abgespeichert wurde, kann später in Word geladen werden.

Diese Dateien erhalten aber keinen Anhang, Sie können sich das Inhaltsverzeichnis der Multiplan-Dateien aufrufen mit der Befehlsfolge:

<ESC> Übertragen Laden *.* Cursortaste <RETURN>.

Wenn es sich bei der Datei um ein breites Arbeitsblatt handelt, müssen Sie in Word das Format in **Format Bereich** ändern. Damit wird die Breite der Seite in Word verändert. Wenn Sie dann eine Multiplan-Datei in dieses Format laden möchten, verwenden Sie nicht den Befehl

Laden,

sondern

<ESC> Übertragen Zusammenführen *.* Cusortaste <RETURN>.

Anhang D

<u>Vorgangsliste</u>

Vorgang   **Befehlsfolge***

Ausschnitt
- waagerechten Ausschnitt   AUSSCHNITT TEILEN WAAGE-
  einrichten   RECHT
                                                          Bei Zeile: n

- senkrechten Ausschnitt   AUSSCHNITT TEILEN SENKRECHT
  einrichten   Bei Spalte: n

- einen Fußnotenausschnitt   AUSSCHNITT TEILEN FUSSNOTE
  einrichten   Bei Zeile: n

- den Ausschnitt verschieben   AUSSCHNITT VERSCHIEBEN
                                                          Untere rechte Ecke von
                                                             Ausschnitt Nr.: n
                                                          In Zeile: n   In Spalte: n

- den Ausschnitt löschen   AUSSCHNITT LÖSCHEN
                                                          Ausschnitt Nr.: n

- in einen anderen Ausschnitt   F1-Taste
  springen

Befehle
- Befehle auswählen   Eingeben des Anfangsbuchstabens des
                                                          Befehls

- Befehl bestätigen   <RETURN>

Bereich
- Bereichswechsel eingeben   <CTRL>   <RETURN>
- Bereich formatieren   FORMAT BEREICH

---

* Der Buchstabe n in der Befehlsfolge steht stellvertretend für eine einzugebende Zahl.

Bindestrich
- vorgegebene Trennstelle (erscheint beim Ausdruck nicht,
  wenn er mitten in einer Zeile
  steht)

        <**CTRL**>   Bindestrich

- ‚normaler' Bindestrich (erscheint beim Ausdruck immer)

        Bindestrich

Druck
- eine Datei drucken

        Datei laden
        DRUCK Drucker

- Seiten formatieren

        DRUCK SEITENUMBRUCH

- eine bestimmte Seite drucken

        DRUCK OPTIONEN
        Umfang: (Seiten)
        Seitenzahlen: n
        DRUCK Drucker

- einen Teil einer Datei drucken

        Text markieren
        DRUCK OPTIONEN
        Umfang: (Markierung)
        DRUCK Drucker

- drucken und gleichzeitig
  weiterarbeiten

        DRUCK OPTIONEN
        Warteschlange: (Ja)
        DRUCK Drucker

Format
- Textstellen hervorheben

        FORMAT ZEICHEN
            oder
        Kurzformen (<**Alt**> **x** ...)

- einen Absatz einrücken

        FORMAT ABSATZ
        Linker Einzug: n
        Rechter Einzug: n
            oder
        Kurzformen (<**Alt**> **x** ...)

- die erste Zeile eines Absatzes
  negativ einrücken

        FORMAT ABSATZ
        Linker Einzug: n
        Erste Zeile: – n
            oder
        Kurzform (<**Alt**> **x y**)

- den Satzspiegel ändern

        FORMAT BEREICH
        Seitenrand oben: n
                unten: n
                links: n
                rechts: n

— die Seitenlänge und -breite
ändern

FORMAT BEREICH
Seitenlänge: n   **Breite: n**

Format Tabulator
— Tabulator setzen

FORMAT TABULATOR SETZEN
Position: n

— Tabulator verschieben

FORMAT TABULATOR SETZEN
Tab-Stop markieren
DEL-Taste
mit Cursor auf neue
    Position
INS-Taste oder neu setzen

— einzelnen Tabulator löschen

FORMAT TABULATOR LÖSCHEN
Position: n

— alle Tabulatoren löschen

FORMAT TABULATOR
Gesamtlöschen

Gehezu
— zu einer bestimmten Seite
springen (es muß davor ein
Druck Seitenumbruch durch-
geführt worden sein)

GEHEZU BILDSCHIRMSEITE
Nummer: n

— zu einer Fußnote springen

GEHEZU FUSSNOTE

— zu einem Fußnotentext springen

GEHEZU FUSSNOTE

Kopieren von Text
— Zeichen kopieren

markieren
KOPIE in: <RETURN>
    (zur Bestätigung des Papierkorbes)
Cursor an neue Position
INS-Taste zum Einfügen
    des Textes

— Dateien kopieren

ein zweites Mal unter einem neuen
Namen abspeichern:
ÜBERTRAGEN SPEICHERN
Dateiname: ...

Löschen von Zeichen
— Löschen eines Zeichens, auf
dem der Cursor steht

DEL-Taste

— Löschen mehrerer Zeichen

Markieren
DEL-Taste

— Löschen eines Zeichens vor
dem Cursor

Rücktaste

Markieren
- linkes Wort   **F7**-Taste
- rechtes Wort   **F8**-Taste
- aktueller Satz   **F9**-Taste
- aktueller Absatz   **F10**-Taste
- linker Satz   **<SHIFT>**   **F7**-Taste
- rechter Satz   **<SHIFT>**   **F8**-Taste
- aktuelle Zeile   **<SHIFT>**   **F9**-Taste
- gesamter Text   **<SHIFT>**   **F10**-Taste
- Erweitern der Markierung   **F6**-Taste
- Erweiterungsmodus ausschalten   **F6**-Taste

Maßeinheit
- das Wählen der Maßeinheit   **ZUSÄTZE**
                                         Maßeinheit:

Seitenwechsel
- Seitenwechsel   **<SHIFT>   <CTRL>   <RETURN>**
  (selbst gesetzt)
- Seitenwechsel   **DRUCK SEITENUMBRUCH**
  (vom Programm vorgegeben)   **Seitenwechsel bestätigen:**

Suchen
- eine Zeichenfolge anzeigen lassen   **SUCHEN**
  (um z. B. an dieser Stelle   **Suchbegriff:** ...
  Änderungen vorzunehmen)   **Richtung:** ...
                                         Graphie: ...
                                             (Groß- und Kleinschreibung)
                                         Nur Wort: ...
- Wiederholung des Suchbefehls   **<SHIFT>**   **F4**-Taste

Textbausteine
- Textbausteine erstellen   Markieren
                                         KOPIE in: ...
                                             oder
                                         LÖSCHEN in: ...
- Textbausteine einfügen   **EINFÜGEN aus:** ...
                                             oder
                                         Bausteinname **F3**-Taste
- Textbausteine abspeichern   **ÜBERTRAGEN TEXTBAUSTEINE**
                                         SPEICHERN Dateiname: ...

284

– Textbausteindateien zuordnen	**ÜBERTRAGEN TEXTBAUSTEINE ZUSAMMENFÜHREN** **Dateiname: ...**
– Textbausteine löschen	**ÜBERTRAGEN TEXTBAUSTEINE LÖSCHEN Name: ...**

Überschreiben

– Überschreibemodus einschalten (Zeichen werden nicht eingefügt, sondern überschreiben die vom Cursor markierten Zeichen)	**F5**-Taste (auf dem Bildschirm in der untersten Zeile erscheinen die Buchstaben ÜB für Überschreiben)
– Überschreibemodus ausschalten (Zeichen werden vor dem Cursor eingefügt)	**F5**-Taste (die Buchstaben ÜB verschwinden vom Bildschirm)

Übertragen (Dateiverwaltung)

– das Laufwerk anwählen	**ÜBERTRAGEN OPTIONEN** **Laufwerk/Inhaltsverzeichnis:**
– eine Datei auf Diskette speichern	**ÜBERTRAGEN SPEICHERN** **Dateiname: ...**
– eine Datei von der Diskette laden	**ÜBERTRAGEN LADEN** **Dateiname: ...** oder Cursortaste für das Inhaltsverzeichnis
– eine Datei von der Diskette löschen	**ÜBERTRAGEN ZUSAMMENFÜHREN** **Dateiname: ...** oder Cursortaste für das Inhaltsverzeichnis
– zwei Dateien zusammenführen	**ÜBERTRAGEN ZUSAMMENFÜHREN** **Dateiname: ...** oder Cursortaste für das Inhaltsverzeichnis

Übertragen (Dateiverwaltung)

– den Bildschirm freimachen nur Textausschnitt löschen	**ÜBERTRAGEN BILDSCHIRM-LÖSCHEN AUSSCHNITT**
– den Bildschirm freimachen Arbeitsspeicher löschen	**ÜBERTRAGEN BILDSCHIRM-LÖSCHEN GESAMT**
– einer Datei einen anderen Namen geben	**ÜBERTRAGEN UMBENENNEN** **Dateiname: ...**

Wechseln

– eine Zeichenfolge durch eine andere ersetzen	**WECHSELN** Ersetze: ... Durch: ...

Sachwortverzeichnis

288

Die Herausgeber der Buchreihe ,,Software-Training" sind
Regina Beate und Rolf B. Baumeister, die geschäftsführenden
Gesellschafter der Baumeister Colleg GmbH & Co. KG.

Das Baumeister Colleg ist ein Lehrinstitut, das seit über
40 Jahren in der Berufsausbildung, beruflichen Fortbildung
und Erwachsenenbildung tätig ist.

Das Baumeister Colleg steht mit seinem kompetenten Team
für Tradition und Innovation im aktuellen Hard- und Software-
bereich, vereinigt Erfahrung und kontinuierliche Entwicklung
zu einer effizienten Synthese.

Als Partner der weltführenden Software- und Hardwareher-
steller gilt das Unternehmen mit seinen Dozenten, Autoren
und Beratern als eines der renommiertesten Schulungs- und
Beratungsunternehmen und als einer der leistungsfähigsten
Hardware- und Softwarelieferanten.

Wir führen Seminare, Kurse und Einarbeitungen zu allen
wichtigen Standard-Softwarepaketen durch, applizieren und
unterrichten Branchenlösungen, Managementmodelle und
Supportsysteme und vermitteln in wissenschaftlichen Work-
shops und Programmierseminaren Kenntnisse in den Bereichen
UNIX, XENIX, C, Macro Assembler, LAN u. v. m.

Immer mehr europäische Firmen und Institutionen sehen die
Vorteile der ,,inhouse"-Schulungen für die betriebsinterne
Fortbildung; dafür wird ein qualifiziertes Schulungsunter-
nehmen benötigt, weil

- die Ansprüche an Referenten, firmenspezifischen Zuschnitt
  und vorausgehender Bedarfsanalyse, an Lehrmaterial und
  pädagogisch-didaktische Aufbereitung zu Recht gestiegen
  sind

- Innovationsfreudigkeit, ständiger Informationsvorsprung
  und Flexibilität des Trainingsunternehmens den Erfolg
  der Schulungen garantiert

- das Baumeister Colleg in der Lage ist, in ca. 4—6 Wochen
  zu jedem aktuellen Thema ein Seminar mit dem zugehörigen
  Lehrmaterial und/oder der zugehörigen Teachware zu erstellen, um den Kundenwunsch nach schneller Schulung
  und Einarbeitung zu erfüllen

- Sie sich durch unsere Referenten das entscheidende Wissen
  für Ihre Schulungsabteilungen sichern

- das Baumeister Colleg überzeugende Leistung bei der Vor-
  bereitung und der Durchführung der Schulungen bietet;
  wir stehen jederzeit für weitergehende Fragen zur Verfügung

- jedes unserer Seminare, alle Einführungs- und Informations-
  veranstaltungen, Präsentationen sowie die unterschied-
  lichsten Themenkombinationen „inhouse" individuell für
  Sie organisiert werden.

Nutzen Sie auch unsere Abteilungen „Übersetzung — Doku-
mentation — Edition" und „Hard- und Softwarevertrieb"
für Ihren Bedarf.

Auszug aus dem Programm des Baumeister Collegs:

Microsoft Word	Microsoft Multiplan
Microsoft Chart	Chart und Manipulation
	(Normierung von Businessgrafik)
Microsoft Project	Project WORKSHOP
Microsoft DOS	Microsoft DOS WORKSHOP
Microsoft XENIX/C	Programmierseminar C
Ashton Tate dBASE III	Programmierseminar dBASE III
Ashton Tate Framework	Programmierseminar FRED
LOTUS 1 2 3	Symphony
MicroPRO Wordstar 2000	Textverarbeitung „SPECIAL"
	(Word — Wordstar 2000 —
	Framework)
Einführung EDV	Einführung integrierte Software
Einführung integrierte	
Software	rhv HARVARD TOTAL
	PROJECT MANAGER

LAN (Local Area Network) ADV/ORGA Knowledge Man

Olivetti, Ashton Tate, Microsoft, MicroPro, Hewlett Packard,
McGraw-Hill, Vieweg, rhv, AT & T.

BAUMEISTER COLLEG, Nordstraße 14, 5810 Witten,
Tel. 0 23 02 / 2 40 54 und 5 44 61,
TELETEX 2 302 301 = bcRuR